KB260069

참여연대시민강좌

20세기 한국을 돌아보며

2

참여연대 참여사회아카데미 엮음

현울

서문

과연 새로운 세기는 왔는가

역사란 "인류의 범죄와 우매와 불행의 기록"이라고 타매한 것은 에드워드 기본이었다. 어느 시대에서나 행복보다는 불행이, 만족보다는 부족이, 웃음보다는 울음이, 사랑보다는 증오가, 진리보다는 음모가 세계를 압도했던 기록이 지난 시대를 지배해왔다는 의미에서, 역사는 복마전의 전망대처럼 보이기도 한다. 20세기는 더구나 그랬다.

현대 과학과 문명의 발전은 기아와 억압과 착취로부터 인류 전체를 넉넉하게 해방시켜줄 만한 수준이면서도 여전히 지구촌은 연옥의 계절에 머물고 있다. 아니, 뉴밀레니엄이란 요란한 복음조차도 이 유사 이래의 지상 과제를 해결해줄 기미는 전혀 보이지 않을 뿐만 아니라 '세계화'와 '지구촌'이란 대용 이데올로기로 인류의 빈부 격차는 점점 더 커질 전망마저 나오고 있는 실정이다. 이런 상황 아래서 우리는 새 시대를 환호할 수 있을까. 새 시대의 이데올로기, 새 시대의 문명, 새 시대의 삶의 양식을 축복으로 수용할 수 있을까.

참여연대 참여사회아카데미가 실시했던 대중강좌 <20세기의 의미>는 새로운 시대란 태양의 지구 회전 횟수에 따른 구분이 아니라 보다 명백한 인류의 자유·평등·박애의 실현을 위한 새로운 패러다임으로 구획되어야 한다는 관점에서 기획된 행사였다. 이 강좌는 20세기의 의미가 무엇이며, 인류사에 남긴 과제는 무엇인가를 천착하면서 21세기의 청사진을 그려보고자 추진되었다.

인류 역사상 가장 끔찍했던 20세기의 실체를 객관적으로 인식하는 문제는 그리 간단하지 않을 것이다. 더구나 제한된 시간과 한정된 주제로 지난 1백 년의 역사를 조망한다는 것은 태평양의 물을 됫박으로 측량하겠다는 만용에 가깝다는 점을 익히 알면서도, 역사란 사건의 호적부가 아니라 문제점의 추출 능력이란 입장에서 감히 시도해보았다.

강좌는 제1부에서 '20세기 세계사'를 점검한 뒤 제2부에서는 '20세기 한국사'를 다루었다. 6개월에 걸쳐 실시했던 이 강좌에는 예상외로 많은 참석자들이 호응하여 고무되었다. 주제는 20세기의 주요 사건을 일별함과 동시에 21세기로 넘어온 과제를 중점적으로 다룬 방식을 취했다. 20세기에 대한 냉혹한 대차대조표를 작성하는 형식으로 진행되었기 때문에, 이 기획은 지난 세기의 단순한 정리와 기록이 아니라 21세기 인류의 과제 및 그 진로 모색에 초점을 맞추었다. 모쪼록 이 기획이 세계와 한국의 새로운 패러다임 창출에 조금이나마 기여해주기를 바라마지 않는다.

이 방대한 기획은 참여사회아카데미의 역량만으로는 감히 엄두를 낼 수 없는 난제였으나 아데나워 재단(Konrad Adenauer Stiftung)으로부터의 지원이 이 프로그램을 추진할 수 있는 원동력이 되었다. 아데나워 재단과 한국지부의 프란츠 브룬후버(Franz Brunnhuber) 님에게 감사의 인사를 드린다.

아울러 각 분야의 주제를 맡아주신 여러 선생님과, 참여자 모두
에게도 이 자리를 빌려 감사드린다. 그리고 언제나 변혁과 진보의
편에서 훌륭한 책을 펴내는 도서출판 한울의 뜨거운 성원에도 고마
움을 전한다.

참여사회아카데미 원장

임헌영

차례

20세기 우리 역사를 어떻게 볼 것인가

강만길

1. 20세기는 세계사적으로 어떤 시대였는가

20세기 우리 역사를 말하기 전에 먼저 세계사에서 20세기가 어떤 세기였는가를 생각해볼 필요가 있다. 20세기의 세계사에서 일어난 가장 역사적인 사건은 역시 러시아혁명의 성공과 소련의 붕괴였다고 할 수 있다. 러시아혁명이 성공한 후 반드시 유물사관적 입장에 있지 않은 역사가들도 20세기가 세계사 위에서 자본주의시대와 사회주의시대가 교체하는 시발점이 되리라 전망하는 경우가 많았다. 제2차 세계대전 이전까지 소연방밖에 없었던 사회주의국가가 전쟁이 끝나면서 동유럽 지역과 중국·베트남·북한 지역과 자본주의 종주국이 된 미국의 코 밑에 있는 쿠바까지 사회주의혁명이 성공하게 되자 20세기가 자본주의시대와 사회주의시대가 교체하는 출발점을 이루는 세기가 되리라는 관점이 더 굳어져갔다.

그러나 20세기가 다 가기 전에 국가사회주의체제의 대부분이 무너졌고 중국과 같이 일부 남아 있다 해도 시장경제제도를 도입함으로써 그 성격이 크게 변해가고 있다. 국가사회주의체제가 무너진 것은 20세기적 현상이라기보다 21세기 세계사의 전주곡이라 할 수 있지만, 국가사회주의체제가 와해된 후의 21세기 세계사에서 자본주의체제가 독주하리라는 관점들이 한때 있었다. 그러나 자본주의 세계체제가 오랫동안 독주하기보다는 자본주의체제의 와해로 이어지리라는 견해들이 차차 증가하고 있는 것 같다. 20세기는 자본주의체제와 사회주의체제가 공존한 시대였으며 그 중 사회주의체제가 와해됨으로써 21세기에는 지금의 신자유주의적 자본주의체제가 독존하는 것이 아니라 그것도 와해되고 새로운 세계체제가 성립되리라는 관점이 커져가고 있는 것이다.

20세기는 또 인류역사가 두 번에 걸친 제국주의 세계대전을 겪은 세기이기도 했다. 절대주의 이후 성립한 국민국가의 이데올로기이던 국민주의·민족주의가 제국주의로 되면서 갖은 횡포를 부리다가 결국 20세기에 와서 세계대전을 두 번 치르게 되었다. 제2차 세계대전 후에도 제3차 세계대전을 예고하는 경우가 많았고 실제로 크고 작은 지역 전쟁은 계속되었지만 정작 제3차 세계대전은 일어나지 않았다. 가공할 원자무기가 대량으로 만들어진 것이 제3차 세계대전을 막은 주된 원인이라 볼 수도 있지만, 한편 20세기 전반기에 비해 후반기에는 인류사회 전체의 평화 의지가 그만큼 높아진 것이라고 할 수도 있다.

20세기 전반기까지 많았던 제국주의 열강의 직접 식민지가 제2차 세계대전 이후에는 독일·일본·이탈리아 등 패전국의 식민지는 말할 것 없고 영국·프랑스·네덜란드 등 전승국의 식민지까지 모두 없어지고 말았다. 아시아·아프리카 식민지들이 모두 독립하여 국제사회의 당당한 일원이 된 것이다. 특히 20세기를 넘기지 않고 홍콩과 마카오가 중국으로 환원된 것은 실질적이면서도 상징성이 높은 제국주의·식민주의 청산의 역사를 보여준 것이었다고 할 수 있다.

2. 한반도는 왜 일본에게 강제지배되었는가

20세기의 한반도 역사를 말하려면 무엇보다도 왜 일본에게 강제지배되었는가 하는 문제부터 다루지 않을 수 없다. 20세기로 들어와서 한반도 지역이 일본의 식민지로 전락하게 된 중요한 원인은 물론 일본의 군사력을 앞세운 침략주의에 있었다. 그러나 한편 한반도 지역의 정치권력은 왜 그 군사적 침략을 방어할 만큼의 부국강병책에 뒤졌는가 하는 문제가 함께 해명되어야 할 것이다. 크게 두 가지를 말할 수 있지 않을까 한다. 그 하나는 중세 성리학체제가 너무 강인하게 남아 있어 근대로 가는 발목을 잡은 탓이요, 또 하나는 한반도가 처한 지정학적 위치가 중국이나 일본보다 외부 세계와 접하기에 불리했다는 점이 아닐까 한다.

중세 성리학체제란 정치적으로 전제군주제를, 경제적으로 지주·전호제를, 사회적으로 양반·상놈 신분제를, 사상적으로 성리학 유일체제를 유지하는 것이었다. 그 체제가 강인하게 남아 있는 한 인민주권주의도 자본주의 경제체제도 근대적 사상체제도 성립되기 어려웠다. 따라서 성리학체제가 버티고 있는 한 신해혁명과 같은 공화주의체제는 말할 것도 없고 명치유신과 같은 입헌군주제도 이루어지기 어려웠다. 그 때문에 일본에게 패망할 때까지 대한제국은 전제군주제에 머물러 있었다.

다음 한반도는 지정학적으로 동양 3국 중 중국이나 일본보다도 외부 세력, 특히 아시아 지역으로 나오고 있던 서유럽 사람들이 적극적으로 접근하기에는 좀 궁벽한 지역이었다. 따라서 외부 세계의 자극을 받고 그것에 대비할 수 있는 조건에서 중국이나 일본보다도 불리했다. 그 때문에 한반도 지역을 자본주의 세계체제 앞에 처음으로 개방시킨 것은 서구 열강이 아니라 그들에 의해 한 걸음 앞서 개방된 일본이었다. 한반도 지역은 이른바 2중 외압으로 자본주의 세계체제에 편입되었고, 그것이 완전 식민지로 전락하게 된 중요한 원인이라 지적되고 있다.

일본이 한반도를 식민지배하게 된 것은 영국이 인도를 식민지배하거나 프랑스가 베트남을 식민지배한 것과는, 즉 서구문화권 국가가 이질적인 동양문화권 지역을 식민지배한 것과는 크게 달랐다. 한반도 지역과 일본은 인종적으로도 같은 계통에 속했고 문화적으로도 같은 문화권 안에 있었을 뿐만 아니라 한반도 지역은 중세시대까지도 일본보다 문화적으로 앞섰다고 생각되고 있었다. 그렇기 때문에 일본은 한반도 지역을 식민지배하면서 우선 한반도 주민의 문화적 우월감을 잠재우기 위해 민족적·문화적 자존심을 철저히 훼손하는 한편 여러 가지 가혹한 통치방법을 쓰지 않을 수 없었다.

인종적으로 같은 지역이며 같은 문화권 안에 있는 한반도 지역을 영구적으로 식민지배하기 위해 일본은 한민족을 '2등 일본인'으로 만들기 위한 민족말살정책을 썼다. 고유한 말과 문자 사용을 금지하고 민족문화를 절멸시킴으로써 한반도를 영원히 일본의 부속 지역으로 만들려 한 것이다. 한반도 주민들은 문화적으로 상당한 수준에 있었으면서도 근대사회로 들어오는 길목인 20세기 전반기 동안 그 역사운영권을 완전히 박탈당했다. 이 질곡을 어떻게 벗어날 것인가 하는 것이 20세기 전반기 한반도 주민들의 최대 역사적 과제였다.

3. 왜 통일민족국가 건설에 실패했는가

　문화민족으로서 남의 식민지로 전락한 지역 주민들이 해야 할 최고 역사적 과제는 물론 민족해방운동이었다. 민족해방운동에서 최선책은 피압박민족 스스로 어디서건 민족해방운동군을 양성하여 모국을 점령하고 있는 적군과 싸워 이겨서 항복을 받는 일이었다. 사실 어느 민족의 경우를 막론하고 피압박민족이 자력으로 제국주의 침략세력과 싸워 해방하기는 어려운 실정이었지만, 국토분단이나 신탁통치 등이 따르는 해방이란 있을 수 없음은 한민족에게 말할 나위 없는 것이었다. 그러나 한반도와 같이 완전 식민지로 된 상황에서는 민족해방운동군을 양성할 해방공간이 없었으며, 3·1운동 이후에는 민족해방운동 세력이 좌우익으로 분립되었고 어느 쪽도 독자적으로 민족해방운동을 수행할 수 있는 처지에 있지 못했다.

　한민족해방운동 차선책은 민족해방운동군이 일본 제국주의를 패망시킬 연합군의 일원이 되어 함께 싸우는 길이었다. 그렇게 되기 위해서는 민족해방운동세력의 정치기구가 연합군의 승인을 받아야 했지만 좌우익을 막론하고 어느 민족해방운동단체도 일본과 싸우고 있는 미국·영국·중국·소련 등 연합국의 승인을 받지 못했다. 한민족 민족해방운동의 경우 사회주의 국가 소련과 제국주의 국가 일본 사이의 전쟁이 먼저 일어나는 경우와, 같은 제국주의 국가인 미국과 일본 사이의 전쟁이 먼저 일어나는 경우가 크게 다를 수 있었다. 앞의 경우 좌익 민족해방운동세력이 소련군과 연합하여 조선을 해방시킬 가능성이 컸고, 뒤의 경우 우익 민족해방운동 세력이 미국군과 연합하여 해방시킬 가능성이 컸다.

　유럽에서 독소전쟁이 발발함으로써 태평양전쟁으로 불린 미일전쟁이 일어났으나 대한민국 임시정부 산하의 한국광복군이 미국 중심 연합국군의 완전한 일원이 되지는 못했다. 중국공산군이 일본과 전쟁을 하고 있었고 조선의용군이 그 일원으로 활동했으나 중국공산군 자체가 일본의 항복을 받는 연합군의 일원이 되지 못했다. 한편 일본이 항복하기 직전에 소일전쟁이 발발했고 동북항일연군 속의 조선인 부대가 일부 소련군과 함께 활동했으나 일본군의 항복을 받는 자리에 동석하지 못하기는 마찬가지였다. 일제 강제지배시대 35년 간 좌우익 세력에 의한 민족해방 투쟁이 간단없이 계속되었지만, 좌우익전선을 막론하고 일본군의 항복을 받는 자리에 연합국과 동석하지 못한 채 제2차 세계대전이 끝난 것이다.

좌우익을 막론한 민족해방운동이 35년 간이나 계속되었지만, 미국을 중심으로 하는 연합국은 한반도 주민들이 자치능력이 없다는 생각을 하고 있었다. 그것은 일본이 한반도를 강점하면서 국제사회에 대해 계속 조선민족이 자치능력이 없어서 일본의 지배를 받지 않을 수 없는 것이라 선전했기 때문이었다. 3·1운동 이후 민족해방운동이 계속됨으로써 한국인들이 일본 지배를 거부하고 있다는 사실이 인정되었지만, 연합국들은 일본이 패망한 후 한반도를 즉시 독립시켜야 한다고 생각하지는 않았다. 특히 미국은 전쟁 후 한반도를 상당 기간 동안 전승국들의 신탁통치 아래 두어야 한다고 결정했고 미·소 양국 등의 동의를 받고 있었다.

한반도에서 미·소 양국 사이에 일본군의 항복을 받을 경계선으로서 38도선이 결정된 것은 종래에는 1945년 8월 10일경이라 생각되었으나 다시 같은 해 7월 25일경 즉 포츠담 회담에서 이미 결정되었다는 설이 나오고 있다. 그렇다고 해서 이때부터 연합국들이 한반도를 영구 분단하려 한 것은 물론 아니다. 한반도를 포함한 전쟁 후 문제를 처음으로 결정한 모스크바 3상회의에서는 미·영·중·소 4대 전승국에 의한 5년 간의 한반도 신탁통치가 결정되었고 그

기간 한반도를 다스릴 임시정부를 미소공동위원회가 조선의 정당·사회단체 대표들과 의논하여 수립할 것을 결정했다.

그 과정은 임시정부가 4대 전승국의 감시 및 후견을 받으면서, 즉 신탁통치 아래 5년 간 한반도 전체를 다스린 후 임시정부 관할 아래 총선거를 실시하여 가장 표를 많이 얻은 정당이 여당이 되면서 독립국가를 건설하는 것이었다.

미소공동위원회에 의해 임시정부가 수립되면 바로 38도선은 없어지는 것이었다. 그런데 좌익은 신탁통치를 찬성하고 우익은 그것을 반대한 것이다. 신탁통치를 하는 4대 전승국 자본주의 국가는 미·영·중 3개국이었고 사회주의 국가는 소련뿐이었는데 오히려 우익이 신탁통치를 반대하고 좌익이 그것을 찬성하는 '역현상'이 나타났다.

어떻든 이 때문에 모스크바 3상회의 결정에 의한 한반도 문제 해결의 길은 막히고 소련의 반대에도 불구하고 미국에 의해 한반도 문제가 미국세력이 우세한 유엔으로 이관되어 유엔 감시하의 남북한 총선거안이 결정되었다가 소련의 유엔 감시단 입북 반대로 결국 남한만의 단독선거에 의한 단독 정부 이승만 정부가 수립되고 잇달아서 북한에서도 김일성 정부가 수립되었다.

민족해방운동전선에 우익도 있고 좌익도 있는 채로 38도선이 그어지고 그것을 경계로 미·소 양군이 분할점령하고 있는 '해방공간'의 상황에서, 남북통일 민족국가를 건설하기는 쉬운 일이 아니었다. 우익세력이 남북한 전체를 통치하는 자본주의체제 통일국가를 건설하려는 경우, 38도선 이북을 점령하고 있는 소련군이 물러나야 하고 좌익세력이 그것을 수용해야 했는데 현실적으로 불가능한 일이었다. 반대로 좌익세력이 남북한 전체를 통치하는 사회주의체제 통일국가를 건설하려면 미군이 철수하고 우익세력이 그것을 수용해야 했는데 현실적으로 불가능하기는 마찬가지였다.

그래서 한때는 남북통일 임시정부를 수립하기 위해 좌우익 연립정부나 혹은 극좌세력과 극우세력을 배제한 온건좌익과 온건우익을 중심으로 중도파 정부를 수립하려는 움직임이 있기도 했다. 후자가 일부 가능성이 있는 것으로 생각되었으나 결국 실패하고 남북 분단 국가들이 성립되고 말았다. 두 전승국 중 미국이 일본을 그 세력권 안에 두고 소련이 만주를 그 세력권 안에 두려는 상황에서 제2차 세계대전이 끝나게 되었는데, 그 사이에 가로놓인 한반도를 미국이 독점할 수도 없고 소련이 독점할 수도 없는 상황이었다고 하겠다.

그런 상황에서 한반도에 통일국가가 성립되려면 친미 반소도 아니고 친소 반미도 아닌, 순수 자본주의체제도 아니고 순수 사회주의체제도 아닌 국가가 성립될 수밖에 없겠는데, 20세기 전반기를 조선총독의 전제주의 통치 아래 보냄으로써 근대적 정치 훈련을 전혀 받지 못한 당시 한반도 주민으로서는 역시 역부족이었는지도 모른다. 일제시대 민족해방운동전선에는 우익도 있고 좌익도 있었지만, 이들은 38도선이 그어지면서 해방이 되리라고는 전혀 예상하지 않았다. 따라서 해방 후 어떻게 하나의 민족국가를 건설할 것인가 하는 문제를 생각하면서 좌우익전선이 타협하여 통일전선운동을 추진하기도 했다. 그러나 해방이 되면서 38도선이 그어지고 미소 양군이 분할점령하게 되자 좌익은 극좌화하고 우익은 극우화했으며 결국 통일민족국가를 수립하는 길이 막히고 말았다.

4. 한반도 통일문제를 어떻게 볼 것인가

동북아시아에서 해양쪽 일본과 대륙쪽 만주 사이에 가로놓인 한반도 지역이 대륙쪽과 같은 사회주의세력에 의해 통일되는 것도 해양쪽의 자본주의세력에 의해 통일되는 것도 불가능하다는 사실을 다시 한번 증명해준 것이 분단국가들이 성립된 지 2년 후에 발발한 6·25전쟁이었다. 처음에는 북쪽 사회주의 정권에 의해 통일을 이룰 기회가 있었으나 해양쪽의 미국을 중심으로 하는 유엔군의 참전으로 불가능했고, 다음에는 남쪽 자본주의 정권에 의해 통일될 뻔했으나 이번에는 대륙쪽 중국군의 참전으로 불가능했다. 6·25전쟁이야말로 한반도의 지정학적 위치 문제를 극명하게 증명해준 전쟁이었다고 할 수 있을 것이다.

세계사적 추이도 그러하지만, 한반도의 지정학적 위치 때문에 전쟁으로는 통일을 이룰 수 없다는 사실이 6·25전쟁을 통해 증명되었고 그 때문에 이후 평화통일안이 정착되어갔다고 할 수 있다. 그러나 오랫동안 실재하고 있는 두 개의 국가권력이 어떻게 평화적으로 하나가 될 것인가 하는 것은 결코 쉬운 문제가 아니었다. 1980년대로 들어서면서 국가와 정부를 구분하고 국가는 당장 혹은 단계적으로 하나로 해가되 정부와 체제는 상당 기간 둘인 채로 둔다는 방법이 고안됨으로써 평화통일방법론에 상당한 진전을 보게 되었다. 약간의 시간차 문제가 있지만, 남쪽에서 말하는 3단계 통일론과 북쪽에서 말하는 연방제 통일안 등이 그것이라 할 수 있다.

특히 독일이 서독에 의해 흡수통일된 후에도 남북이 모두 그같은 흡수통일을 부인하고 정부와 체제를 상당 기간 둘인 채로 둔다는데 합의함으로써 남북합의서가 교환될 수 있었고 또 남북정상회담이 합의될 수 있었다. 그러면서도 한 가지 우려되는 것은 아직도 일부에서 흡수통일에 미련을 두고 그 성취를 기대하면서 남북 교류에서 상호주의를 견지해야 한다는 주장들이 있는 점이다.

만약 남쪽이 북쪽을 흡수하면서 통일하는 경우 6·25전쟁에서 남쪽 군과 유엔군이 북진통일을 외치면서 압록강·두만강까지 진격하려 했던 것과 같은 상황이 된다고 할 수 있다. 설령 한반도 내의 남북 역관계가 그것을 가능하게 한다 해도 중국이나 당시 소련이 용납하지 않았음은 6·25전쟁에서 잘 증명되었다고 할 수 있다. 한국·미국·일본의 동맹체제가 압록강·두만강까지 가는 한반도의 통일을 대륙세력 중국·러시아가 용납할 수 없는 조건은, 가령 북한·중국·러시아 동맹세력이 부산과 제주도까지 가는 한반도 통일을 일본이나 미국이 용납할 수 없는 상황과 같다고 할 수 있다.

따라서 한반도의 통일은 비흡수 평화통일 방법일 수밖에 없으며, 그것은 무력통일은 말할 것 없고 흡수통일도 아닌 협상통일·타협통일·흥정통일이 될 수밖에 없을 것이다. 그리고 협상과 타협과 흥정에는 시간과 인내와 양보가 필수적이다. 이제 겨우 타협통일론·협상통일론이 자리잡기 시작했다고 하겠으며, 구체적인 과정은 앞으로 본격적으로 전개될 것이다.

20세기 후반기 한반도 지역은 1950년대 전쟁 시기를 넘기고 60년대로 들어오면서 남북이 모두 전쟁 후 경제재건 과정으로 들어갔으며 그 결과 1970년대까지는 남북이 모두 경제적으로 크게 발전했다. 그러나 북쪽의 경우 중·소 분쟁으로 타격을 받은 위에 1980년대 후반기로 오면서 동구와 소련 등 사회주의권이 무너지고 미국을 비롯한 자본주의 열강의 극심한 경제봉쇄 때문에 큰 타격을 입었으며, 그 위에 또 자연재해까지 겹쳐서 극심한 경제적 타격을 받았다. 남쪽의 경우도 1990년대 후반에 IMF 관리체제로 들어갔었다.

거의 반세기에 걸친 식민지배에서 벗어나면서 바로 남북으로 분단된 뒤에 동족상잔을 겪고 계속 적대하고 대립한 조건 속에서도, 북쪽은 물론 지금 경제적 곤란을 겪고 있지만, 한반도 지역은 제2

차 세계대전 후 독립된 민족사회 중에서는 정치·경제·사회·문화면에서 선두 그룹에 들었다고 할 수 있다. 남쪽의 경우 이같은 경제발전의 공을 1960년대 70년대의 군사독재 정권에 돌리기도 한다. 그러나 그것은 남쪽만이 아니라 북쪽을 포함해서 전체 한반도 지역이 오랜 역사시대를 통해 쌓아온 문화적 기반 및 저력과 1950년대에 치른 전쟁 후의 복구 과정에서 나타난 남북 전체 민족사회의 경제 건설 과정이었다고 할 수 있다.

이렇게 보면 21세기에도 만약 20세기 후반기와 같이 정치·외교·경제적으로 한반도의 남쪽에 한·미·일 '친밀 관계'가 굳어지고 그 북쪽에 조·중·러 '친밀 관계'가 형성되는 경우, 한반도 지역의 통일은 어렵게 될 것이며 전체 동북아시아의 평화체제 수립도 어렵게 될 것이다. 20세기 후반기에도 한반도의 남북 대립과 동아시아에서의 대륙세력과 해양세력 간 대립은 해소되지 않았다. 그것은 물론 동서 대립이라는 세계사적 상황에 규제된 것이었지만, 한반도 지역에 살고 있는 남북 7천만 인구의 역사 운영의 실패였다고도 할 수 있을 것이다.

5. 21세기 한반도 역사는 어디로 가야 할 것인가

한민족은 식민지배의 질곡에서 벗어나면서 다시 남북으로 분단되었다. 분단 원인에는 외세의 작용도 있었고 또 민족 내부 문제도 있었다. 민족 분단은 6·25전쟁을 가져왔고 그것은 남북 모두에게 분명히 통일을 목적한 전쟁이었지만, 3년 간의 격전을 겪고도 통일은 되지 않은 채 휴전으로 끝났다. 그런데도 한반도 지역이 왜 전쟁으로는 통일되지 않았는가를 해명하지 못한 채 분단상태는 이후 50

년 간 지속되었다. 왜 해방과 함께 민족이 분단되고 치열한 전쟁을 겪고도 통일을 이루지 못했는가를 해명하는 것이 이 시기 한반도 역사를 이해하는 중요한 관건이라 할 수 있다.

한편 일제시대에는 정치·경제·사회·문화적으로 같은 조건 아래 있었던 한반도 남북 지역이 해방 후, 20세기 후반기에는 북쪽은 사회주의체제로, 남쪽은 자본주의체제로 전혀 다른 길을 걸으면서 계속 대립과 경쟁 상태에 있었다. 특히 1990년대 이후 세계사적으로 국가사회주의체제가 대부분 무너짐으로써 냉전체제가 해소되었으나 한반도는 지구상의 유일한 분단국가로 계속 남아 있다. 그러면서도 남북 두 정부는 통일방안으로 월남식 무력통일과 독일식 흡수통일을 모두 부인하고 있다.

한반도 지역이 20세기로 들어서면서 식민지로 전락하게 된 원인이 무엇인가, 한반도 지역의 역사는 식민지시대를 벗어나면서 왜 바로 민족분단시대로 이어지게 되었는가, 20세기 한반도 지역의 역사 운영 전체를 두고 볼 때 무엇이 잘못되었는가, 20세기 전체를 통해서 한반도 주민들의 역사적 성공은 전혀 없었는가, 한반도의 분단상태는 언제까지 계속될 것인가, 반세기 이상 유지된 민족분단의 해결 방안은 무엇인가 하는 문제들이 7천만 한반도 주민들의 역사적 과제로 남아 있다.

이제 세계사는 두 가지 면에서 큰 변화를 하고 있는 것 같다. 그 하나는 자본주의가 위기로 치닫고 있는 사실이다. 20세기에 들어와서 자본주의를 구제한 것은 사회복지와 고용 부분에서 크게 양보한 수정자본주의였다고 할 수 있을 것이다. 그러나 도전세력인 국가사회주의가 거의 무너짐으로써 자본주의는 이제 '건방져지면서' 사회복지와 고용 문제에서 크게 후퇴하거나 폐기하다시피한 신자유주의로 나아가고 있다. 관점에 따라서는 국가사회주의 붕괴가 자본주의 독존 체제로 가는 것이 아니라 오히려 뒤따라서 자본주의체제의 붕괴도 가져오고, 21세기에는 새로운 세계체제가 성립하리라 전망하는 경우도 있다.

한편 세계사 위에 나타난 또 하나의 큰 변화는 계속 높아지기만한 국민국가의 벽이 점차 낮아지고 그 권위가 약화하기 시작했다는 사실이다. 지난 3~4세기 동안 인류역사를 통해서 국민국가를 지탱한 국민주의·민족주의가 제국주의로 되면서 명분 없는 전쟁을 일으키는 등 온갖 횡포를 자행했다고 앞에서 말했지만, 20세기를 넘는 과정에서 제국주의가 어느 정도 청산되어가면서 지금까지 계속 높아지기만 한 국민국가의 벽이 조금씩 낮아지고 그 권위가 다소 약화되어가고 있는 것이다. 21세기에 들어와서 국민국가의 권위가 당장 무너지는 것은 아니라 해도, 인류사회 전체가 20세기까지 계속 증대되기만 했던 국민국가의 권위와 횡포에 염증을 느끼거나 반성하기 시작했다고 할 수 있을 것이다.

21세기에도 20세기와 같이 국민국가끼리의 대립과 경쟁이 계속 심해지는 경우 우리가 살고 있는 동아시아는 아마도 중국과 미국을 배경으로 한 일본의 대립이 심화되는 쪽으로 갈 가능성이 클 것이다. 그러면서 분단된 채로 있는 한반도의 북반부는 정치·경제·문화적으로 아무래도 중국쪽에 치우칠 것이고 그 남반부는 미국을 배경으로 한 일본쪽에 치우칠 것이다. 그 결과 한반도는 통일되기 어려울 것이며 좀 심하게 말해서 그 북반부는 중국의 부속 지역으로 되고 그 남반부는 일본·미국 세력의 부속 지역으로 될지도 모른다.

그리고 동북아시아 전체가 한반도의 남부와 일본을 포함한 하나의 세력권과 그 북부와 중국을 포함한 또 하나의 세력권으로 양분되어 청일전쟁이나 러일전쟁 전과 같이 대립 항쟁을 계속함으로써 이 지역 전체의 평화를 해칠 가능성이 커질 것이다. 그런 대립과 분쟁을 막기 위해서는 한반도 지역이 평화롭게 통일되어 중국과 일본 사이에서 제3의 위치를 확보함으로써 동아시아의 평화 유지에 이바지할 수 있어야 할 것이다.

다행히 21세기에 유럽공동체나 북미공동체와 같은 동아시아공동체가 생길 수 있다면 물론 국민국가끼리 대립·항쟁하는 것보다는 평화적인 방향으로 역사가 전개될 수 있을 것이다. 그러나 한반도 지역이 평화적으로 통일되지 않고는 동아시아공동체 형성은 현실적으로 불가능할 것이다. 솔직히 말해서 한반도 지역은 병자호란 이후 중국쪽에 예속되었고 거기서 벗어나면서 일본의 식민지가 되었다. 또한 그로부터 해방된 이후에는 남북으로 분단되어 전쟁을 겪고도 통일되지 못한 채 북반부는 대륙세력권에 남반부는 해양세력권에 포함되어 서로 대립해왔다.

21세기에는 한반도 지역이 분열과 대립과 전쟁의 온상이 되지 말고, 기어이 평화적으로 통일되어 중국과 일본 사이에서 독자적 제3의 위치를 확보함으로써 대륙세력과 해양세력의 맞부딪침을 막고 중재하여 동아시아 전체의 평화를 담보하는 역할을 담당하는 지역이 되어야 할 것이다. 20세기에는 제국주의 세계대전을 두 번이나 치르고 미·소 대립이 격화되었지만 21세기에는 20세기보다 더 평화주의·문화주의를 지향하는 시대가 되리라 기대하고 있다. 한반도 지역의 평화는 한반도 주민 스스로 책임지고 조성할 수 있어야 할 것이며, 그것은 바로 한반도의 평화통일을 이루는 일에서 시작될 것이다.

21세기에 동아시아공동체가 성립될 수 있다면 평화적으로 통일된 한반도는 과거 이 지역에 있었던 중세 봉건주의적 중화공동체나 근대 침략주의적 대동아공영권 같은 것이 아닌 참된 평화주의 공동체의 중심 지역이 될 수 있을 것이다. 이렇게 보면 한반도의 평화통일은 결코 지역 주민만의 문제가 아니라 바로 21세기 동아시아 전체의 평화와 직결되어 있다고 할 수 있다. 그 때문에 주변의 어느 민족국가도 적어도 제국주의국가가 아니고 평화주의국가라면 그것을 방해할 명분이 없는 것이다.

한국 반공주의 부침의 역사

한국 사회의 덫, 반공주의

정해구

1. 머리말
– 반공국가와 반공주의

대한민국 헌법 전문은 "자율과 조화를 바탕으로 자유민주적 기본 질서를 더욱 확고히 하여 정치, 경제, 사회, 문화의 모든 영역에서 각인의 기회를 균등히 하고, 능력을 최고도로 발휘케 한다"고 규정하는 한편, 헌법 제10조는 이에 따라 "국가는 개인이 가지는 불가침의 기본적 인권을 확인하고 이를 보장할 의무를 가진다"고 선언하고 있다.[1] 반면 한국 반공주의의 상징적인 법이라 할 수 있는 국가보안법 제1조 제1항은 "이 법은 국가의 안전을 위태롭게 하는 반국가활동을 규제함으로써 국가의 안전과 국민의 생존 및 자유를 확보함을 목적으로 한다"고 밝히고 있다.[2] 즉 전자의 대한민국 헌법이 자유민주적 기본질서에 바탕하여 개인의 불가침의 인권을 보장

---

1) 대한민국 헌법(1987년 10월 29일 제9차 개정)
2) 국가보안법(1991년 5월 31일 개정)

하는 것이 국가의 기본적인 의무라는 것을 선언하고 있으며, 후자의 국가보안법은 국가의 안전을 위태롭게 하는 반국가활동의 규제를 그 목적으로 하고 있는 것이다.

한국 사회의 법질서를 상징하는 대표적인 두 법이라 할 수 있는 대한민국 헌법과 국가보안법은 이처럼 그 목표와 취지가 다르다. 즉 헌법은 개인의 자유와 인권의 보장을 그 일차적인 목표로서 선언하고 있지만, 국가보안법은 국가의 안전을 그 일차적인 목표로 삼고 있는 것이다. 물론 헌법이 상위법인 만큼 국가보안법은 마땅히 헌법에 종속되어야 할 것이다. 그러나 우리의 역사 현실은 그렇지 않았다. 헌법은 권력자의 필요에 따라 누더기처럼 수없이 개정되어왔고 그런 만큼 그것은 최고법으로서의 실제적인 의미와 효력을 갖지 못해왔다. 오히려 한국 사회에서 가장 강력하게 효력을 발휘해왔던 법은 국가보안법이었다. 그것은 개인의 자유와 인권의 보장보다는 국가의 안전이 우선시되었고, 따라서 헌법보다는 국가보안법이 더 중시될 수밖에 없었던 그간의 상황 때문이었다.

그렇다면 국가보안법에 의해 그 안전이 그토록 보장되고 있는 한국의 국가는 어떠한 국가인가? 자유민주주의 국가인가, 아니면 반공국가인가? 자유민주주의 국가라 할 경우, 적어도 그 국가는 개인의 자유와 기본적인 인권의 보장을 최우선적인 가치로 여기며 무엇보다도 그 가치를 보장해줄 수 있는 국가이어야 할 것이다. 과연 한국 국가는 그러한 국가였던가? 해방 이후 냉전의 강화 속에서 분단과 전쟁을 통하여 이루어졌던 한국 국가의 형성과정과 그 이후 한국 국가의 전개과정을 살펴보았을 때, 한국 국가는 그렇지 않았다. 오히려 한국 국가는 공산주의에 대항하여 자유민주주의를 지킨다는 명분 아래 개인의 자유와 기본적인 인권을 수없이 침해해왔던 그러한 국가였다. 그런 점에서 볼 때 한국의 국가는 자유민주주의 국가라기보다는 오히려 반공국가에 더 가까웠다고 말할 수 있다.

이처럼 반공국가는 반공주의를 내세워 국민의 자유와 인권을 제한하고 침해했다. 뿐만 아니라 반공국가의 국가권력을 장악한 독재자나 그 추종세력은 그들의 독재를 정당화시키기 위한 수단으로서 반공주의를 이용했다. 즉 그들은 반공주의의 이름으로 자신의 독재를 정당화하는 한편, 그 독재에 저항했던 반독재 민주화운동을 탄압하거나 정치적 경쟁자들을 약화 또는 제거했던 것이다.

이 글은 해방 이후 한국 국가에 의해, 독재 정권에 의해 내세워졌던 반공주의가 현재에 이르도록 어떻게 전개되어왔는지, 그것이 어떤 식으로 이용되어왔는지를 살펴보기 위한 것이다. 이를 위해 해방 직후 분단과 전쟁의 과정을 거치면서 반공주의가 어떻게 등장했는지를 살펴볼 것이다. 또한 반공주의의 전개 과정을 살펴봄으로써 각 독재 정권이 반공주의를 어떻게 이용하였는가를 살펴볼 것이다. 나아가 반공주의의 배경이 되었던 냉전과 독재에서 벗어나 탈냉전과 탈독재의 시대가 도래한 이제, 반공주의는 어떠한 상황에 처해 있는지도 검토할 것이다.

2. 반공주의의 등장

해방 직후 반공주의가 이데올로기로서 곧장 뿌리를 내렸던 것은 아니다. 적어도 그것이 정착되고 내면화되기까지에는 반공을 통해 자신들의 기득권 및 이해를 지켜야 했던 세력들의 국가권력 장악이라는 과정이 선행되지 않으면 안되었다. 즉 반공주의 이데올로기는 반공국가 형성이라는 과정을 통해, 또한 그것을 전제로 해서 등장할 수 있었던 것이다.

해방 직후 한국 반공국가 형성은 기본적으로 다음과 같은 두 요인에서 비롯되었다. 그 하나는 해방과 더불어 한반도에 진주한 미국의 전략적 이해, 즉 미소 냉전의 최전선인 한반도에서 공산주의 진영에 대항하는 강력한 반공체제를 구축하고자 했던 미국의 이해이다. 물론 그들은 외형상 한국에 자유민주주의 제도를 부과하기도 했다. 그러나 그들의 보다 진정한 관심은 대(對) 공산주의 전선의 최전방에 위치해 있는 한국에 강력한 반공체제를 구축하고 이를 유지하는 일에 있었다. 한국 반공주의 형성의 또 다른 요인은 국내에서도 찾아볼 수 있다. 해방과 더불어 좌파 및 그들과 연결된 민중으로부터 그들의 기득권을 공격받지 않을 수 없었던 친일파 및 우파의 이해가 그것이다.

그렇다면 이같은 요인에서 비롯되었던 남한 반공국가의 형성은 구체적으로 어떤 과정을 거쳐 이루어졌는가? 그것은 한편으로 해방정국 기간 동안 전개되었던 남한 분단정부 수립을 둘러싼 갈등을 통해 살펴볼 수 있으며, 다른 한편으로 그것은 중앙권력으로서의 미군정 및 우파세력이 해방 직후 남한 전역에 구축되었던 좌파 중심의 인민위원회 체제를 전복시키며 지방을 장악해나갔던 과정을 통해서도 확인해볼 수 있다.

우선 남한 분단정부 수립과정을 살펴보면, 그것은 미군정 지원에 의한 남한 반공 우파세력들의 국가권력 장악 과정이라 할 수 있다. 미군정은 해방 직후 급속히 확대되었던 좌파 헤게모니에 대항하기 위해 우파세력을 등장·강화시켰으며, 이렇게 결집된 우파세력은 모스크바 3상회의 결정에 대한 반대, 즉 반탁운동을 통해 그 영향력을 확대할 수 있었다. 그리고 그들은 1947년 제2차 미소공동위원회 결렬 이후 추진되었던 남한 단독 정부 수립에 참여, 마침내 남한 국가의 국가권력을 장악할 수 있었던 것이다. 물론 이 과정에서 남로당을 비롯한 좌파세력뿐만 아니라 남한 단독 정부 수립에 반대하여 남북협상에 나섰던 김구, 김규식 등의 민족주의 우파세력조차 배제되지 않을 수 없었다.

한편 해방 직후 남한의 상황은 미군정 및 우파세력 중심의 중앙 권력과 좌파세력 중심의 지방 인민위원회 체제가 대치했던 이중권력적 상황이었다. 따라서 남한 반공국가의 형성 과정은 미군정 및 우파세력 중심의 중앙권력이 좌파세력 중심의 지방 인민위원회 체제를 분쇄하고 그 실질적인 통치력을 남한 전역에 확대하는 과정이기도 했다. 그러한 맥락에서 볼 때, 1947년 10월 1일부터 12월 중순에 이르기까지 2개월 반에 걸쳐 대구항쟁을 시작으로 남한 전역에 걸쳐 발생했던 10월항쟁에 대한 진압은 미군정 및 우파세력의 중앙권력이 지방 잔존의 인민위원회 체제를 분쇄하고 그 통치권을 실질적으로 지방 전역으로 확대시킬 수 있었던 결정적인 계기였다. 1948년에 발생했던 제주 4·3항쟁 역시 미군정 및 우파세력의 중앙권력이 지방으로 확대되는 동일한 맥락에서 발생했던 사건이었다. 단, 제주도에서의 사태가 육지보다 시간적으로 늦게 발생했던 것은 이 지역이 중앙으로부터 멀리 떨어져 있었고 육지로부터 격리되어 있었기 때문이다.

1948년 8월 15일 대한민국 정부가 수립되었을 때, 그것은 반공국가 형성을 향한 일련의 과정이 일단 정부수립으로 귀결되었음을 보여주는 것이었다. 이제 반공세력은 미군정에 뒤이어 국가권력을 이어받을 수 있게 되었다. 그러나 대한민국 정부 수립의 이상과 같은 과정이 보여주는 것은 남한의 반공국가 형성이 아래로부터의 지지에 기반했다기보다는 '외부로부터' '위로부터' 부과된 외삽(外挿)적 국가권력이 '내부의' '아래의' 사회를 정복하면서, 또한 미군정 및 우파의 중앙권력이 지방의 좌파 권력을 전복시키면서 이루어졌다는 사실이다. 따라서 강제적으로 수행된 그것은 당연히 유혈적인 결과를 수반하지 않을 수 없었다. 10월항쟁에서 수천 명의 희생자가, 제주 4·3항쟁에서 수만 명의 희생자가 발생하지 않을 수 없었던 것은 바로 그 때문이었다. 요컨대 남한 반공국가의 형성은 미군정과 우파세력의 '국가 테러(state terror)'의 유혈적 과정을 거쳐 이루어졌던 것이다.

이렇듯 반공세력은 국가권력을 장악할 수 있었다. 그러나 반공은 그것만으로 끝나지 않았다. 정부 수립 직후인 1948년 12월 1일 '국가보안법'이 제정되었기 때문이다. 국가보안법 제정의 직접적인 원인은 같은 해 10월 말에 발생한 여순사건 때문이었다. 그러나 그 제정의 보다 근본적인 원인은 반공을 위한 국가 억압력의 행사를 합법화해주고 또 이 법에 의거하여 잔존 좌파세력을 발본색원해내기 위한 것이었다. 그 결과 국가보안법이 시행된 이듬해인 1949년 한 해에 무려 11만8,621명이 이 법에 의하여 검거 또는 입건되었고, 같은 해 9~10월 사이에 132개의 정당과 사회단체가 해체되었다. 또한 이 법에 의거하여 방첩대 및 군 수사기관은 8~9천 명의 군인들을 입건 또는 구속하거나 숙청하였다.[3] 일제의 치안유지법을 본 따 만들었고 이후 지금에 이르기까지 무소불위의 법이 되고 있는 국가보안법은 이렇게 만들어지고 시행되었다. 형법이 만들어졌던 1953년보다 무려 5년 전의 일이다.

한편 반공주의 강화의 이같은 분위기는 당시 정치권에도 영향을 미쳤는데, 우리는 그것을 한국전쟁 전 그 어느 때보다도 가장 극단적이고 히스테릭한 반공 분위기가 횡행했던 '1949년 여름'의 상황에서 확인해볼 수 있다. 그 해 6월 말까지 미군철수 완료가 예정되

---

3) 박원순, 『국가보안법 연구 1』, 역사비평사, 1997, 30·102쪽.

어 있었고 38선에서는 남북간의 무력충돌이 점차 격화되고 있었으며 그런 가운데 이승만이 공공연히 북진통일을 외치고 있었던 상황에서, 그해 여름 반민특위 해체 사건, 국회프락치 사건, 김구 암살 사건 등 일련의 사건들이 발생했다. 물론 이 사건들의 발생은 상호 관계가 없는 듯 개별적이다. 그러나 이 사건들이 거의 동시적으로 발생했다는 사실은 이 사건들이 김구 및 국회 소장파그룹 등 당시 이승만에 반대했던 정치세력에 대한 제거작업의 일환에서 비롯되었다는 점을 시사해준다. 즉 1949년 여름은 이승만에 반대하여 친일파 척결, 외군 철수, 그리고 남북협상에 의한 평화통일 등을 주장했던 민족주의적 성향의 정치인들을 제거하고자 했던 음모적 시도들이 집중적으로 행해진 시기였던 것이다. 이제 반공세력의 제거 대상이 좌파세력에게만 한정되지 않음은 분명해졌다.

그러나 국가권력 차원에서 그리고 정치권 차원에서 반공세력의 일방적인 승리와 장악이 분명해졌음에도 불구하고 한국전쟁 이전에 이승만 정권의 반공주의가 일반 주민들에 의해서까지 완전히 수용되었다고 볼 수만은 없다. 이를테면 한국전쟁 직전에 치러졌던 5·30선거 결과, 반공세력인 이승만계 및 한민당계가 아닌 무소속이 전체 210석의 의석 중 60%에 해당하는 126석을 차지했고 조소앙, 안재홍, 원세훈, 장건상, 여운홍 등 중간파 민족주의 세력들이 대거 진출할 수 있었던 사실은 반공주의가 주민들 수준에까지 일색화된 것은 아니라는 점을 시사해준다.[4] 그런 점에서 한국전쟁 이전에 강화되었던 반공은 일반 주민들의 수용이 전제되었던 반공, 즉 '이데올로기로서의 반공'이라기보다는 국가권력과 국가보안법이 강제하는 반공, 즉 '국가 억압력으로서의 반공'이라 할 수 있겠다.

---

4) 5·30선거의 이러한 성격에 관한 분석으로서는 강정구, 「5·10선거와 5·30선거의 비교연구」, 『분단과 전쟁의 한국 현대사』, 역사비평사, 1996 참조.

그러나 이후 3년 간에 걸쳐 주민들의 생활에 막대한 영향을 미친, 나아가 그들의 생사를 가름하기조차 했던 한국전쟁의 경험은 이데올로기로서의 반공이 정착될 수 있는 바탕을 제공해주었다. 우선 전쟁이 북한의 남침에 의해 야기되었다는 사실은 많은 사람들로 하여금 반공주의를 받아들이지 않을 수 없게 만들었다. 수많은 희생을 수반했던 전쟁이 공산주의자들의 침략에 의해 야기되었다는 사실은 그 자체로서 반공주의의 정당성을 강화시켜주었기 때문이다. 또한 전쟁중 이데올로기 선택에 의해 자신의 생사가 결정되는 극한 상황은 주민들이, 적어도 남쪽에서 살아가는 한 반공주의에 순응할 수밖에 없는 생존의 기술을 터득시켜주었다. 뿐만 아니라 이후 전쟁 경험에 의거한 일방적인 반공 담론의 유포와 그 교육은 반공주의를 내면화하는 데 기여했다.

물론 이상과 같은 사실은 한국전쟁의 경험을 통한 반공주의 수용이 주민들의 적극적인 자발성에 의한 수용이라고 보기는 어렵다는 점을 보여준다. 그런 점에서 그것은 강요된 수용이자 소극적인 수용이었다. 그럼에도 소극적 수용 역시 반공주의 수용이 아닐 수 없었다. 결국 반공에서 자신의 기득권을 온존시키고 강화할 수 있었던 상층 반공세력의 적극적이고 자발적인 반공주의 수용과는 달리, 일반 주민들에 의해 수용된 반공주의는 자신의 기득권과는 관계없이 살아남기 위해 선택하지 않을 수 없었던 체념주의와 함께 수용된 반공주의였다. 그러나 어쨌든, 한국전쟁을 거치면서 억압력으로서의 반공은 이제 이데올로기로서의 반공이 되었다.

3. 반공주의의 전개
― 독재와 반공주의

한국전쟁 이전이 반공주의의 등장 과정이라 한다면, 한국전쟁 이후는 반공주의의 전개 과정이라 할 수 있다. 우리는 후자의 반공주의 전개와 관련하여, 반공주의가 각 정권의 독재와 밀접한 관련이 있음을 확인하게 된다. 그것은 반공주의가 공산주의에 대한 반대라는 그 직접적인 목표를 넘어 독재를 정당화하는 수단으로 동원되고 이용되었기 때문이다. 따라서 다음에서는 각 독재 정권이 자신의 독재 강화와 정당화를 위해 반공주의를 어떻게 동원했는지를 살펴볼 필요가 있을 것이다.

1) 이승만 정권과 반공주의

이승만 정권의 독재는 반공독재라 할 수 있었다. 그것은 이승만 정권이 장기집권을 위해, 또한 독재에 저항하는 정치적 반대세력의 약화와 제거를 위해 거의 전적으로 반공주의를 동원하고 이용하곤 했기 때문이다. 물론 이승만 정권의 장기집권과 독재를 위해 동원되었던 반공주의는 해방 후 반공국가 형성 과정을 거쳐, 또한 국가보안법의 제정을 통해, 그리고 한국전쟁의 경험을 거치면서 충분히 강화되고 정착되었던 터였다. 구체적으로 이승만 정권의 반공독재 과정을 살펴보면, 그것은 이승만이 반공주의를 이용하여 자신의 장기집권을 가능하게 만들었던 독재 강화의 첫번째 과정과, 이에 대한 반대가 증대하면서 반공독재가 약화될 수밖에 없었던 두번째 과정으로 나누어 살펴볼 수 있다.

우선 반공주의를 이용한 이승만의 첫 장기집권 시도는 전시중인

1952년 5~7월에 발생했던 '부산 정치파동'이다. 거창 양민학살 사건과 국민방위군 사건 등 전시중 이승만 정권의 실정에 직면하여 당시 국회는 헌법 개정을 통해 내각책임제를 도입하고자 했다. 그러나 지지기반의 대부분을 원외의 관변적 반공 사회단체에 두고 있었던 이승만은 대통령 직선제 개헌을 통해 재집권을 도모하는 한편 국회의 견제를 무력화시키고자 했다. 이같은 목적을 위해 이승만이 동원했던 것이 바로 반공주의였다. 즉 이승만은 5월 26일 전시중 임시수도였던 부산 및 그 일원에 비상계엄을 선포하는 한편, 국제 공산당의 비밀정치공작과 관련되었다 하여 십여 명의 국회의원을 구속하기에 이르렀다. 개헌안 통과를 위한 공포분위기가 이같이 계속되는 가운데 결국 국회는 7월 4일 대통령 직선제를 핵심 내용으로 하는 발췌개헌안을 국회의 표결에 붙였다. 개헌안은 강제 동원된 의원들의 기립 표결 속에서 한 표의 반대도 없이 통과되었다. 결국 이승만은 전시상황 속에서 반공주의를 동원, 공포분위기 속의 위협을 통해 재집권의 발판을 마련할 수 있었다.

　2년 후인 1954년 말, 또 한 번의 개헌파동이 발생했다. 임기 만료를 앞둔 이승만이 "초대 대통령에 한해 중임 제한을 철폐"하고자 함으로써 또 한 번의 개헌을 시도했기 때문이다. 그 과정에서 반공주의는 다시 한번 동원되었다. 당시 국회의장 자격으로 영국 여왕의 대관식에 참석한 바 있던 민주당의 신익희가 뉴델리에서 전쟁중 납북된 조소앙과 밀담을 갖고 이른바 비공산·비자본의 제3세력을 규합, 남북협상을 추진함으로써 한국의 중립화를 추구하려 했다는 '뉴델리 사건'이 발생했던 것이다. 결국 그 유명한 '사사오입' 계산을 통해 국회를 통과할 수 있었던 이 개헌안은 이승만으로 하여금 헌법적인 제한 없이 영구집권을 가능하게 만들었다.

　집권 전반기에 이승만의 장기집권과 독재 강화가 가능했던 것은 이승만 정권이 정치적 반대세력의 탄압을 위해 그 누구도 공공연히 저항하기 어려웠던 반공주의를 이용할 수 있었고, 반공국가 형성 과정을 통해 강화되었던 관변적 반공 사회단체들(이들 단체들은 원외자유당 결성의 주축이 되었다)을 동원해낼 수 있었기 때문이다. 그러나 그럼에도 불구하고 두 차례에 걸친 헌법개정 등 이승만의 무리한 장기집권 시도는 1950년대 중반 이후 이에 대항하는 정치적 반대세력의 결집을 초래했다. 그리하여 1955년 9월 반독재 보수 야당으로서 민주당이 결성되기에 이르렀고 1956년 11월에는 반독재 혁신 야당인 진보당이 결성되었다. 또한 1956년 5월에 시행된 정·부통령 선거 결과는 이승만에 대항했던 조봉암 후보의 예상 외의 득표와 민주당 장면 후보의 부통령 당선의 결과를 가져왔는데, 이는 이승만 정권의 동요가 본격화되었음을 알리는 것이었다.

그러나 이승만 정권은 야당들의 반독재 요구를 수용하기보다는 반공주의를 동원, 더욱더 무리한 방식으로 이들을 탄압하는 것으로 대응했다. 우리는 그 대표적인 사례로는 조봉암·진보당 사건과 2·4 국가보안법파동을 들 수 있을 것이다. 전자는 간첩 및 국가보안법 위반을 이유로 혁신계 정치세력으로 급속히 부상했던 진보당 및 그 지도자인 조봉암을 탄압했던 사건으로, 이를 계기로 진보당은 해체되지 않을 수 없었으며 조봉암은 간첩 혐의로 처형되었다. 후자는 야당과 언론의 비판을 봉쇄하기 위해 기존 국가보안법을 더욱더 강화시키려 했던 시도로서, 1958년 12월 24일 경호권 발동을 통해 80여 명의 야당의원을 국회의사당 지하실에 감금한 가운데 자유당 의원들만이 참석하여 신국가보안법을 강제로 통과시켰던 사건을 말한다.

결국 1950년대 후반 민주화를 요구했던 야당들에 대해 가해졌던 무리한 탄압은 민심의 이반과 아래로부터의 저항을 가져왔다. 그 결과 1960년 3·15부정선거를 도화선으로 폭발하지 않을 수 없었던 4·19혁명은 마침내 이승만 정권을 붕괴시키기에 이르렀다. 여기에서 우리는 이승만 독재의 최대 자원이 반공주의였지만, 공산주의에 대한 반대라는 반공 본래의 목적보다는 독재자 개인의 장기집권과 독재 시행을 위한 정략적 수단으로 동원되었던 반공주의는 필연적으로 자유민주주의 가치와 충돌하지 않을 수 없음을 확인할 수 있다. 이와 관련, 이승만 반공독재에 저항하는 새로운 이념으로서 등장했던 자유민주주의는 전후 급속히 증대된 교육과 도시화 등을 통해 새롭게 확산되고 있었다.5)

2) 박정희 정권과 반공주의

4·19혁명 발생은 직접적으로는 자유민주주의의 규범, 특히 부정선거에 대한 항의라는 절차적 민주주의의 요구에서 비롯된 것이지만, 이를 통해 정치적 공간이 개방되자 그동안 반공독재로 인해 억제되었던 각종의 시대적 요구들이 분출되기 시작했다. 대체적으로 부정과 부패의 척결 위에서 민주주의의 발전, 경제적 자립, 그리고 남북 통일 등을 주요 내용으로 했던 그 요구들은, 비록 당장 완벽하게 실현되기는 어려웠지만, 이승만 정권의 반공독재가 붕괴된 상황에서 한국 사회가 지향해야 될 대안적 발전 방향을 제시하고 있었다. 그러나 4·19혁명을 통해 주어졌던 한국 사회 발전의 새로운 기회와 희망은 무산되었다. 1960년 5·16군사쿠데타를 통해 박정희

---

5) 4·19혁명이 전후 교육의 수혜자인 대학생들을 중심으로, 그리고 도시화의 중심인 서울을 중심으로 한 도시혁명의 성격을 지녔다는 점은 독재 논리로서의 반공주의가 더 이상 자유민주주의와 공존하기 어렵게 되어감을 보여주고 있었다.

군사독재정권이 들어섰기 때문이다.

그로부터 박정희가 사망했던 1979년 10·26사건에 이르는 약 18년 동안 박정희 개발독재가 전개되었다. 반공주의라는 자원에 주로 의존했던 이승만 독재에 비해, 박정희 정권의 장기집권 및 독재의 일차적인 자원은 경제성장이었다. 강력한 경제성장의 추진과 그 성공은 성장주의라는 새로운 지배이데올로기를 만들어낼 수 있었고, 박 정권의 장기집권은 기본적으로 이러한 바탕 위에서 가능했기 때문이다. 그런 점에서 본다면 이승만 독재가 반공독재로 지칭되는 데 비해 박정희 독재는 개발독재로 지칭될 만하다. 그러나 박 정권이 반공주의를 지배와 독재 강화의 수단으로 사용하지 않았던 것은 아니다. 이미 5·16쿠데타 당시부터 쿠데타 명분의 하나로 반공정책을 내세운 바 있었던 박 정권은 이후 반공정책을 강화해나갔고, 유신체제의 등장과 그 억압체제의 유지 과정에서는 보다 공공연하게 안보논리를 동원, 반공주의에 의존하는 모습을 보여주었기 때문이다.

우선 박정희 정권의 반공적 성격은 5·16쿠데타 당시부터 드러났다. 그들은 쿠데타에 즈음하여 6개항의 '혁명공약'을 발표했는데, "반공을 국시의 제일의로 삼고 지금까지 형식적이고 구호에만 그친 반공태세를 재정비 강화한다"는 첫번째 공약과, "민족적 숙원인 국토통일을 위하여 공산주의와 대결할 수 있는 실력 배양에 전력을 집중한다"는 다섯번째 공약은 쿠데타 세력의 반공적 성격을 분명하게 보여주고 있었다.[6] 그리고 이를 실천하듯, 박 정권은 쿠데타 직후에 3천여 명에 달하는 혁신계 인사들을 검거했고, 민족일보 사장 조용수 등 그 일부 인사들을 처형했다.

---

6) 한국군사혁명사 편찬위원회, 「혁명공약」, 『한국군사혁명사 제1집』 상, 1963.

한편 박 정권의 반공적 성격은 미국의 지역통합 전략에 대한 그들의 적극적인 수용태도에서도 확인된다. 박 정권은 한일간의 경제협력을 통해 미국의 대한 방위부담의 일부를 일본에 전가하고자 했던 미국측 요구에 호응하여 한일간 국교정상화 협상에 적극 임했고, 대규모의 베트남 파병을 시행함으로써 미국 주도의 동아시아 반공블록 강화에도 적극 참여했던 것이다. 결국 1960년대 내내 박 정권이 보여주었던 이같은 반공적 태도는 1960년대 남북관계를 급속히 악화시켰는데, 1960년대 후반 발생했던 북한측 무장게릴라의 청와대 습격 사건 등 남북간 일련의 충돌 사건과, 동백림 사건 등 남한당국에 의해 발생했던 다수의 공안 사건은 이같은 남북관계 악화와 밀접한 관련이 있었다.

이처럼 1960년대에 박 정권은 자신의 반공적 태도를 분명히 하는 한편 미국의 지역통합전략에 적극 호응했다. 그럼에도 1960년대의 박 정권은 자신의 독재 강화와 유지에 있어 반공주의의 동원보다는 상대적으로 경제발전에 따른 성장주의에 더 의존하는 편이었다. 그러나 3선개헌을 거쳐 유신체제라는 강력한 억압체제를 구축했던 1970년대에 들어서자 박 정권은 공공연히 안보논리를 내세워 반공주의를 전면적으로 이용하는 변화된 태도를 보여주었다.

우선 1969년 3선개헌과 1971년 제7대 대통령선거를 통해 장기집권의 기반을 마련한 박 정권은 1971년 말과 그 이듬해 유신체제 등장을 위한 일련의 비상조치들을 취했는데, 이러한 비상조치들의 선포에 있어 박 정권은 그 구실로 안보상황을 내세웠다. 이를테면 박 정권은 1971년 12월 6일 국가비상사태를 선포했는데, 박 정권이 그 구실로 내세웠던 것은 격변하는 주변정세 속에서 국가의 안보태세를 확립하기 위해 국민의 일부 기본권을 제한할 필요가 있다는 이유였다.[7] 뒤이어 12월 27일에는 국가안보상의 이유로 대통령이 헌법에 보장된 국민의 기본권을 제한할 수도 있게 만든 '국가보위에 관한 특별조치법'이 국회에서 통과되었다. 뒤이어 이같은 안보논리는 유신체제 등장에 즈음하여 총력체제 구축 논리로 이어졌는데, 1972년 10월 17일자 대통령 특별선언은 유신헌법 채택이 "평화적 통일의 지향과 한국적 민주주의의 토착화를 위해 구질서를 청산하고 통일을 향한 민족주체세력을 형성하며 (…) 자주적인 총력체제의 구축을 방향으로 일대 개혁을 단행하기 위한" 것임을 천명했다.[8] 수시로 등장하는 '국가비상사태', '국가보위', '총력체제' 등등의 용어들이 말해주듯, 유신체제 등장을 정당화하는 데 있어 박 정권이 내세웠던 가장 핵심적인 논리는 바로 이같은 안보논리였다.

박 정권의 안보논리 동원은 유신체제 등장에만 그치지 않았다. 유신체제 등장 이후 안보논리 동원은 유신독재에 반대하는 민주화 압력이 고조되는 가운데 국민의 기본권에 대한 심각한 인권침해로 이어졌기 때문이다. 이와 관련하여 당시 베트남 패망의 분위기를 이용하여 반독재 민주화운동을 일거에 제압하고자 했던 1975년은 박 정권 집권기간중 안보논리에 의한 인권침해가 가장 심각한 수준에 달했던 시기였다. 유신체제에 대한 그 어떤 비판도 금지시켰던 긴급조치 9호가 선포되었던 것도 이때였으며, 사회안전법, 방위세법, 민방위기본법, 교육관계법 등 악명 높았던 4대 전시입법이 제정되었던 것도 이때였다.

그러나 이러한 조치 중 가장 극단적인 사례는 제2차 인혁당 사건이었다. 즉 박 정권은 1974년 제2차 인혁당 사건을 발표했는데, 그

---

7) 중앙일보사, 『광복30년 중요자료집』(≪월간중앙≫ 1975년 1월호 부록), 244-248쪽.
8) 같은 책, 259쪽.

발표는 북한과 연결된 이들 '공산주의자'들이 전국민주청년학생총
연맹(약칭 민청학련)을 배후 조종하여 그들로 하여금 정부 전복의 혁
명전략을 수행토록 사주했다고 주장했다. 이른바 '민청학련 사건'
이 그것이다. 그로부터 10여 개월 뒤인 1975년 4월 8일, 대법원은
인혁당 관련자의 상고를 기각함으로써 그들의 형을 확정시켰으며,
형이 확정된 바로 그 다음날 박 정권은 인혁당 관련자 8명에 대한
사형을 전격적으로 집행했다. 물론 이같은 조치가 날로 증대하는
반독재 민주화운동에 대한 위협과 경고의 정략적 의도에서 비롯되
었음은 말할 나위도 없다. 학생들의 민주화운동을 공산주의자들의
선동으로 선전하기 위해 만들어졌던 인혁당 사건 관련자들에 대한
이같은 만행은 유신독재 최악의 인권침해가 아닐 수 없었다.9)

3) 전두환 정권과 반공주의

　1979년 18년이란 장기간에 걸친 박 정권의 유신독재체제는 10·
26사건을 통해 일단 붕괴되었고, 이에 많은 사람들은 유신헌법 개
정을 통한 정상적인 민주헌정 복귀와 이에 따른 민주 정부의 수립
을 기대했다. 그렇지만 국민들 사이에 광범위한 합의가 된 이같은
요구는 다시 한번 거부되었다. 광주항쟁에 대한 유혈적 진압을 거
쳐 신군부의 전두환 독재체제가 들어섰기 때문이다. 그러나 전두환
독재체제는 다음과 같은 두 가지 점에서 여전히 과거 구체제의 연
장선상에 있었다. 그 하나는 전두환 정권의 등장이 비록 외양적으

---

9) 다른 한편, 박 정권은 안보상황을 구실로 1970년대 중반 군 현대화계획 등
　본격적인 자주국방 정책을 적극 추진하고 나섰는데, 그 일환으로 추진되었던
　한국측의 핵 및 미사일 개발 정책은 한미간 갈등을 초래하기도 했다. 박 정권
　의 이러한 모습은 이제 안보논리가 '국수주의적 호전주의'로 발전하고 있음
　을 보여주는 것이라 할 수 있었다.

로 신군부라는 새로운 권력집단에 의해 이루어졌지만, 박정희 정권의 군부 잔여세력이었던 그들이 실상은 박정희 유신 정권의 실질적인 계승자였다는 점에서이다. 다른 하나는 그들이 당시 새롭게 형성되었던 신냉전 상황 속에서 한국의 민주주의보다는 안보를 앞세웠던 미국의 대한정책의 수혜자였다는 점에서이다. 광주항쟁 당시 한국의 민주화보다 안보를 앞세워 신군부의 쿠데타 시도를 용인하고 이를 지원했던 미국의 태도야말로 이 점을 증명해주고 있다.

그런 점에서 볼 때 전두환 정권은 반공주의가 여전히 기능하고 동원될 수 있었던 냉전 및 독재의 기반 위에 있었다. 그럼에도 불구하고 전두환 정권은 정권의 정당성이란 측면에서 매우 취약했다. 그도 그럴 수밖에 없었던 것은 전두환 정권이 10·26 이후 국민적 합의라 할 수 있었던 아래로부터의 민주화 요구를 전면 거부하고 들어섰고, 더구나 그 과정에서 민주화를 요구하는 광주시민들에 대해 유혈적인 진압을 했기 때문이다. 전두환 정권의 집권기간중 민주화운동이 단기간 내에 재조직될 수 있었고 그 저항의 강도 역시 역대 어느 정부 때보다도 강력했던 배경에는 바로 이같은 전두환 정권의 정당성 결여가 자리잡고 있었다.

그 어느 정권보다 정당성이 부족했던 정권으로서, 또한 그 어느 때보다 강력해진 민주화운동의 도전에 직면하여 전두환 정권이 항상적으로 억압력을 행사하고 수시로 반공주의를 동원했던 것은 어쩌면 당연한 일이다. 특히 전두환 정권은 군부 정권에 대한 퇴진 압력이 증대했던 1986년 하반기에 들어 재야 민주화운동세력에 대한 탄압을 강화하고 이를 정당화하기 위해 반공주의를 집중적으로 동원하는 모습을 보여주었다. 이를테면 그해 10~11월 사이에 발생했던 '전국노동자연맹추진위원회'(전노추) 사건, '마르크스·레닌주의당'(ML당) 결성 사건, '반제동맹단' 사건 등등의 사건들은 그 이름만으로도 사건의 성격을 말해준다. 비슷한 시기 전두환 정권은 대한민국의 국시가 통일이라 발언했던 신민당의 유성환 의원을 구속하기도 했는데, 이 또한 반공주의를 이용한 정치적 의도가 개재되어 있었다. 뿐만 아니라 전두환 정권은 같은 해 10월 말 반공주의를 동원한 일대 희극적 사태를 연출했는데, 건국대에서 열렸던 '전국 반외세 반독재 애국학생 연합'(애학투) 발족식을 '애학투 공산 혁명분자 건대 점거 난동 사건'으로 호도하며 이에 대한 대대적이고 과장된 진압에 나섰던 일과, 북한의 금강산 댐 건설이 남한에 대한 수공(水攻)을 위한 것이라 하여 일대 소동을 벌였던 일이 그것이다.10)

4. 탈독재·탈냉전 이후의 반공주의

과거 몇 십 년 동안 한국 반공주의를 지탱해주었던 구조적 배경은 냉전과 독재였다. 그러나 1980년대 후반 들어 반공주의를 뒷받침해주었던 이같은 구조는 급속히 변화하기 시작했다. 우선 국제적인 차원에서 전개되었던 탈냉전 상황은 한국 반공주의의 생존과 강화의 외적 배경이 되었던 냉전체제를 동요시켰다. 다음으로 국내적으로 1987년 6월 민주화대항쟁 이후 전개되었던 민주화 이행은 탈독재의 민주주의 진전을 가능하게 만들었던 것이다.

그렇다면 탈냉전·탈독재가 이루어졌던 이같은 현실에서 반공주의의 운명은 어떠했는가? 유감스럽게도 반공주의를 지탱해주었던 구조가 이같이 변화하고 있음에도 불구하고 반공주의는 약화되고

---

10) 1986년 하반기의 이러한 상황에 대해서는 박현채 엮음, 『청년을 위한 한국현대사』, 소나무, 1992, 372-373쪽 참조.

있는 것 같지 않다. 우리는 그 원인을 한반도 차원에서의 불완전한 탈냉전과 국내 차원에서의 민주화 이행의 불완전한 성격에서 찾을 수 있을 것이다.

우선 세계적인 탈냉전 현상에도 불구하고 유독 한반도에서의 긴장은 지속되어왔음을 우리는 주목할 필요가 있다. 즉 세계적인 탈냉전 이후에도 남북한 분단의 대치 상황은 여전히 유지되었으며 특히 북한의 핵 개발 의혹 및 미사일 개발과 관련하여 북미간 긴장이 오히려 고조되지 않을 수 없었던 것이 그간의 사정이었다. 다음으로 국내적으로 반공주의 영향력이 유지될 수 있었던 또 다른 원인은 탈독재 민주화 이행이 이루어졌음에도 불구하고 그 이행 방식이 '위로부터'의 방식에 의해 이루어졌다는 점과 관련이 있다. 다시 말해 민주화 이행이 기존 독재 잔존세력의 실제적인 기득권이 유지되는 방식으로 이루어졌던 것이다.

요컨대 탈냉전·탈독재를 통해 반공주의가 약화될 수 있는 구조적 환경이 마련되었음에도 한반도 내부에서는 실질적으로 반공주의의 영향력이 유지될 수밖에 없었던 이중적인 상황이 우리의 역설적인 현실인 것이다.

이와 관련, 우리는 정치적 목적을 위해 반공주의가 동원되었던 대표적인 사건으로 문익환 목사 일행의 방북, 서경원 의원의 방북 사건, 전대협 임수경 대표의 방북 등 일련의 방북 사건을 둘러싸고 발생했던 1989년의 공안정국 사례와, 1994년 7월 김일성 주석의 사망을 계기로 발생했던 조문파동을 둘러싸고 야기되었던 신공안정국 사례를 들 수 있다. 남북교류상의 '창구일원화'의 구실 아래 야기되었던 전자의 경우, 그것은 결과적으로 통일운동진영을 비롯한 민주화운동진영에 대한 대대적인 탄압을 초래하는 한편 5공 비리 및 광주문제 등 독재청산 압력을 무산시킴으로써 노태우 정권의 지배체제를 안정화하는 데 기여했다. 김일성 주석의 사망과 관련된 조문파동을 계기로 발생했던 후자의 경우, 그것은 김영삼 정부 초기 전개되었던 개혁정국을 약화시키는 정치적 결과로 이어졌다.

이처럼 한국의 반공주의는 탈냉전·탈독재 이후의 상황에서도 여전히 그 영향력을 유지하고 있다. 아니, 어떤 점에서는 반공주의가 탈냉전·탈독재 이후에 더 기승을 부리고 있는 것인지도 모른다. 그것은 냉전과 분단 그리고 독재의 유지와 강화를 통해 몇 십 년 동안 자신들의 기득권을 강화해왔던 세력들이 탈냉전·탈독재의 상황에 직면하여 자신들의 기득권 상실을 새삼스레 의식, 반공주의 동원을 통한 기득권 고수에 나서기 시작했기 때문이다. 또한 이러한 과정에서 반공주의가 언론 등 우리 사회의 반공우익적 민간 집단에 의해서도 동원되고 있다는 점 또한 우리는 주목할 필요가 있다. 그것은 우리 사회가 점차 민주화되어가는 상황에서 더 이상 국가에 의존하기 어려운 냉전·분단 상황의 수혜세력들이 그 기득권 고수를 위해 전면에 나서지 않을 수 없는 현실을 반영해주는 것이라 할 수 있다.11)

5. 맺음말

앞에서 살펴본 바와 같이, 한국 반공주의는 분단과 전쟁을 거치면서 등장했다. 즉 해방 후 국가 억압력으로서 등장한 그것은 반공국가의 국가권력에 의해, 나아가서는 국가보안법이라는 법적인 장

---

11) 그 대표적인 사건으로 1998년 말에 발생했던 대통령자문 정책기획위원회 위원장인 최장집 교수에 대한 조선일보의 공격을 들 수 있을 것이다. 당시 조선일보는 최교수의 한국전쟁관을 문제삼아 일대 매카시즘적 선동을 도모하고자 했다.

치에 의해 뒷받침을 받게 되었고, 마침내는 한국전쟁을 거치면서 일반 주민들에게 지배이데올로기로서 받아들여질 수 있게 된 것이다. 이처럼 우파 중심의 국가권력에 의해 좌파세력 또는 그들과 연계된 민중들을 억압하고 근절시키면서 등장했고 한국전쟁을 통해 정착되었던 한국 반공주의가, 한국 사회의 정치지형을 우파 중심의 정치지형으로 만들었던 것은 당연한 일이다. 이러한 일방적 정치지형 속에서 반공주의는 지배를 강화하고 정당화시킬 수 있었던 최대의 이데올로기적 원천이 아닐 수 없었으며, 전후 한국 반공주의가 독재와 밀접한 관계를 가졌던 것은 바로 이 때문이었다.

그러나 이승만 정권 이후 각 독재 정권이 독재의 강화와 정당화에 반공주의를 동원하고 이용했지만, 그럼에도 각 독재 정권이 반공주의를 동원하고 이용했던 방식에는 정권별로 일정한 차이가 있는 것으로 보인다.

우선 이승만 정권의 반공주의 동원 및 그 이용은 국제적 냉전의 심화 속에서 한반도의 분단과 전쟁을 통하여 등장하고 강화되었던 반공주의를 끌어들여 이를 바탕으로 자신의 독재를 강화하는 방식이었다. 그러한 점에서 이승만 정권의 반공주의 이용은 광범위하게 존재하는 반공주의를 끌어다 쓰기만 하면 되는 비교적 단순한 방식이었다. 반면 박정희 정권의 반공주의 동원 및 그 이용 방식은 독재 권력 스스로가 국가안보 상황을 자의적으로 해석하고 규정함으로써 이를 통해 독재를 강화시켰던 그러한 모습을 띠고 있었다. 여기에서 우리는 국가안보의 상황을 판단하고 규정하는 주체가 일반 주민들이 아니라 권력집단이라는 사실에 주목할 필요가 있다. 그것은 안보상황이 자의적으로 규정될 수 있고 그렇게 규정된 안보상황을 이용한 독재가 가능함을 말해준다. 그런 점에서 볼 때, 박 정권 시기 특히 1970년대 시기의 반공주의가 이승만 정권 시기의 그것보다 더욱 조작적인 성격을 띠고 있었다고 할 수 있다.

　다른 한편, 그간의 경험이 우리에게 보여주고 있는 것은 반공주의가 독재의 논리로 이용되는 한, 반공주의는 점차 그 영향력을 상실해가지 않을 수 없다는 점이다. 뿐만 아니라 아래로부터의 민주화 압력이 증대되면 될수록 그것은 더더욱 그러하다. 정권 등장의 정당성을 확보하지 못한 상황에서 아래로부터의 강력한 민주화 압력에 의해 도전받았던 전두환 정권의 반공주의가 보여주었던 것은 바로 이러한 모습이다. 따라서 정당성을 상실한 독재체제의 방어와 그 연장을 위해 동원되었던 전두환 정권의 반공주의는 희극적이기까지 했다.

　이렇듯 반공주의는 지배의 정당성이 약화되거나 그것을 상실한 독재 정권이 자신을 강화하고 정당화하기 위해 반공주의를 동원하면 할수록, 그리고 아래로부터의 민주화 압력이 강해지면 강해질수록 그 영향력은 약화된다. 그럼에도 불구하고 한국 반공주의의 생명력은 예상 외로 끈질긴 측면을 보여주고 있는데, 탈냉전·탈독재를 통하여 자신을 지탱해줄 기반이 상당 정도 약화된 상황 속에서도 반공주의의 목소리는 여전히 줄지 않고 있는 현실은 그 점을 말해주고 있다. 그러나 탈냉전·탈독재로 인해 그 기반이 약화되고 있는 현재의 상황에 이어 남북한 분단 상황이 더욱더 약화되고 한국의 민주주의가 더욱더 진전될 경우, 그것은 궁극적으로 반공주의의 소멸로 이어지리라는 점 또한 분명하다.

일제 식민지 잔재와 과거 청산의 문제

서중석

1. 일제 식민지 잔재와 박정희기념관

'일제 식민지 잔재와 과거 청산의 문제'는 거론은 많이 되었지만 심도 있게 논의되었다고 보기는 어렵다. 일제 식민지 잔재와 과거 청산의 문제로 가장 중요한 것은 친일파 문제이고 친일파 문제가 중요한 것은 그것이 일제 식민지적 문화, 사고방식과도 관련되지만, 가치관의 혼란과 전도, 군국주의-군사문화, 억압적 통치, 사찰기관에 의한 고문, 부패, 분단 등의 문제와 깊이 연결되어 있기 때문이다. 그러나 군국주의-군사문화, 백색독재, 가치관의 혼란 등을 식민지 잔재, 과거 청산의 문제와 결부하여 논의하거나 연구된 것은 적으며, 사실 친일파 문제 자체조차도 학문적으로는 제대로 논의되지 못했다.

이 자리에서는 먼저 정부가 지원책을 발표한 이후 논란이 가열되고 있는 박정희기념관 문제를 가지고 일제 식민지 잔재와 과거 청산의 문제를 얘기하는 것이 좋을 듯하다. 5·16군부쿠데타 이후 박정희와 박정희 권력은 가치관의 혼란과 전도, 군국주의-군사문화, 파쇼적 통치, 고문, 부패, 분단 등 일제 식민지의 잔재와 과거 청산의 문제를 집중적으로 잘 보여주고 있는데, 박정희기념관은 이제 그것만은 없애고 가야 하지 않겠느냐고 생각되는 것들을 어떻게 해서라도 유지하고 보존하려는 의도와 직결되어 있다는 점에서 심각한 문제가 아닐 수 없기 때문이다.

박정희기록관이라면 모르겠지만, 박정희기념관은 그 사람의 생애를 볼 때 그 추종자들이 세운다 하더라도 문제가 많다. 더구나 '국민의 정부'라고 하는 민간 정부에서 그것을 추진한다면 큰 논란이 될 수밖에 없다. 얼마 전에 국무회의에서 1백억 원을 박정희기념관 사업에 쓰도록 의결한 걸로 알고 있는데, 아마 대한민국이 탄생한 이후에 독립운동을 한 분의 기념관, 김구기념관은 아직 세워지지도 않았지만, 윤봉길기념관 등의 기념관 건립에 정부에서 1백억 원을 내놨다는 것은 들어보지 못했다. 그런데도 언론에서 별로 문제를 제기하지 않는 것은 정치인처럼 눈치를 보고 있거나, 박정희와 비슷한 의식을 지니고 있기 때문이 아닐까 하는 생각이 든다.

박정희 정권에 대한 평가는 다양하게 내릴 수 있겠지만, 우선 유신독재를 먼저 떠올리지 않을 수 없다. 유신시기에 한국은 지구상에서 아주 창피한 나라, 일제 말을 상기시키는 그러한 독재를 아직도 하고 있는 나라로 아이로니컬하게도 주로 일본 신문들이 그런 비판기사를 많이 실었고, 조롱을 받았다. 박정희 18년, 그 중에서도 유신독재시기는 군국주의 파시즘과 유사한 통치로 이 사회에 군사문화를 판치게 만들었다.

일제 말을 상기시키는 군사문화는 5·16쿠데타 시기에 이미 물씬 풍겼으며 그 시기에 국민재건운동이라는 것이 펼쳐졌는데, 일제 말의 국민정신총동원운동을 연상하게 하는 점이 적지 않았다. 재건국민운동에서 재건체조는 일제 말기의 라디오보건체조를, 신생활운동은 국민복을, 국민가요는 그대로 일제 말의 국민가요라는 것을 떠올리게 했다. 권력을 쥔 군인들은 요정정치를 하면서 왜색가요를 불렀던 바, 고급요정은 '친한파' 일본 '우익' 정치인들이 드나들었던 곳이었고, 그보다 수준이 낮은 요정에서는 일본인들의 기생파티가 줄을 이었다.

유신통치 자체가 일제 말의 파시즘과 유사한 권력 형태로 오로지 힘과 효율의 극대화라는 것을 숭상하면서 의회주의, 정당정치, 민주주의 등을 배격한 일본 군인들의 사고방식을 이어받은 것이었다. 유정회나 통일주체대의원과 같은 허수아비 기구는 일제 말의 익찬(翼贊) 체제를 본뜬 것이었으며 유신체제 수호운동으로 변해버린 시골과 도시, 공장에서의 새마을운동은 1930년대의 농촌진흥운동과 비슷하다. 반상회도 만들어졌는데, 일제 말의 애국반이 그것과 유사하다. 사회안전법은 조선사상범 보호관찰령과 같은 것이었으며 유신 초기에 재일교포간첩단 사건을 연이어 터트렸다. 일제시기의 악랄한 전향제도도 이 시기에 특히 심하게 적용하였다. 국민교육헌장은 일제 말의 황국신민서사와 비슷하다고 교육계에서는 지적했지만 대학뿐만 아니라 중등학교에도 교련 등이 시행되어 캠퍼스는 물샐틈 없는 감시를 받는 병영이었다. 유행가도 건전하지 못하다고 못 부르게 한 것이 많았고, 영화도 투쟁이나 저항하는 장면이 있는 것은 상영하지 못하였다. 장발 단속이라는 것도 이 시기 파시즘의 일면을 잘 말해주고 있다.

최근 몇 년 동안 강세를 떨치는 박정희 신드롬이라는 것은 상당 부분 한국인이 민주주의 교육을 제대로 받지 못하고, 일본 군국주의 파시즘에 훈련되어 있던 것이 해방 후에도 교정되지 못하고, 박정희 군사문화, 그 중에서도 유신체제의 문화에 오염된 것이 주요

기반을 형성하고 있다. 근대인으로서 자아가 확립되지 못한 상태에서 파시즘에 젖어든 것이 박정희 신드롬의 기본 바탕이 아니냐는 것이다. 다시 말하면 일제 잔재가 청산되지 못한 것이 박정희 신드롬을 있게 한 기본 요인이 된 것이다.

현재 정치의 난맥상도 상당 부분 박정희의 통치방식과 정보정치에 연결되어 있다. 18년 간의 뒤틀릴 대로 뒤틀린 정치는 아마 앞으로 상당 기간 동안 과연 "한국 사회에 제대로 된 정치가 나올 수가 있겠느냐"라고 할 만큼 아주 막강한 영향을 줬다고 볼 수가 있을 것이다. 박정희기념관을 비판하면서 어떤 사람은 파시스트적인 성격을 가진 사람들, 말하자면 독재적·추종적 성격을 가진 사람들만 박정희를 닮은 게 아니라 민주화운동에 나섰던 사람들도 같이 싸우다 보니까 그랬겠지만, 박정희를 참 많이 닮게 되었다고 지적한 것도 귀 기울일 필요가 있다. 그래서 민주주의라든가, 토론이라든가, 대화라든가 그런 게 우리 사회에서 제대로 되지 않는다. 가령 야당에서 민주주의를 얘기하면서 싸운 사람들이, 어떻게 보면 오늘날까지 포함해서, 참 그 사람을 많이 닮았다 이런 식의 얘기까지 나올 만큼 한국의 정치나 민주주의에 미친 영향이라는 것은 크다고 볼 수 있다.

그런 것과 함께 생각될 수 있는 것은 지역갈등, 곧 영·호남 갈등이다. 박정희 정권의 18년은 지역갈등 조장의 18년이요, 박정희의 '근대화지상주의'는 지역갈등의 근대화주의라고 말할 수 있겠다. 지역갈등은 특히 1971년의 대통령선거 때 심하게 악용되었다. 1963년, 1967년의 대통령선거에서도 영남표에 의해서 박정희가 대통령에 당선되었지만, 1971년에 대구·경북지방에서 8할의 몰표가 나오지 않았더라면 박정희는 대통령에 당선될 수 없었을 것이다.

이와 같이 박정희 정권에 의하여 심하게 조장되어온 지역갈등이

10·26 직후인 1980년부터 심하게 불거져나와 정상적인 정치 발전을 마비시킴으로써 그야말로 망국병 중의 망국병이 되었다. 영남과 호남의 지역갈등이 그렇게 심한데 어떻게 남북 통일을 하겠다는 얘기를 할 수 있느냐, 통일이 이런 상황에서 무슨 의미가 있느냐는 비판도 있지만 몇 천 년의 우리 역사에서 이렇게 고약한 지역갈등은 없었다.

신라와 백제가 말기에 가서 참 많이 싸웠는데 주민들끼리도 그렇게 사이가 나빴는지 거기에 대한 사료는 지금까지 거의 나오지 않고 있다. 지배층끼리 싸운 것은 확실하지만, 지금의 지역갈등은 시골일수록 더 심하다. 이런 식으로까지 만든 사람이 누구냐, 민족 분단과 관련시켜서 이승만이 박정희 못지않게 문제가 많은 사람 아니냐 하는 평가를 받을 수 있겠지만 박정희처럼 그렇게 지독하게 지역갈등을 조장하지는 않았다.

바로 이 지역갈등이 박정희 신드롬의 온상이라는 것을 주의해야 할 것이다. 상당수의 영남사람이 박정희를 절대시하여 떠받드는 것은 정실과 이기주의가 얽힌 지역감정이 작용하고 있기 때문이다. 박정희가 만들어놓은 지역감정이 박정희를 우상화하고 있는 것이다.

지역갈등 조장 못지않게 중요한 것은 남북 대결, 남북 갈등이다. 1970년대 초에 장준하는 "우리 민족은 지금 가장 암울한 현실로 접어 들어간다. 민족의 통일이란 두 말할 여지도 없이 억눌린 자에게 자유를, 그리고 분단의 노예상태에 있는 민중에게는 해방을 가져다 주는 것이건만, 이 민족적 비원을 팔아 유신체제가 생겨난 데 이어 이번에는 7·4남북공동성명을 휴지처럼 짓밟는 폭거가 일어나고 있다"고 말했는데(「민족통일전략의 현단계」) 통일의 염원과 분단을 철저하게 이용하였고, 극단적인 비인간화의 반공교육으로 말미암아─

사회 교육까지 포함하는 것이다— 남의 주민들이 북의 주민들을 동포로 보기는커녕 이질적인 비인간적 존재로 생각하게 하였다.

1970년대에는 텔레비전이 많이 보급되었고, 시골 구석구석까지 라디오나 엠프망이 들어갔다. 이런 걸 통해서, 연속방송극도 그랬지만, 반공교육이 시행되었다. 그래서 함석헌이 인간을 병들게 한다고 비판한 바 전일적인 반공시스템, 극단적인 반공체제로 만들어놓고, 정권 홍보와 직결시켜 반공이데올로기를 교육시켰던 것이다.

그런데 인간을 병들게 한 반공교육은 박정희 신드롬의 온상을 이루고 있다는 것에 주의해야 한다. 또 반공교육은 일제 말의 극단적인 반공교육과 연결되어 있다. 그런 점에서 박정희의 반공주의는 군국주의 파시스트들의 반공주의에 닿아 있고, 그런 점에서 일제 식민지 잔재라고 말할 수 있다.

해방이 된 첫 날에 해방이 된 것을 아는 사람은 많지 않았다. 그래서 대개 사진 같은 걸 통해 보면, 8월 17, 18일 이때 깃발을 들고 꽹과리를 치고 나오는 것을 많이 볼 수 있다. 그런데 7·4공동성명이 나온 7월 4~5일은 그야말로 환호성의 도가니였다. 이 때문에 박정희 정권뿐만 아니라 야당인 신민당의 보수세력조차도 아주 두려워했다. 저렇게까지 민중들이 통일을 열망하는구나 하고 분단세력이 경악했던 것이다.

왜 7·4남북공동성명이 나왔느냐, 7·4남북공동성명이 나오게 된 가장 큰 요인은 유신체제로 가기 위한 것이었다. 1971년의 대통령 선거를 볼 때 선거를 통해서 박정희가 대통령이 되는 것은 어렵게 되었다고 권력의 핵심들은 파악한 것이다. 그래서 지금까지 비화 스토리 중심으로 많이 알려진 얘기지만 중앙정보부장인 이후락이 북행을 한 것은 유신 공작과 긴밀한 관계가 있다. 그래서 7·4남북 공동성명이 나왔고, 그것을 빌미로 삼아 유신쿠데타를 일으켰다는 것이다. 민족 분단을 최대로 악용해서 유신체제라는 독재체제를 만들어낸 것으로 보고 있는 것이다.

2. 친한파는 대륙침략의 거두였다

박정희 정권과 결부시켜 빼놓을 수 없는 것은 친한파의 존재이다. 박정희가 쿠데타를 일으키면서부터 한·일 국교정상화의 막후에서 중요한 역할을 하면서 지지한 사람들이 기시 전 일본수상 등 친한파이다.

한·일 관계의 대부인 기시는 만주국에서 산업부차장, 총무처차장 —장 자리는 만주인한테 주고 일본인은 차장으로 사실상 전권을 행사했다— 을 지낸 만주 침략의 중요 인물로 도조 내각에서는 군수차관을 거쳐 통산성대신을 지낸 인물이었다. 이처럼 대륙 침략에 중요한 인물이었기 때문에 패전 후 연합군에 의해서 전범 A급으로 처형 대상자였지만, 미국의 반공정책으로 1950년대 후반에 수상이 되었다. 친한파의 거두인 야츠키는 만주 침략 때부터 군부의 배후에서 암약한 '괴물'로 알려져 있었다. 고다마는 야츠키와 함께 박정희 정권에 밀착된 인물인데 중일전쟁 때 고다마 기관을 조직하여 특무활동을 벌여 기시와 함께 A급 전범이 되었다. 한마디로 친한파란 일제 침략의 거두였던 것이다.

여기서 우리는 1965년 한일협정 체결 때 한·일의 수뇌들을 생각해볼 필요가 있다. 일본측 국가원수는 히로히토로, 중국 침략과 제2차 세계대전의 일본측 최고 책임자였고, 총리대신은 사토로서 기시의 친동생이었다. 또 이 협정에 서명한 시이나 외상은 일제 때 기시 밑에서 일했던 자로, 일본제국주의를 영광의 제국주의라고 공공연히 말하던 사람이었다.

한국측은 어떠했는가? 대통령은 다카키로 창씨개명한 일본군인이었던 박정희였고, 국무총리는 봉천군관학교와 일본육사를 수석으로 졸업하고 충성심을 인정받아 관동군사령관의 전속부관이 되었고 만주육군대학에 다닌 바 있던 정일권이었다. 외무부장관 이동원은 40세 안팎의 젊은 사람으로 박정희 추종자였다. 이들이 과연 얼마나 떳떳하게 자주적으로 일본에 나설 수 있고, 일제잔재를 청산할 수 있었겠는가? 한일기본조약에서 최대의 쟁점은 을사조약 병합조약을 무효화하고 일제의 침략을 인정하게 하는 것이었는데, 과연 이들이 그렇게 나설 수 있었겠는가? 기본조약이 가조인될 때 이동원 외무장관은 한일공동성명에서 일제가 한국을 침략한 사실을 전혀 언급하지 않고, "과거의 어느 기간에 양 국민에게 불행한 관계가 존재"했다고만 말했다. '과거의 어느 기간'도 그렇지만, '불행한 관계'라는 것이 도대체 말이 되는가? 지하의 순국선열들이 통곡할 사태가 일어난 것이다.

박정희 정권에 대해서 길게 얘기하고 있지만 그것은 오늘의 주제와 깊은 관계가 있기 때문이다. 그런데 기념관을 만들 때 그곳에는 그 사람의 평생을 알 수 있는 그런 족적이 담겨져 있어야 할 것이다. 외국의 경우 많은 대통령기념관이 있는데 우리나라 대통령만은 기념관이 없다. 그건 있을 수가 없기 때문에 그런 거라고 봐야 할 것이다. 다시 말해서 이승만기념관을 제대로 만들 수가 있겠느냐, 전두환기념관을 사실대로, 그 사람의 행적을 있는 그대로 기념관에 담을 수가 있겠느냐, 예컨대 박정희의 경우 교원 생활을 그만두고 만주 군관학교에 가서 우등생이 되고, 일본 육사에 가고, 그래서 천황에 충성을 바치는 특등 일본인으로서 만주, 그 중에서도 주로 열하지방에서 항일세력과 싸웠는데 항일세력들과 싸운 황군의 간성 노릇을 한 자취를 어느 만큼이나 담을 수 있겠느냐, 또 해방이 되니까 눈치 빠르게 남로당 프락치가 되어 활동하는, 요즈음 어투로 말한다면 이리저리 빨리 줄잡으려고 하는 거였다고 얘기할 수 있을 터인데, 결국 여순 사건 이후에 군부 프락치숙청이 났을 때, 지금까지 나온 숫자가 차이가 많아서 정확히 알 수는 없지만, 적어도 상당히 많은 프락치를 '밀고'하고 살아남은 것으로 되어 있다.

또 박정희기념관에 최후의 장면은 어떻게 담을 것이냐, 얼굴을 알아볼 수 없을 정도로 총알을 많이 맞고 죽었는데, 그 자리가 어떤 자리냐, 이른바 '대행사'가 있었던 자리였다. 대체로 한 달에 한 번씩 대행사를 치른 걸로 알려져 있다. '소행사'는 따로 있었고 그 여자들을 주선한 사람이 박선호 중령이었다. 그는 박정희에 대해서 나쁘게 생각하였고, 그래서 김재규의 지시에 따라 죽인 걸로 되어 있고 그래서 사형까지 당한 것인데, 그 경우 그것을 어떻게 기념관에 담아야 할 것인가가 의문이다.

거듭 강조해서 말하건대 박정희기념관 문제가 일제 잔재, 친일파 청산과 관련하여 우리 민족사에 어떤 의미를 지니겠는가, 그 점을 생각해볼 필요가 있다. 박정희기념관은 정치적인 이해 득실의 당리당략이 개재해서 건립이 추진되고 정부도 지원을 하고 있지만, 사실 독립기념관도 편의적으로 만든 면이 있다. 친일파 사회였기 때문에 그랬을 것이라고 얘기를 많이 하지만 1970년대까지 독립기념관을 세우는 것을 권력을 쥔 자들은 꿈에도 생각하지 않았다. 선거 공약으로 나온 적조차 없다. 겉으로라도 한번쯤 해봄 직한데, 그런 게 없었다. 그런데 일본교과서 사건이 불거져 나오면서 독립기념관 건립이 추진되었다.

독립기념관 건립이 친일적인 전두환 정권에 의해서 어떻게 추진이 되었는가? 전두환 정권은 박정희 정권과 다르기는 하지만 상당히 친일적인 정권이었다. 그것은 경제 문제와도 관련이 있다. 박정희 정권 말기에는 무리한 중공업 추진 등 여러 가지가 작용하여 경제가 아주 나빠졌고, 부동산 투기도 심각한 상황에 있었다. 부마사태가 난 것도 경기 침체가 한 요인이었다. 1980년에는 마이너스 성장까지 했는데, 1950년대 후반 이래 처음 있는 일이었다. 그래서 전두환 정권은 일본의 나카소네 정권에 손을 내밀지 않을 수 없었다.

나카소네는 방위청 장관도 지낸 사람으로 평생의 정치 이념은 위대한 과거 침략의 영광을 살려 대일본국을 만드는 것이었다. 1998년에 김대중 대통령은 일본에 가서 과거 청산에 담합을 하여 30억 달러를 받을 수 있도록 했지만, 전두환은 그 나카소네한테 40억 달러를 요구하였던 것이다. 그런데 일본 국사 교과서 문제 때문에 반일 열기가 아주 심하게 되었다. 그런 분위기를 어떻게 바꾸느냐는 것이 현안이 되었다. 이와 같이 독립기념관 건립은 교과서 문제와 관련이 있다.

일본 교과서의 왜곡 문제로 반일 기운이 높아지자 모일간지를 중심으로 알 듯 모를 듯한 극일 논리가 나온 것도 주목할 필요가 있다. 일본을 이기기 위해서는 일본을 배우자는 주장이었지만, 일제 잔재의 청산이나 친일파 문제에 대해서는 외면하였다. 또 일본의 경제적 침투나 잘못된 한·일관계에 대해서도 문제삼지 않았고, 일본이 과거 청산에 성의를 보이지 않는 데 대해서도 상당히 애매모호한 태도를 보이면서 극일을 주장하였다. 그것은 친일의 논리를 '극일'이라는 그럴 듯한 이름으로 교묘히 위장한 것이었다. 우리 역사에서 또 하나의 어둠이랄까, 아픔이라고 볼 수가 있을 것이다. 생각해보면 해방이 되었을 때 당당하게 우리 민족 정기를 세우고 민족해방투쟁을 길이 길이 기리기 위해서 독립기념관을 만들었더라면 얼마나 좋았을까.

3. 왜 현대사를 가르치지 않는가

왜 한국에서는 탈식민지화에 아주 중요한 현대사, 근대사를 연구하지도 못했고, 교육시키지도 않았을까? 어느 나라나 현대사가 제일 중요할 수밖에 없다. 단군 시대도 좋고, 삼국 시대도 중요하지만 지금 자신들이 무엇을 생각해야 하고, 앞으로 우리 사회가 어떻게 될 것인가, 말하자면 과거를 거울삼아 미래를 내다본다고 할 때, 그래서 이 때문에 역사를 공부한다 할 때 아무래도 현대사, 근대사가 중요시될 수밖에 없고 식민지 잔재를 청산하려고 할 경우 더욱 그러하다고 생각하지 않을 수 없다.

현대사를 연구하지도 교육하지도 않는 나라는 아마도 한국밖에 없지 않을까. 공산주의 국가에서는 극단적일 정도로 지나치게 현대사 교육을 시켰다. 그 이유는 사회주의 체제사를 합리화시키기 위해서였다. 그렇지 않다고 하더라도 예컨대 미국은 말할 나위도 없고, 프랑스나 독일의 경우도 근현대사라고 볼 수 있는 부분이 전체의 3/4에서 2/3를 차지하게 마련이다. 현대사, 근대사가 정리되지 않은 상태에서 정치학, 사회학, 심리학 등의 사회과학이 존립할 수 있겠는가. 우리나라가 지금까지 이식 학문, 곧 외국 것을 소개하는 학문의 수준에 머물고 있다고 비판을 받는 것도 근대사, 현대사가 연구되지 않았기 때문이다.

왜 현대사, 근대사가 연구되지 않았는가? 거기엔 여러 가지 이유가 있을 것이다. 앞에 기념관 얘기도 나왔지만 미국의 여러 대통령의 기념관과 같은 것이 한국에는 왜 없는가? 한국의 대통령은 누구도 자기 활동을 떳떳하게 내세울 수 없어서 그런 것 아닌가? 마찬가지로 떳떳치 못하니까, 근현대사 교육도 연구도 하지 못하게 한 것 아닌가? 또 국가보안법의 존재나 극우반공독재 때문에 연구도

교육도 하지 못하게 되었다는 점도 있을 것이다. 그런 것 못지않게 중요한 역할을 한 것이 친일파의 존재이다. 현대사에서 친일파가 차지하는 비중이란 것이 대단히 컸기 때문에 현대사를 연구하고 교육하려면 그 문제를 어떤 형태로든지 거론하지 않을 수 없다. 박정희 얘기를 하는데, 박정희가 다카키 혹은 오카모토의 일본 이름으로 활동했던 부분도 얘기하지 않을 수 없기 때문이다.

한국 사회는 특이하게도 친일파가 잘못이라는 것을 알면서도 친일파가 집권하는 것을 인정하는 그런 묘한 양면성이 있는 사회였는데 그 친일파들은 자기들의 과거 활동을 알게 하고 싶지 않았던 것이다. 친일파에 관하여 제일 많은 책을 쓴 사람은 이미 고인이 된 임종국이라는 분인데, 학문적으로 연구하지는 않았어도, 그 분의 저서는 돌아가신 후에 다른 사람들이 모아 펴낸 것까지 4~5권은 된다.

우리나라에서 친일파에 관한 책은 대개 1990년대에야 나왔는데 그 중 그 분이 1960년대 중반에 『친일문학론』이란 책을 펴냈다. 그 책에는 여러분들이 국어 교과서에서 알고 있는 한국의 유명한 명망가들인 이광수, 김동인, 김동환, 김안서, 김팔봉, 노천명, 모윤숙, 백철, 유진오, 이효석, 주요한, 최재서, 최남선 등의 친일 행위가 기록되어 있다. 일제 말에 황도 문학에 가담하여 파시스트 침략전쟁을 찬미한 그런 자들이었다는 구체적인 실례를 소개한 것이었는데, 그 책은 나오자마자 다 팔려 책을 가진 사람은 당시 많지 않았다. 즉 친일파들이 다 사서 없애버렸다는 얘기다. 그 책이 다시 나온 것은 1979년이었다.

친일파가 사회적으로 거론될 수 있었던 것은 반민법, 반민특위 활동에 대한 글과 몇 개의 논문을 제외한다면 대체로 1990년대에 들어서다. 필자의 기억으로는 친일파 문제로 심포지엄을 연 것이

1993년쯤인데 지금은 민족문제연구소로 되어 있지만, 과거에는 반민족문제연구소였는데 거기에서 주최하여 최초로 심포지엄을 가졌다. 그 무렵부터 친일파 문제에 학문적인 접근이 시작된 셈이었다. 그 이전에는 비판적인 지식인들이 친일파 문제가 중요하다는 지적을 하고, 우리 역사가 이렇게 잘못된 것은 해방 후 친일파 처단이 이루어지지 못했기 때문이었다고 개탄하는 수준이었다.

4. 프랑스인들이 긍지를 갖게 된 이유

일제 잔재 청산문제, 친일파 숙청문제가 왜 중요한가. 이 부분에 관해서 좀 논의를 해보자.

해방이 되었을 때, 분단이 될 거라고 생각한 사람은 극소수였다. 지금 와서 연구를 해보면 사실 그렇지는 않다. 해방이 되었을 때 한국은 분단될 위험성이 대단히 컸다. 왜냐하면 연합국이 한국에 대해서는 신탁통치를 실시한 후 독립을 시켜준다고 구상했던 것을 제외한다면, 어떤 합의도 하지 않은 채 우선 점령을 해서 자기 국가 이익을 실현시키겠다는 생각으로 미·소 양군이 들어왔던 것이다. 카이로회담에서 적당한 과정을 거쳐 독립을 시켜준다는 것도 신탁통치를 실시한 다음에 독립을 시켜주겠다는 것이었다.

뿐만 아니라, 남과 북에 있는 두 사령부, 미군사령부가 있는 서울과 소련군사령부가 있는 평양이 격절되어 있었다. 즉 남과 북이 막히게 된 것이다. 이런 요인을 볼 때 한국은 처음부터 분단으로 가기가 쉬웠던 나라였지만, 해방된 시점에서는 그렇게 생각하지 않았다. 1948년에 분단을 막아야 한다면서 통일독립이란 말이 김규식이나 김구 중심으로 나왔는데, 그때는 분단정부가 들어서는 것이 가시화되었을 때였다.

이처럼 해방이 되었을 때 자동적으로 우리 국가가 세워지는 것으로 알고 새 국가가 어떠한 모습을 가져야 하느냐에 대해서 관심이 많았다. 그 경우 "새 술은 새 부대에 담아야 한다"고 주장하고 여러 정치사회단체는 두 가지 과제를 내세웠다.

하나는 토지개혁이다. 일제시대 한국인의 70%가 농민이었는데 그들 중 다수가, 특히 전라도 지방이 그랬지만, 소작농이었다. 소작농은 일제 때 수확물의 50%에서 70~80%나 빼앗겼다. 조선왕조시기보다도 훨씬 심했다. 그래서 해방이 되었을 때 농사짓는 자, 즉 경작자가 땅을 가져야 하며 이것은 반드시 실현되어야 할 과제라고 생각했다. 해방이 되었을 때 혁명적 열기는 강할 수밖에 없었는데 그러한 분위기 속에서 우리는 마땅히 정의로운 사회, 평등한 사회를 건설해야 한다고 외쳤다. 심지어 친일파, 지주·부르주아세력을 대변한다는 한민당에서도 그와 같은 얘기를 했다. 해방이란 것은 그러한 것이었다.

다른 하나는 친일파 처단이었다. 동족을 그렇게 억압하고 못살게 굴고, 민족해방을 위하여 활동하는 사람이나 사회운동을 벌이던 사람들을 탄압했던 친일파는 마땅히 처단해야만 국가가 국가다울 수가 있다는 것이다. 그래서 민족 정기를 바로 세우려면 친일파를 처단해야 한다고, 한민당을 제외한 거의 모든 정치세력이 이구동성으로 주장했던 것이다. 이처럼 친일파가 처단되어야 한다는 것에 대해서는 민족적 공감대가 형성되어 있었지만 어떤 방식으로 친일파를 처단해야만 하느냐에 대해서는 정파마다 상당히 의견을 달리했다. 그것에 대해서는 기존 논문의 여기 저기에 실려 있다. 지금은 그 부분보다는 친일파 처단이 우리 역사에 어떤 의미를 갖는가를 얘기하는 것이 의미가 있을 것 같다.

　프랑스에서 학생들이 투표를 하건, 주민들이 투표를 하건, 프랑스의 전체 역사에서 가장 존경받는 사람이 누구냐 하고 물으면 1960~70년대까지는 샤를르마뉴 대제, 나폴레옹, 드골 순으로 많이 나왔다고 한다. 그런데 1990년대에 들어와서는 여러 조사에서 드골이 맨 앞에 있다. 프랑스에서 어떻게 보면 보수적이고 반공적인 드골이, 프랑스는 공산주의 세력이 강한데도 왜 존경을 받게 되었는가?

　'자유 프랑스'를 이끌고 연합군의 제일 앞에 서서 파리에 입성하여 히틀러군한테 패배한 것을 설욕하는 등 여러 요인이 있었지만 그 중에 하나는 친나치 세력, 곧 나치에 협력을 한 자들을 가차없이 처단했다는 것이다. 물론 친나치 세력이라는 것은 어느 나라나 마찬가지겠지만 보수세력이 많았다. 대개는 가진 자들이 협력하게 마련이다. 가진 사람은 빼앗기지 않기 위해서도 협력한다. 다시 말해 안 가진 사람이 싸우는 것이다. 레지스탕스, 프랑스 역사를 그렇게 영광되게 한 레지스탕스의 80~90%가 진보세력이었다고 주장될 정도로 좌익은 레지스탕스로 활동을 많이 했다.

　그런데 드골은 우익인데도 불구하고 아주 철저히 나치에 협력한 세력을 가차없이 처단했다. 지금까지 정확하게는 알 수 없지만 처음 프랑스가 나치로부터 해방되었을 때 시민들이 자발적으로 나치에 협력한 사람을 죽이기도 하고 영화에 나오는 것처럼 협력한 여자들의 머리를 깎기도 했다. 주섭일의 글에 의하면, 프랑스에서 나치 협력자 숙청 조치에 연관된 사람은 150~200만 명에 달했는데 그 중 99만 명이 체포된 후 1개월 미만에 풀려났고, 공식적인 사법기관에 의해 형을 선고받은 사람은 15만 8천 명이었다고 한다. 프랑스 최고재판소는 1960년까지 108건을 다루어, 제1차 세계대전을 승리로 이끄는 데 공로를 세워 영웅 대접을 받았던 페탱 원수 및 비시 정부의 라발 수상 등 18명에게 사형을, 25명에게 강제노동형 또는 징역형을 선고하였다. 일반법원에서는 14만 건을 취급하여 5만7천 건을 재판, 6,763명에게 사형, 2,777명에게 종신강제노동형, 1만434명에게 유기강제노동형, 2만6,529명에게 유기징역형, 3,678명에게 공인박탈형을 선고하였는데 사형선고를 받은 자 중 779명은 사형이 집행되었다. 또 지방법원에서는 12만 건을 재판에 회부하여 4,783명에게 사형을 선고, 그 중 3,000명을 사형집행하였으며, 5만 명에게 강제노동 또는 징역형을 선고하였다. 드골은 언론인과 작가 등 지식인을 더욱 엄중히 처벌하였다. 오늘의 프랑스, 위대한 프랑스가 된 것은 이처럼 반민족행위를 한 자들을 철저히 징벌하여 국가의 기강을 바로잡은 데 있었다.

우리의 경우 친일파가 몇 명이나 되는가. 이 문제에 대해 거의 논란을 해본 적이 없다. 악질을 제외하고 면서기나 면장 등은 처단의 대상이 되기는 어렵겠지만, 일단 처단의 대상이 될 수 있는 사람들은 전부 해서 10만 명 내외가 아니겠느냐는 주장은 1947년에 과도입법의원에서 친일파처단법안을 논의할 때 나왔다.

여기서 우리는 친일파라고 하여 다 처벌할 수는 없지 않느냐는 주장에 귀를 기울일 필요가 있다. 일제가 대개 한국인에게는 하급 관리직을 주었고, 기술자도 홍남 비료공장과 같은 세계 유수의 비료공장이 있지만 그것을 포함하여 화학공업이건, 금속공업이건, 한국인은 하위 기술자직에 머물렀다. 철도처럼 쉬운 것을 제외하고는 한국인은 고등기술이란 것을 배워보지 못했다. 그래서 핵심부문엔 거의 접근하지 못했다. 그렇다고 하더라도 해방된 이후에 산업시설을 이끌어가는 데는 그런 기술자가 꼭 필요했다. 철마도 다시 달려야 되고, 공장도 다시 가동되어야 하고 여러 가지 행정능력을 가진 사람도 필요했던 것이다. 그래서 여운형 같은 사람은 공산당이 무조건 친일파를 처단해야 된다고 주장하는 것을 경계하고 비판했다. 새로 건설되는 국가에 애국심으로 충성을 하려는 사람이라면 중소기업가, 중소지주를 포함해서 다 포용해야 한다는 것이다.

일제 때 경찰관 숫자가 정보원까지 합산한다면 수만 명이 되긴 하지만 한국인 경찰이 전체 경찰관의 1/2 정도를 차지했다. 그것도 주로 하위직만 차지했는데 그 당시 경찰관들을 전부 처단 대상으로 하는 것은 문제가 있다고 볼 수 있다. 그래서 처단되어야 하는 친일파는 악질적인 행위를 한 자, 말단 구장이라고 하더라도 정신대 또는 종군위안부나 징용 등으로 수많은 사람을 끌고 간 자, 독립운동가를 박해했다든지 하는 이유가 분명한 사람은 하위직이라도 처단 대상이 되어야 했다. 그렇지 않은 경우에는 일정한 직책 이상을 맡은 자들, 또는 경찰이나 군에서 일정한 직책을 행한 자들, 이런 자들을 처단의 대상으로 해야 할 것이다.

5. 친일파 처단 시기와 김구 암살

해방이 되었을 때 이구동성으로 친일파를 처단해야 한다고 얘기했는데 1945년 9월 8일 미군이 인천에 상륙하여 다음날 서울에 들어와 바로 포고령을 붙였다. 그것은 관공리나 경찰들은 현직에 복무하라는 지시문이었다. 해방이 되었을 때 모두가 기뻐한 것은 아니었다. "세상이 무너지는가 보다" 그런 절망감을 느낀 사람들도 있었다. "이제 난 맞아죽었다" 이렇게 생각할 수밖에 없었던 경찰들은 도망 다녔다. 그 숫자가 85%로 나와 있다. 15%만이 출석했다고 한다. 그 경찰들을 미군정이 다 나오게 한 것이다. 이와 같이 미군정은 적극적인 친일파 옹호 정책을 쓰기 시작하니까 10월부터는 친일파들이 다시 활개를 치기 시작했다. 해방된 지 한두 달쯤 지났을 때 "이게 해방이냐"라는 절규도 나기도 하지만, 여기서 친일파 처단 시기 문제를 생각해볼 필요가 있다.

이승만이 1945년 10월 16일 김포공항에 내리면서부터 친일파들이 이승만 주변에 모이고 단결하기 시작했다. 그때 이승만이 친일파 처단은 우리 국가가 들어선 다음에 해야 한다, 그게 떳떳한 것이다, 이런 얘기를 했다. 어떻게 보면 그럴싸하다고 생각할 수도 있지만 친일파들한테는 복음과 같은 소리였다.

더욱 친일파 처단이 어렵게 된 것은 그 해 11월 23일 중경 임시정부 요인들이 귀국하고 나서부터다. 김구 일행이 11월 23일에 꿈에도 그리던 조국 땅을 밟게 된 다음날 김구는 첫번째 기자 회견을 가졌는데 그때 기자들이 꼭 물어보고 싶은 게 두 가지가 있었다. 하나는 우익과 좌익이 단결하여 민족통일전선을 성취해라, 지금 사분오열되고 있는데 큰일났다는 것이었고, 또 하나는 민족통일전선을 성취하려면 악질 이질분자를 제거해야 하지 않겠느냐, 다시 말해서 친일파를 제거해야 되지 않겠느냐는 것이었다. 김구는 그 질문에 대해서 다음과 같이 답변하였다. 전자에 대해서는 국내 사정에 어두운 만큼 정확한 판단을 내릴 수 없기 때문에 나중에 말하겠다는 애매한 대답을 했다. 그리고 "통일전선에 있어 먼저 민족 반역자와 친일파를 제외하자는 소리가 높은데 이에 대해서 어떻게 생각하십니까?"라는 질문에는 우선 통일하고 불량분자를 배제하는 것과 배제해놓고 통일하는 것의 두 가지가 있을 것이나 결과에 있어서는 전후가 동일할 것이라고 대답하였다.

그것은 현실을 잘 모르고 한 말이다. 아니 더 정확히 말하면, 이승만이 국내에 정치 기반이 없다보니까 한민당과 손을 잡고 친일파와 제휴하게 되는 것과 똑같다고는 할 수 없어도 정치세력을 강화하기 위해서 김구 쪽에서도 친일파 처단에 미온적인 입장을 표명한 것이라고 볼 수 있는 것이다. 김구 쪽은 1947년까지 친일파 처단을 별로 얘기하지 않았다. 1948년 완전히 한민당과 결별하고 조국의 분단을 막기 위하여 김규식, 민족자주연맹의 중도파 민족주의자들과 함께 남북협상을 주창하고 참여할 때 가서야 친일파를 군더더기와 같은 존재로 표현하면서 처단을 강력하게 주장했다.

김구가 귀국 직후부터 민족적 양심세력들을 규합하여 친일파 처단을 강력하게 주장했더라면 친일파 문제는 달라졌을 것이다. 왜냐하면 해방정국에서 김구가 갖고 있는 영향력은 대단했다. 우익 쪽에서 조국의 독립을 위해서 싸운 사람 중 김구만한 사람이 없었다. 그러니까 김구가 갖는 정통성, 도덕성은 말할 수 없이 컸다.

그런데 김구는 분단된 조국을 하나로 만들기 위하여 싸우다가 1949년 6월 26일 경교장 2층에서 흉탄에 쓰러졌다. 친일파들의 세상이 되었기 때문이었다.

친일파들은 생존 능력이 아주 탁월하였기 때문에 해방 직후의 혁명적 상황이 아니면 처단하기가 쉽지 않았다. 시간이 흐를수록 친일파의 죄의식은 희박해지고 오히려 다시 과거의 '영화'를 되찾으려고 노력하여 그들의 검은 손은 극우정치세력과의 제휴는 말할 것도 없고, 언론계든 경제계든 문화계든 모든 방면에 검은 손을 뻗쳐 암약하게 되어, 이렇게 강력해진 친일파세력은 자신들의 생존이데올로기, 곧 극우적 반공이데올로기를 개발하고 확산시키게 된 것이다.

특히 반탁논리는 친일파를 애국자로 세탁시키는 데 대단한 효능을 가졌다. 우리나라는 오랫동안 독립국가를 영위하였고, 해방이 되었을 때에도 건국준비위원회 등을 전국에 걸쳐 조직하여 자치능력을 보여주었기 때문에 신탁통치를 받는다는 것은 생각하기 어려웠다. 그러나 1945년 12월 28일 발표된 모스크바 3상결의는 무조건 반대할 것이 아니었다. 제1항에 조속히 민주주의적인 임시정부를 구성한다고 했는데 그것은 꼭 필요한 것이었다. 또 모스크바 결의는 연합국의 유일한 구체적 합의사항이기 때문에 그것이 지켜지지 않으면 분단이 될 수밖에 없었다는 사실을 직시할 필요가 있다. 그리고 신탁통치도 러시아어로는 후견의 의미를 갖는 오페카이지만 유엔헌장에 있는 신탁통치와는 달리 미소공동위원회가 조선임시정부와 상의하여 구체적 방안을 짜게 되어 있어 내용이 불분명했다. 그렇다고 하더라도 신탁통치는 받을 수 없는 것이기 때문에 김규식이 적절히 지적한 대로 연합국에 협력하여 빨리 임시정부는 구성하되 그 임시정부에서 신탁통치는 받지 않겠다고 싸워야 하는 것이었다. 그런데 반공반소의 입장에 서서 당리당략으로 무턱대고 모스크바 결의를 반대하는 것은 분단으로 갈 수밖에 없게 하는 것이었는데, 알고 보면 그것은 이승만의 한민당과 친일파가 바라던 바였다. 어쨌든 친일파들은 반탁운동과 반공운동을 통하여 강성해졌는데 1949년 6월에 와서는 김구 등 민족주의 세력이 어떻게 할 수 없을 정도로 강해졌다.

김구 살해범 안두희에 대하여 군사법정에서 재판할 때 재판장은 일본군 중좌(중령)이었던 원용덕이었다. 그런데 안두희가 재판정에서 뭐라고 했는가? "틀림없이 선생은 국가의 반동이라고 생각했다. 나는 국가를 위해서 김구 선생을 죽이는 것이 좋겠다고 단정했다"라고 당당히 말했다. 안두희의 변호사는 또 뭐라고 했는가? 안두희는 대한민국에서 표창할 사람이라는 것이다. 세상이 뒤집혀진 상황이었지만 그 자리에서 그들의 주장은 박진감 있게 들렸다. 재판정 바깥 전신주에는 "대한민국의 초석이며 애국자인 안두희를 석방하라"는 벽보가 공공연히 붙어 있었다.

김구가 환국하여 친일파 처단은 먼저 해도 좋고 나중에 해도 좋다고 말한 배경에는 정치적인 이해관계가 깔려 있었지만 빨리 친일파를 처단하지 않았을 때 어떠한 사태가 벌어지는지를 김구 암살 사건은 잘 말해준 것이다. 원래 친일파는 막강한 기득권 세력이며 현실 순응력이 대단히 뛰어난 자들이다. 그런 사람들이기 때문에 일제시대에도 자기 동족을 짓밟으면서 그 지위에 올라갔던 것이다.

1948년 9월 22일에 반민족행위처벌법이 공포되고 곧 이어 반민특위가 만들어져 다음해 정초부터 반민특위에서 이광수, 최린, 박흥식, 최남선 등 친일파들을 잡아들이기 시작했다. 그때에 이미 친일파는 경찰 간부뿐만 아니라 사회 각계에서 실력자가 되어 있었다. 그 시기에 군에서는 광복군의 일부가 들어갔는데 자신이 광복군 출신이라는 걸 속여야 했다. 왜냐하면 군 간부의 대다수가 친일파였기 때문이다.

1950년대가 되면 더욱 기가 막힌 상황이 재연된다. 3·1절이나 8·15광복절에는 어디서나 식을 한다. 그때 식사를 읽거나 단상에 앉아 있는 사람이 누구인가? 3·1절에 중앙에서는 대개 이갑성이 식사를 읽었다. 33인 중 유일하게 살아남은 사람이라고 해서 읽었지만, 이갑성은 일제 말에 친일행위를 한 것으로 비난을 받았고 이승만에게 아부해서 부산정치파동 때도 한몫을 한 사람으로 알려져 있다. 3·1절이나 광복절에 지방에서는 일제 때 고등계 형사였던 자들이 한몫을 하였고 친일파 관료들이 식사를 읽었다. 이준 열사 기념식장에는 중추원 참의를 한 자가 중앙석에 앉아 있기도 하였다.

뛰어난 언론인인 최석채가 그 시기에 쓴 글 중에 이런 말이 있다. 일제시기에 지긋지긋하게 많이 듣던 '시국'이라는 말이 또 비슷한 의미로 사용된다라고. 극우 또는 친일파들이 이승만의 정적들, 예컨대 신익희나 조봉암을 처단하라고 주장할 때도 시국이란 말이 나온다. "시국이 이렇게 중차대 한데" "지금 북쪽이 쳐들어오려고 하는데" 이런 식의 시국이다. 그와 더불어 '국시'라는 말도 생각이 날 수 있겠지만, 최석채는 일제통치기의 불령선인이란 말이 금일에는 반정부분자라는 용어로 바뀌었다고도 비판하였다. 그래서 세상이 바뀌었다고 하는데도 일생을 숙명처럼 요시찰 인물로 고난의 길을 걸어야만 된다고 했다. 일제 때 독립운동, 사회운동을 벌이면 요시찰인 또는 시찰인이 되어 고등계 경찰한테 감시를 받았다. 고등경찰이나 박정희 정권 때의 중앙정보부 역할을 한 것이 1950년대 사찰계였다.

민족을 위하여 헌신하던 사람들은 숙명처럼 요시찰이라는 고난의 길을 걸어야만 되었고 호령하던 계급은 언제나 같은 위치에서 시국이라는 방패를 내세우고 세도를 부렸는데, 1950년대에는 최석채처럼 친일파 문제를 거론했던 사람들이 드물었다. 그 시기에 최석채는 용기 있는 인물이었다. 이러한 사회에서 누가 국가를 위하고 민족을 위하여 일하겠는가. 장준하는 1960년 4월혁명 후 손문의 유언으로 유명한, 아직 혁명은 성공하지 않았다는 의미의 「혁명상미성공(革命尙未成功)」이란 글에서 다음과 같이 말했다.

이와 같이 하여 (이승만 시기에) 해외에서 독립운동을 하였다는 인사들은 백안시를 당하고 그래도 조국 독립을 위하여 남북 만주나 중국대륙에서 일생을 바친 혁명 선배들의 유가족들은 가두에서 문전걸식을 하게 되는 등 의는 떠나고 불의만이 성장하여 충천하는 세력으로 이 땅을 뒤덮게 되었다. 누가 다시 애국을 하리요. 누가 다시 의에 살리요. 누가 자기의 몸을 민족의 흥망을 거는 제단에 불사르리요.

그래도 자유당 정권에서는 '천황'의 간성 노릇을 한 자가 대통령이 되고 정일권과 같은 사람이 국무총리가 되지는 않았다. 또 잇달

아 친일파가 대법원장이 되지도 않았다. 초대 대법원장 김병로는
꼿꼿하기로 유명한 법조계의 살아 있는 양심이며 항일독립운동도
많이 했고 참으로 고결한 사람이었다.

6. 왜 일제 잔재, 친일파를 청산해야 하는가

근대인은 앞에서 강조한 바와 같이 민족이 민족답고 국가가 국가
다운 떳떳한 자주국가가 되기를 바란다. 그런 자주국가가 되려면
자주국가가 되는 것을 방해했던 자, 국가를 팔아먹은 자를 징치하
여 다시는 그러한 일이 일어나지 못하도록 해야 한다.

근대 시민은 과거의 백성들과 다르다. 예컨대 몽골이 예전에 세
계 최대의 제국을 세웠을 때 그 밑에 들어간 사람들, 중국인이건 유
럽인이건 아랍인이건 이들을 근대 세계의 피압박 민족과 같은 것으
로 생각할 수는 없다. 그러나 근대 세계에 들어오면 인간은 자연인,
시민으로서 누구나 평등하게 태어났다. 평등한 한 인간으로서 존재
하기를 원하는 것이다. 남의 나라 식민지가 되기를 원하는 사람들
은 적어도 근대인으로서는 있을 수 없다. 근대의 국가는 모두가 자
주국가가 되기를 바란다. 비록 못살더라도 남의 속박을 받는, 반식
민지상태 또는 식민상태에 들어가는 것을 원하지 않는다.

건전한 국가, 건강한 국가 속에서 위대한 국가는 탄생한다. 자부
심을 가질 수 있는 위대한 나라라는 것은 국력이 강하다거나 일본
처럼 돈이 많다는 것을 의미하지 않는다. 주민 모두가 자기 나라와
이웃을 사랑하고 자기 삶에 긍지를 가질 수 있는 사회라면 그보다
위대한 나라가 어디 있겠는가? 프랑스인들은 지나가는 길손들과 밥
을 같이 먹으려는 마음가짐이 언제나 준비되어 있다고 한다. 프랑

스인이라면 그럴 만한 가치가 있다고 느끼기 때문일 것이다. 그 밑바탕에는 나치에 협력한 자들을 말끔히 청산하였다는 점이 큰 긍지로 작용하고 있다고 한다. 한국에서 올바른 가치관을 가지려면 친일파 처단은 꼭 필요하다.

우리는 친일파가 처단되지 못해서 전도된 가치관, 흐트러진 가치관을 갖게 되었다는 얘기를 참 많이 들었다. 조국을 찾겠노라고 이역만리에서 만고풍상을 겪으면서 싸운 사람들이 해방 후 고국에 돌아와서 친일파 경찰한테 그렇게 닦달당하고 생계를 꾸릴 수가 없어 서울 남산 남쪽에 있는 해방촌에서 판자촌 생활을 한다면, 또 독립운동을 한 분들의 가족이나 자손들이 일제한테 감시를 당하고 공부도 할 수 없어서 배우지 못하였는데 해방 후에도 살 수가 없어서 친일파 부잣집 수위 노릇을 해야 하는 사회라면 그런 사회에서 누가 올바르고 성실하게 살아야 한다고 얘기할 수 있겠는가?

1950년대든 박정희 정권 시기든 줄 잘 서는 놈, 약삭빠른 놈, 남을 짓밟고 오르는 사람들이 출세하고 권력을 잡고 잘산다는 얘기를 우리는 무수히 들으며 살아왔다. 눈 감으면 코 베어 가는 무서운 세상이라고도 했다. 그 반면 열심히 성실하게 일하는 사람을 바보, 얼간이라는 뜻으로 고문관이라고 불렀다. 사회에서건 학교에서건 직장에서건 정의, 올바름을 찾는 사람은 따돌림당하고 쫓겨났다. "병신, 저는 뭔데 성실히 일해, 눈치 빠르게 굴지!" 그런 식이었다. 친일파가 권력을 잡고 학계, 문화계 등 모든 분야에서 어른 노릇을 하는 세상에서는 그렇게 될 수밖에 없다. 그러다 보니까 자식 교육도 똑바로 시키지 못하고, 남의 자식에게 해를 끼치더라도 제 자식만 잘되기를 바라는 식의 이기주의가 팽배하였다. 유독 우리나라에서만 신세대 이기주의나 무책임성, 비성실성이 많이 얘기되고 세대간 단절이 심하다고 한다. 중고등학교에서 학생들이 수업시간에 잠을 자거나 그렇지 않으면 떠들어대고 들락거려 공부를 할 수 없게 되었다고 아우성인 것도 부모 책임이 크다. 그 근원을 따지면 가치관이 서 있지 않은 상태에서 자신의 가족만 잘되기를 바랐기 때문이라고 볼 수 있다.

친일파가 중요한 위치에 있는 이상, 민주주의 국가는 건설될 수가 없다. 유신독재가 아니더라도 우리의 현대사는 그것을 적나라하게 보여주고 있다. 일본 군인이 된 자, 황국신민화운동과 침략전쟁을 찬양하고 옹호한 자들은 유학생이든 교육자든 종교인이든 거의 예외없이 군국주의 파시즘에 감염된 자들로, 이승만 독재, 박정희 독재 등 극우독재에 앞장서거나 지지하거나 최소한 방관하였다.

서유럽은 나치 패망 후 지금까지 계속 나치전범들을 체포하여 처단하였다. 유럽 16개국 법률가들은 1965년에 "나치에 의하여 저질러진 범죄는 통상적 범죄와는 법률적 성격을 완전히 달리하는 비인도적 범죄임을 지적하는 바이다. 국제법의 원리는 그와 같은 범죄를 재판소에 기소할 수 있도록 허용함으로써 인류가 영원히 나치의 독재와 잔혹함이 재발할 수 없도록 하여야 한다"라고 의견을 모은 바 있다. 이와 같이 서유럽 국가들은 시효를 두지 않고 비인도적 범죄, 전쟁 범죄를 단죄하였기 때문에 자유민주주의가 꽃을 피우고 있지 않는가. 그 반면 일본은 미국의 방조하에 기시와 같은 전범이 수상이 되었기 때문에 오늘날에도 침략전쟁을 옹호하고 있고 종군위안부 같은 문제에 대해서도 후안무치한 태도로 나오고 있다. 그래서 이웃 국가로부터 따돌림을 당하고 있다.

친일파의 상당수는 전범들이다. 근 50년이 지나고 그 이상의 세월이 지나도 처단되어야 하는 전범들이다. 군국주의 침략전쟁에 협력하고 그것을 옳다고 찬양한 그런 자들이다. 그런 나라에서 민주주의가 이루어질 수는 없다. 이승만 독재 12년, 박정희 독재 18년

이 무엇 때문에 가능했겠는가. 물론 박정희 정권 때는 친일파의 다수가 자연 현상에 의해 이미 노쇠해서 경찰 관리는 후기의 경우 많지 않았다. 그러나 앞에서도 언급한 바와 같이 대통령, 국무총리, 대법원장뿐만 아니라 국회의원, 장관 등의 상당수는 친일파였다. 더욱이 유신시대에 국무총리, 유정회 회장을 한 사람의 전력을 보라.

1960년 3·15부정선거와 같은 부정선거가 세상에 어떻게 해서 가능했겠는가? 더군다나 대통령후보는 이승만 한 사람이었고, 당시의 험악한 분위기 때문에 부통령도 이기붕이 될 건 당연했다. 1956년 선거에서는 장면이 부통령에 당선됐지만 1960년도 선거 분위기를 보면 그건 안되게 되어 있었다. 그런데 왜 그런 흉악한 부정선거를 저질렀는지는 친일파를 면밀히 이해하지 못하고는 알 수가 없다.

아까 부분적으로 친일파가 어떤 존재라는 걸 이야기했다. 1954년은 이승만 정권에서 한 획을 긋는 시기였다. 1954년에는 5·20총선이 있었다. 친일경찰에 의하여 치러진 이 선거 후 이승만·이기붕 체제가 본격적으로 가동되었고, 자유당 간부들이 친일파로 바뀌었다. 이승만은 1954년에 친일파를 많이 등용한 것이 마음에 걸렸는지 담화를 발표했다. 이승만이 뭐라고 그랬는가? "친일파에 대하여 내가 해석을 하겠는데, 친일파는 일제 때 나쁜 짓을 했거나, 높은 지위에 있던 사람들이 아니고, 지금 일본에서 우리 국가를 욕하고 있는 자들, 또 신익희와 같이 한·일국교를 정상화하자고 하는 사람들이 친일파"라는 것이다. 일본에는 이승만을 비판하던 한국인들이 많았다. 자신의 밑에서 자신을 위하여 '성실히' 일하면 일제 때 아무리 악질이었다 하더라도 친일파가 아니고 애국자인 것이다.

불의와 부정부패를 없애기 위해서도 친일파는 청산되어야 했다. 친일파가 없어진다고 해서 한국 같은 나라에서 부정부패가 다 없어지겠느냐, 이런 생각을 할 수도 있을 것이다. 하도 부정부패가 많은 나라였으니까, 지금도 그렇고. 그러나 친일파가 그 부분을 훨씬 많이 조장했다. 1950년대에 왜 그렇게 심한 부정부패가 있었고 1960년대에도 왜 심하게 부정부패가 있었을까. 정실에 의하여 움직이고 사리사욕이 몸에 밴 친일파들 중심으로 그 문제를 생각해볼 필요가 있다.

친일파 청산은 통일민주국가를 건설하는 데도 반드시 요구된다. 통일민주국가가 세워진다는 것은 그 내용이 이뤄져야 한다는 것이다. 즉 건강한 국가, 기강이 서 있는 국가가 되어야 한다는 것이다. 따라서 친일파를 처단하지 않을 수 없다. 왜 해방정국에서 친일파들이 단정운동에 앞장서고 통일을 위한 활동을 음해하고 방해하여 분단으로 나아가게 하였느냐. 분단정부가 들어선 후 극단적인 반공이데올로기를 내세우고 남과 북의 갈등과 긴장을 고조시키는 데 친일파들이 얼마나 크게 기여하였는가. 통일민주국가가 수립되는 걸 반대하는 데 친일파가 제일 심할 수밖에 없었다. 분단 속에서만 기득권을 누리며 안주할 수 있는 사람들, 그게 누구냐 하면 친일파들이다.

일제 잔재를 청산하지 못하니까 정치뿐만 아니라 거의 모든 분야가 일그러졌다. 이렇게 심하게 일그러진 역사 속에서도 우리가 이만큼 성장을 할 수 있었던 것은 그 만큼 우리 모두가 노력을 한 때문이다. 새삼 우리 자신이 갖고 있는 위대한 저력에 놀라지 않을 수 없다. 그러나 일그러진 것은 올바로 펴고 바로잡아야 한다. 오늘의 시점에서도 일제 잔재의 청산, 친일파적 요소의 청산이 중요한 의미를 갖는 것은 우리가 새롭게 태어나 당당하게 형제애를 갖고 민주 시민으로 잘살기 위해서다.

친미-반공의 신화를 넘어

임대식

1. 들어가는 말: 역사해석논쟁을 어떻게 볼 것인가

최근 남북정상회담 이후 남북관계의 진전 방향과 속도, 안티조선운동, 의약분업 등을 둘러싼 논쟁이 가열되고 있다. 논쟁이 존립하는 것은 견해가 다른 개인과 집단들이 존재하기 때문이고, 그 이견들이 첨예하게 대립하고 상호접근하기 어려우며, 각자의 존재조건과 이해관계 혹은 경험과 생각이 다르기 때문이다. 최근 논쟁들이 만개하고 있는 양상 자체는 체제와 권력측의 논리만이 유일한 진리라고 강요되었던 과거사에 비추어 본다면 우리 사회가 일정 정도 성숙했고 가능성이 있다는 것을 보여주고 있다. 그러나 심각한 논쟁거리들과 대결이 존재한다는 것은 우리 사회의 모순과 갈등의 폭과 깊이가 여전히 심각하다는 것을 반증한다. 김대중 대통령이 노벨평화상을 받게 된 것이 민주화·통일·평화운동 따위가 절실한 우

---

* 이 글은 필자의 「종속적 근대화와 민족문제」(≪역사문제연구≫ 제4호)를 토대로 작성된 것이다.

리의 아픈 역사와 현실을 반증하듯이.

논쟁은 역사 해석에도 미치고 있다. 우리가 어떤 노선에 입각하여 어떻게 살아갈 것인가라는 불가피하고 중대한 문제에 당면하여, 각 입론(立論)들이 가까운 과거 역사에 대한 재해석에서 자기의 논리적 정당성을 도출하는 것은 부분적으로 불가피하다. 시대적 전환과 정신적 공황의 시기에 현대사 연구와 해석의 방향을 둘러싸고 첨예한 논쟁이 예견되고 또 이미 단편적으로 전개되고 있다. 식민지근대화론, 나라 바로 세우기 캠페인, 박정희 신드롬, 탈민족주의론, 포스트모더니즘론 등을 둘러싼 논쟁 등이 대표적 사례다. 나아가 장차 통일이 어떤 방식으로 진행되고 매듭지어지느냐에 따라 또한 번 심각한 논쟁이 전개될 것이고 또 역사상(歷史像)은 크게 재구성되지 않을 수 없을 것이다. 가령 남한에 의한 흡수통일이 현실화된다면 남한 노선(필자의 표현대로 하자면 '종속적 근대화노선')의 승리사관에 입각하여 현재의 절충적 역사상에 대한 전면적인 재구성이 이루어질지도 모른다. 남한의 역사 인식이 절충적이고 자기모순적이라는 것은 이 글에서 누차 설명하겠지만 쉽게 말하자면 우리나라 역사에서 친일파가 반공투사가 되고 친미파가 되고 근대화의 기수가 되었던 사실을 당당하고 논리적으로 설명하지 못한 결과이다.

현재 역사해석 논쟁에서 그 전선(戰線)은 복잡하게 중첩되어 있고 아직 불명확하고 미분화된 상태에 있지만 각 입론들은 근대화의 여러 가치 중 어떠한 가치를 가장 중시하느냐에 따라 크게 갈리고 있다. 근대화는 국민국가의 형성, 민주화(민주주의 실현), 산업화(경제성장)를 주요한 구성요소로 하고 있다고 정의할 수 있다. 그런데 민족의 자주화(해방)와 통일을 강조하는 민족전선론측은 국민국가의 형성이란 가치를 강조한다. 이에 비해 탈민족주의론 혹은 포스트모더니즘론적 문제의식과 연관성을 가진 시민전선론측은 민주화라는 가치를 강조한다. 나라 바로 세우기 캠페인을 벌이고 박정희 신드롬을 조장하는 반공전선론측은 산업화라는 가치를 강조하는 경향을 보이고 있다. 물론 뒤에서 살펴보겠지만 식민지근대화론 역시 반공전선론과 같은 지반 위에 서 있다.

민족전선론과 반공전선론에 대해서는 상세히 언급할 기회가 있을 것이므로 여기서는 시민전선론에 대해 간단하게 부연해보자. 과거에는 민족전선론·반공전선론·민주전선론 등이 주요한 대립축을 이루어왔다. 최근 부상하고 있는 시민전선론은 기존 전선에 대한 해체와 재구성을 시도하고 있다. 시민전선론은 기존 민주전선론(민주-독재)의 연장선상에 있지만 국가와 민족, 정치와 이념, 계급과 민중 등 기존 패러다임을 넘어선 새로운 형태의 전선을 추구하고 있는 것으로 보인다.

극우반공적 권위주의체제하에서 기본적이고 합리적인 룰조차 무시되어온 역사적 현실과 한국의 자본주의 발전 정도가 일정한 수준에 올랐다는 점 등을 염두에 둘 때, 시민전선론의 문제제기와 실천은 일면 적합성과 시의성이 있다. 이런 측면에서 시민전선론은 반공전선론에 대항하는 공동전선의 한 부분으로 적극 평가할 수 있을 것이다. 그러나 시민전선론이 과연 우리 현실에 조응할 수 있고 대안적인 것으로까지 부상할 수 있을지는 미지수이다. 유력한 시민운동단체들이 민족문제에 대해 상대적으로 소홀한 것은 결코 우연이 아니다. 논리적 체계성은 물론 자기 나름의 역사해석과 역사상을 갖추고 한국의 현실에 적합한 한국적인 시민전선론의 정립이 요구된다고 하겠다.

2. 고정관념을 넘어서

우리는 온전한 자주독립국인가라는 질문을 받고서 답변을 망설이게 된다. 국권이 상실된 일제 시기(구식민지 시기)에는 일제와 그 주구들을 대상으로 살인·강도짓을 하는 것이 훈장감(치안유지법 위반＝건국훈장＝독립유공자)이었는데, 해방 후에는 미국과 친미파들을 말로 비판만 해도 국가보안법으로 단죄되거나 배은망덕한 짓으로 치부될 정도였다. 일제 시기의 노동파업과 소작쟁의는 적극적으로 평가하면서 해방 후의 그것은 왜 부정적으로 평가하는가. 과연 해방 전과 후는 이렇게 엄격히 구별되는 시기인가. 현재는 구식민지 시기와는 분명히 다르지만 여전히 제국주의 시대이고, 제국주의적 본질은 기본적으로 관철되지만 작동과 지배방식에서 부분적 전환이 있었을 뿐이다.

한국 현대사의 전개과정과 현실을 살펴보면 정치·경제·군사·문화 등 모든 측면에서 미국을 축으로 한 중심부에의 종속을 인정하지 않을 수 없다. 그런데 일부 논자들은 한국의 일정한 정치·경제적 성장과 함께 자주성이 점차 확보되어가고 있으며, 더구나 정보화·세계화 시대인 지금 자주화에 집착하는 것은 구시대적 발상이라고 치부한다. 이러한 주장은 일부 논자들의 주장이 아니라 일반적 시대인식으로 여겨지는 것이 현실이다. 또 일부 논자들은 상상의 공동체인 민족단위에의 집착을 포기할 것을 주장하기도 한다. 현재 민족의 자주성과 주체성은 의미가 없다는 것인가, 아니면 불가능하다는 것인가. 이전의 '종속적 자본주의적 근대화론'(이하에서는 '종속적 근대화론'이라 약칭한다)은 당장 독립이 불가능하므로 우선 교육·산업·민족개조 등을 통해 힘을 키우자는 실력양성론과 준비론을 그나마 내세웠지만, 현대판 근대화론자들은 그따위 궁색한 자기

합리화와 분식조차 불필요하다고 여기는 것으로 보인다.

미국의 금리와 주가 동향에 따라 즉각적으로 한국의 증시가 춤추고 있는 현실을 우리는 어떻게 받아들여야 할 것인가. 이러한 엄혹한 현실에서 우리는 어떠한 노선을 추구해야 할 것인가. 식민지근대화론을 주장하고 영어공용화론을 주장하는 흐름이 있다. 조기영어교육 열풍과 영어권 나라로의 조기유학 열풍이 불고 있다. 감정적으로는 용납될 수 없는 주장 혹은 비정상적인 열풍으로 치부되기도 하지만, 필자가 보기에는 그러한 발상과 양상의 근저에는 쉽게 물리칠 수 없는 역사적 현실이 있고 노선이 있다. 이러한 주장의 원류인 종속적 근대화 노선이 20세기 한국(남한)의 주류 노선이었고 또 21세기에도 위력을 발휘할 것으로 보인다. 이 노선이 화두로 삼는 물질적 부의 총량적 성장, 즉 경제성장에만 집착한다면 우리가 미국과 일본에 통합되는(속국이 되는?) 편이, 또 영어공용화가 아니라 차라리 한글을 포기하고 영어만을 쓰는 편이 올바른 선택일지도 모른다. 수천 년 동안 중화였던 중국의 침략과 간섭을 받았지만, 또 일본의 임진왜란과 식민지를 거쳤지만 동화되지 않고 조그만 반도가 여태 독자적으로 살아남았다는 것이 과연 자랑스럽고 바람직한 것인가 다시금 되물어보아야 할 것이다. 역사에 가정이 성립된다면, 그때 중국이나 일본에 편입되고 동화되었더라면 현재 약소국·분단국·후진국의 수모와 고통을 면할 수 있었을 텐데 하는 아쉬움을 토로할 이들도 있을 것이다. 마치 고구려가 삼국을 통일했다면 만주가 우리 땅이 되었을 텐데 하는 국수주의적 역사인식이 있듯이. 심지어 선거와 토론 따위와 같이 경비가 많이 들고 절차가 복잡한 민주주의보다 일사불란한 독재체제나 전시총동원체제가 높은 생산력을 보장하는 효율적인 체제로 평가될 것이다. 압축적 성장을 가져올 수 있고 분단의 고통을 조기에 해소하기 위해 전쟁조차 불사해야 할지도 모른다. 또 열등한 육체와 정신을 개조하기 위해 교혼(交婚)을 통해 서양화시키거나 우수한(생산력이 우세한) 정자와 난자만을 선별 양성하는 것은 어떤가.

민족해방운동이 반동적 혹은 부질없는 짓이었다거나, 제국주의의 협력자들을 제국주의 추종자로만 볼 수 없다거나, 일제가 강요한 징병과 징용 나아가 정신대 여성들의 고통도 우리의 근대화(압축적 경제성장)를 촉진시킨 동력과 계기로 작용했다는 따위의 주장은 도저히 용납할 수 없는 망언으로 간단히 치부될 수 있을 것인가. 심지어 식민지 경험이 압축적 경제성장을 초래하고 선진화(문명화)하는 근원이 되었다는 주장이 타당하다면 식민화의 주역인 이완용은 매국 역적이 아니라 근대화의 영웅일 수도 있다.

가난과 기아로부터 벗어나기 위해서는 굴욕적이고 자존심이 상하긴 했지만 조속한 한·일 국교정상화가 현명한 선택일 수도 있었다. 근대화를 위한 자산과 토대가 거의 전무한 후진적 상태에서 근대화를 추진하기 위해서는 선진 외국의 자본과 기술 도입이 필수적인데 자존심과 주체성의 약간의 손상이 걸림돌이 될 수 있는가. 10년 뒤에 10억 달러를 받느니 당장 3억 달러 수용이 현명한 선택일 수도 있다. 대국적 견지에서 조그만 돌섬인 독도의 영유권과 사소한 어업권 등이 걸림돌이 될 수도 없을 것이다. IMF 관리하의 총체적 위기 국면에서 일본 자본을 도입하기 위해 신어업협정에서의 부분적 양보가 불가피했던 것은 아닌가.

최근 격동의 해방정국 시기와 이성이 마비되었던 한국전쟁의 와중에 초래되었던 양민학살의 실상이 부분적으로 밝혀지고 있다. 제주 4·3사건, 여순사건, 노근리사건, 대전형무소사건, 보도연맹사건 등 소위 '빨갱이사냥'이 그것이다. 이 사건들은 당시 무수하게 저질러졌던 반공테러의 일부에 불과하다. 그런데 반공이 국시이고 절대가치라는 정식이 성립된다면 빨갱이사냥은 불가피했고 그 정당행위 수행과정에서 빨갱이가 아닌 극소수(?)의 양민들이 희생된 불상사가 아니었던가. 또 호전적인 공산세력의 마수와 침략으로부터 반공체제와 이념을 지키기 위해서는 비상한 법인 국가보안법의 존속과 반인륜적 고문조차 불가피했고, 자주성과 배치되는 미군 주둔은 물론 작전권 이양과 한미행정협정의 문제점도 받아들일 수밖에 없었을 것이다.

앞서 제기한 질문들은 다소 극단적인 경우로 간단히 치부될지도 모르지만 물질적 부의 총량적 성장과 반공-친미를 최고의 가치로 인정하면 궁극적으로 직면하게 될 것이다. 우리는 이러한 어려운 질문들을 결코 회피할 수 없다. 또 기존의 고정관념으로 모범답안을 되뇌어서도 안될 것이다. 우리는 어떻게 살아갈 것이며 또 지난 과거사를 어떻게 평가할 것인가. 필자도 이러한 고민을 안고 지난 역사를 정리해보고자 한다.

3. 누구를 따라 어느 길로 갈 것인가

역사를 보는 시각차의 단적인 예를 인물들에 대한 상이한 평가에서 살필 수 있다. 우리나라 역사상 가장 훌륭한 인물과 가장 악질적 인물이 누구인가라는 여론조사를 해보면 어떤 결과가 나올까. 가장 훌륭한 인물로는 박정희, 김구, 이순신, 세종대왕 등 조사에 따라 약간 차이가 있을 것이고 또 어떤 인물이 압도적 비중을 차지하지도 않을 것이다. 그런데 가장 악질적 인물은 분명히 이완용과 김일성일 것이다. 왜냐하면 이완용은 민족과 국가를 팔아먹은 대표적 매국노이자 친일파이고 김일성은 동족상잔을 초래한 대표적 빨갱이라고 인식되고 있기 때문이다. 즉 우리는 반일과 반공에 배치되는 인물을 증오한다고 할 수 있다. 어쩌면 그러한 생각을 갖도록 우리는 훈련받아왔다고도 할 수 있다.

우리가 이완용을 증오하는 것은 일제 식민지 시기에는 반제국주의가 시대과제가 되었고 또 현재까지도 반제국주의적 과제가 현안의 문제라는 것을 상징하고 있다. 한편 김일성을 증오하는 것은 반공의 문제로, 해방 후는 반공이 시대과제 즉 국시가 되었다는 것을 상징하고 있기도 하다. 다시 말하면 우리는 일제시기에는 반제국주의를 최고의 가치로, 해방 후에는 반공을 최고의 가치로 여기며 살아왔다.

이러한 반제국주의에서 반공으로의 시대과제 전환이 정당한가. 해방 이전과 이후 시기는 시대과제의 전환과 전선의 전면적인 재편성을 초래할 정도로 구별되는 것인가. 안중근의 이토오 살해와 이재명의 이완용 살해미수, 윤봉길의 투탄이 민족해방의 이름으로 정당화되었다면 해방 후 빨갱이 사냥도 반공의 이름으로 정당화될 수 있는 것일까. 반공이란 최고의 가치를 위해서는 종속은 물론 민주화·평화·인권·환경 등 어떠한 가치도 희생될 수 있는가.

또 다른 문제는 이완용과 김일성에 대한 상은 허구에 기초한 부분이 적지 않고 관점에 따라 천양지차가 존재한다는 것이다. 먼저 이완용부터 살펴보자. 다음 인용문은 이완용이 1926년 사망했을 당시 가장 유력한 잡지 ≪개벽≫에 실렸던 내용이다.

"죽는다 죽는다 하던 이완용은 2월 12일(11일의 착오－필자주)에 아주 죽고 말았다. 지하에 있는 이재명은 '아 이놈이 이제야 죽었구나' 하고 웃겠지만은 팔자 궂은 과부며느리는 남유달리 더 슬퍼할 것이다. 그런데 경성부의 소제부(掃除夫)들은 또 '이제부터 공동변소의 벽이 깨끗해지니까 무엇보다도 좋겠다고' 치하하겠지. 죽은 작자의 말

이 났으니까 말이지 송병준이 죽은 뒤에 재산정리문제로 말썽이 퍽
많더니 (중략) 불의(不義)로 모은 재산이 원래 전지자손(傳之子孫)하
기는 만무의 리(理)이지만은 이완용은 송병준처럼 생전에 부채가 없
을 뿐 아니라 경성제일류의 현금부호(現金富豪) 칭호를 들었으니까
사후 즉시에 송가처럼 그러한 생활곤란문제는 없을 것이다 그러나 세
사(世事)는 예측키 난(難)한 바인즉 경성부에서는 밀린 학교비나 종
속독봉(從速督俸)함이 하여"

위 인용문에서 과부며느리가 유달리 슬퍼한다는 것은 무슨 말인
가. 이완용이 총리대신으로 권력을 잡고 있던 당대에도 ≪대한매일
신보≫와 ≪황성신문≫ 등 당시 신문과 황현의 『매천야록』 등 여
러 자료에서 이완용을 며느리와 정을 통한 패륜아로 번번이 묘사했
다. 매천야록의 기록에 의하면 이완용의 큰아들이 일본 유학중에
집에 들러보니 자기 아버지인 이완용이 자기 부인인 며느리의 무릎
은 베고 누워 있는 것을 보고 나라도 망했고 집안도 망했다며 자살
했다고 했다. 이러한 사정을 염두에 두고 이 잡지 기사는 이완용과
내연의 관계에 있던 며느리가 이완용이 죽자 매우 슬퍼할 것이라고
비아냥댔던 것이다. 이완용이 1926년 죽었을 때, ≪동아일보≫ 등
민간 신문과 잡지들은 이완용이 드디어 잘 죽었다고 했다. 동방예
의지국이라 칭하는 나라에서 죽은 자를 욕했던 극히 예외적인 경우
이다. 악질적인 죄를 저지른 사형수도 막상 사형을 당하는 국면에
서는 세인의 동정을 받는 것과 대비가 된다. 더구나 1979년 그의
증손자가 이완용의 무덤을 파헤쳐 화장시켜버렸다. 이완용은 죽어
서도 욕을 먹었고 후손에게도 치욕을 당했던 것이다. 이완용의 후
손이라고 얼마나 손가락질을 받고 또 할아버지를 원망했었는지를
미루어 짐작할 수 있다. 또 그의 증손자가 유산을 되찾고 있다는 사
실이 알려졌을 때 사람들은 특별법을 만들어서라도 그의 유산 찾기

를 막아야 한다며 분개했다. 이완용은 조선시대 명문가인 우봉 이씨인데 이 가문의 사람들은 이완용의 존재 때문에 우봉 이씨임을 드러낼 수조차 없었다. 이완용의 글씨는 명필로 인정받고 있음에도 불구하고 그의 글씨는 후한 값을 받지 못하고 있다고 한다. 글씨를 눈에 띄는 곳에 걸어놓고 자랑하기에 그의 작품은 이용가치가 없기 때문이다.

식민지라는 암울하고 억압적 상황하에서 원망과 카타르시스의 표적으로 이완용이 지목되었다. 앞에서 인용한 글 중에서 청소부들이 좋아하겠다는 것은 의례 공중변소에는 온갖 낙서가 있는데 그 중에 이완용을 욕하는 낙서가 적지 않았을 것이고 이제 이완용이 죽었으니 그를 욕하는 낙서가 줄어들 테니 그 낙서를 지우는 일을 부가적으로 감당하던 청소부들이 일거리가 줄어들어 좋아하겠다는 것이다. 일제시대까지만 해도 사람들은 변소를 이박요리점이라 불렀다고 한다. 여기서 '이박'은 소위 을사오적 중 이완용과 박제순이다. 즉 변소가 이완용과 박제순 같은 자들을 회칼로 요리하던(난도질, 욕하던) 곳이라는 의미에서 붙여진 것으로 추정된다. 또 다른 해석은 이완용과 박제순을 개(주구＝앞잡이)와 같은 존재로 욕했던 것과 관련이 있다. 조선개를 똥개라고 불렀듯이 당시 사람도 먹을 것이 없었으므로 개는 인분을 주워 먹었다. 그런데 당시 인분은 중요한 거름이었고 그래서 변소에는 많은 인분이 쌓여 있었다. 결국 변소는 개 같은 존재인 이완용과 박제순의 먹을거리인 인분이 많이 차려져 있는 요리점이라는 의미일지도 모른다.

설명이 장황해졌지만 여기서 강조하고자 하는 것은 이러한 세간의 이완용에 대한 감정적 인식은 사실에 기초한 것이 아니거나 과장된 것일 가능성이 크다는 점이다. 사실은 이완용이 패륜아였다거나 특별한 악질이라는 확실한 근거는 없다. 또 설사 그것이 사실이다 하더라도 그것은 이완용을 역사적으로 평가하는 데는 부차적인 문제이다. 감정이 앞선 나머지 이완용에 대한 객관적인 평가는 방기되고 있다. 이러한 감정적인 인식의 만연은 어쩌면 이완용을 속죄양으로 삼음으로써 자기들의 책임을 면하려는 공범자들의 공작에 놀아난 결과일지도 모른다. 더 나아가 일제 식민지 통치가 오히려 한국의 자본주의 발전(근대화)에 적극 기여했다는 식민지근대화론자들의 주장이 타당하다면 일제 식민통치를 초래하는 데 일등 공신인 이완용은 비난의 대상이 아니라 근대화의 영웅이 되는 것은 아닐까.

또 우리는 김일성은 가짜이고 괴뢰이고 호색한이라고 인식해왔다. 북한의 김일성은 민족해방운동과는 관계가 없는 인물임에도 불구하고 김일성의 명성을 도용했고 소련의 지원을 업고 하루아침에 장군과 영웅으로 둔갑하여 권력을 잡은 소련의 꼭두각시(괴뢰)였다는 것이다. 길거리에서 미니스커트와 장발을 단속하던 그 혹독하던 유신시절에도 김일성을 호색한으로 매도하던 『김일성의 침실』이란 포르노 만화는 버젓이 유통되고 있었다. 단지 북한과 그 최고지도자인 김일성을 비판하는 것이 반공이란 국시에 유용했기 때문에. 심지어 김정일에 대해서도 온갖 험담이 마치 진실인 것처럼 횡행했는데 최근 김대중 대통령과의 면담에서 그 대부분은 사실이 아닌 것으로 판명되었다. 오히려 최근에는 극단적 반공·반북주의자들이 김정일을 미화하는 사태가 벌어지고 있다. 이러한 사례들은 객관적 사실이 아니라 감정에 치우치고 고정관념에 기초한 인식이 얼마나 허황하고 위험한 것인가를 극명하게 보여주고 있다. 물론 과거 소위 주사파의 극단적인 북한 인식도 정반대의 경우지만 그 본질과 위험성은 같다.

적(일제와 북한)과의 치열한 싸움에서 승리하기 위해서는 부분적인 과장과 왜곡은 불가피하거나 오히려 적극 활용되어야 한다고 강변한다. 생과 사를 가르는 전투, 악마와 천사의 성전에서 이기기 위해서는 어떤 수단도 동원될 수 있다는 것이다. 이완용과 김일성에 대한 비난과 적대감이 날조된 사실에 기초한 것이라 하더라도 독립(반일)과 반공이란 대의를 위한 필요악이었다는 구차한 변명도 있다. 그러나 이러한 억지는 적을 알고 나를 알아야 반드시 끝내 이길 수 있다는 명언과 배치되는 것은 물론이다.

한편 남한의 압축적 경제성장과 IMF 위기 상황하에서 박정희를 근대화의 영웅으로 높이 평가하는 박정희 신드롬이 퍼져나갔다. 체제경쟁에서 이겨야 하는데 그 승리의 기본 동력은 물질적 근대화(산업화)이고, 이를 위해서는 당시 근대화를 추진할 수 있는 토대가 거의 전무한 상황에서 외국 자본과 기술을 들여올 수밖에 없었고, 또 총동원을 위한 비상체제를 구축할 수밖에 없었으며 통일문제도 부차적이거나 나중 문제로 인식될 수밖에 없었다는 것이다. 결국 박정희는 경력상의 하자, 집권과정과 통치과정에서의 비민주성, 개인적인 비도덕성 등 모든 약점에도 불구하고 빵(경제총량)을 키운 근대화의 영웅이라는 것이다. 이러한 박정희 신드롬을 조장하고 뒷받침하는 논리는 무엇인가.

최근 들어서 남한의 주목할 만한 경제성장에, 사회주의권의 몰락과 북한의 빈곤이 대비되면서 남한의 경제성장을 보는 시각에 큰 변화가 일어났다. 즉 남한 자본주의의 성공, 다시 말해 압축적 산업화와 경제성장을 이룬 것에 주목한 논의가 그것이다. 다른 근대화의 길(사회주의적 근대화)을 추구한 북한과 사회주의권 및 제3세계는 파탄에 직면했고, 남한과 자본주의권은 체제경쟁에서 성공했으므로 결국 자본주의적 발전의 길이 유일한 대안이라는 것이다. 자본주의체제의 우월함과 반공의 정당성이 입증되었다는 것이다. 나아가 이승만 정권기에 박정희 시기의 경제성장의 초석이 마련되었다고 주장하거나, 이승만이 그나마 반공체제인 남한 국가를 성립 혹은 유지시켰다고 주장하며 이승만을 적극 평가하기도 한다.

일부 논자들은 이러한 자본주의적 발전의 길과 반공적 노선의 정당성을 전제하면서 다른 후진 제국과는 달리 남한과 일부 동아시아국들이 산업화에 성공했다는 것에 주목한다. 그 성공의 근원을 남한과 일부 동아시아국들의 일본 식민통치 경험에서 찾는다. 제국주의는 식민지민들을 억압했지만 부패하고 비효율적인 전통국가와 전통사회를 해체하여 자본주의적 발전의 길로 안내했다는 것이다. 특히 일본 제국주의는 서구 제국주의와는 달리 식민지 개발을 적극적으로 추진했다는 것에 주목한다. 1960년대 이래의 경제발전은 일제시기의 식민지 근대화의 토대 위에서 가능했다는 것이다. 물론 이러한 입론에서는 내재적인 동인은 무시되거나 저평가되고 선진 자본주의의 충격과 수입, 즉 외부적 동인을 중시한다.

구식민지 시기에 근대화 성과, 즉 토대가 마련되었다고 이후 발전이 보장되는 것은 아니다. 따라서 해방 이후 시기에서 성공의 계기를 추구하지 않을 수 없다고 한다. 그래서 또 일부 논자들은 역시 국제적인 계기에서 그 근원을 찾는다. 전후 냉전은 남북한 분단의 원인이 되었지만 한편 남한이 미국을 위시한 서방진영의 전폭적인 지원을 받아 비약적인 경제성장을 이룰 수 있었다는 것이다. 이와 관련하여 냉전의 결과물인 한국전쟁조차 서방진영의 지원을 초래했고 또 근대로의 발전에 질곡으로 작용하는 봉건적이고 전통적인 걸림돌들을 철저하게 제거함으로써 이후 발전의 계기로 작용했다는 해석으로 귀결되기도 한다.

또 일부 논자들은 비슷한 조건하에서 왜 남한과 같은 특정한 나라만 성공했는가에 주목하고 지도자 자질의 차이에서 그 근원을 찾는다. 박정희라는 조국근대화와 민족중흥의 영웅이 등장하여 기아·

무지·질병 등 야만으로부터 해방을 이룰 수 있었다는 것이다. 국가의 경제발전 개입을 통해 그 원인을 설명하는 발전국가론도 같은 입론이다. 당시 박정희는 바로 국가였던 것이다. 훌륭한 성군이 존재하면 민족중흥의 태평성대가 이루어진다는 영웅중심적 역사인식을 보여주고 있다. 이러한 박정희 신드롬은 IMF 위기 사태를 맞아 가속화되었다.

궁극적으로 우리는 어떤 기준을 가지고 인물과 사건과 역사를 평가할 것인가의 난제에 직면하지 않을 수 없다. 예를 들어 이완용과 안중근의 노선, 박정희와 장준하의 노선 중 어느 편을 따를 것인가의 문제에 직면하게 된다. 이완용과 같이 식민화 노선을 택할 것인가 아니면 안중근과 같이 반식민화 노선을 택할 것인가. 박정희와 같이 독재와 경제성장 우선, 반통일 노선을 택할 것인가 아니면 장준하와 같이 민주화와 통일 노선을 택할 것인가. 두 노선이 일장일단이 있으니 타협적인 노선을 따를 것인가. 또 과연 양자를 타협하는 노선이란 가능한가. 우리는 이러한 난문을 결코 회피해서는 안 된다.

4. 친일과 친미는 같은 노선이다

근대 이래 사대주의 사상의 가장 상징적 구현체는 친일파와 친미파였다. 그런데 우리 사회에는 친일파와 친미파에 대한 인식에 큰 차이가 있다. 영어는 물론 유럽어 단어를 사용하고 구미 노래를 부르고 구미식 이름을 갖는 것은 오히려 고상해 보이는데 일본어 단어를 사용하고 일본 노래를 부르고 일본식으로 창씨개명한 것은 잘못된 행위로 치부되거나, 운동 경기에서 유독 일본을 이기면 통쾌

한 기분이 드는 것은 충분히 타당한 이유가 있지만 이러한 극단적인 차별적 인식은 타자에 대한 객관적인 인식을 그르칠 소지가 있다. '친일파'와 '친미파'는 무엇이 다른가. 사대의 대상이 되는 일본과 미국은 우리에게 과연 본질적인 차이가 있는 타자인가. '친일파'라는 용어에는 부역자·반역자·매국노라는 부정적 이미지가 내재되어 있다. 그런데 '친미파'라는 용어에는 반드시 부정적 이미지가 압도하고 있지는 않다.

일본은 우리와 가장 가깝고도 먼 나라로 인식되고 있다. 전근대 시기에 한반도는 일본에게 선진문물의 전달자였다. 그렇지만 왜구의 노략질과 왜란 등의 역사적 경험 등으로 인해 일본을 배은망덕한 존재로 인식했다. 근대 이후 일본이 근대화에 앞서면서 한·일간의 역관계와 선진문물의 전달통로가 역전되었다. 더구나 일제 식민통치를 경험하면서 한층 일본에 대한 열등의식과 저항의식이 교차되어 나타났다. 현실은 일본에 대한 불가피한 사대를 요구했지만 전통적인 대일 인식과 가혹한 식민통치는 사대를 용이하게 용납하지 않았다. 현실적인 역관계를 인정하고 일본에 대한 사대를 실천했던 이들이 바로 친일파들이었다. 그러나 일제의 악랄한 식민통치와 함께 전통적인 일본관이 작용하여 친일파는 왜놈의 앞잡이라는 식의 부정적 인식이 압도하게 되었다. 일제 식민통치에 대한 부정, 즉 반일 민족해방운동의 치열함은 민족해방에 대한 강렬한 의지와 이러한 일본에 대한 전통적인 의식이 저변에 자리잡고 있었다.

일본은 서구 제국주의국이 아니었으므로 일본에 대한 사대는 약간의 편차가 있었다. 일본은 서양에 대한 콤플렉스와 동시에 아시아에 대한 우월의식을 가지고 있었다. 일부 논자들은 아시아연대론을 주장했고 또 태평양전쟁 등 특수상황하에서 반서양적 태도가 부각된 적이 있지만, 기본적으로는 탈아입구론(脫亞入區論)이 주류를 이루었다. 바나나 같이 겉은 노란색(황인종)이지만 속은 흰색(백인종)이 되고자 했다. 서구식 근대를 최고로 인식하고 이를 추구하는 것이 일제에 대한 저항으로 인식한 자들도 있었지만 서구와 일본 중 어느 측을 따를 것인가는 그다지 중요한 문제가 아니었다. 일본의 아시아연대론에 동조한 친일파들도 있었지만, 탈아입구론에 입각한 한국인이 친일파의 핵심을 이루었다. 그런데 친일파의 탈아입구론은 일본을 매개로 한 것이었다.

일제 식민지 시기는 이러한 일본 프리즘을 통해 근대를 재수용하는 과정이었다. 우리의 근대상과 실천은 대부분 일본에 의해 재구축되고 굴절된 것이었고, 또 일본을 매개로 해서 관철되었다. 일제로부터 형식상 해방되고 한국에 대한 종주권이 미국으로 이전된 후에도 그러한 경향은 기본적으로 지속되었다. 이것은 일본 중심의 동북아 질서 재편이라는 미국의 구도와 친일파 등 일제잔재의 온존 등이 작용한 결과이지만, 기본적으로 친일적 근대와 친미적 근대가 본질상 다르지 않았기 때문이다.

한국에서 미국이란 타자는 제국주의적 본질에도 불구하고 개항기 이래 상대적으로 좋은 이미지로 비쳐져왔다. 해방 이전에는 선진적 문명, 개화를 원조하고 다른 열강의 제국주의적 침략을 견제하는 후원국으로, 해방 이후에는 해방자로, 공산주의 세력의 마수에서 한국을 지켜준 혈맹 내지 후견자로, 또 민주주의의 수호자이며 굶주림을 면하게 해준 자비로운 시혜자로, 야만으로부터 해방시켜준 문명의 사도로 인식되었다. 왜의 침략으로부터 우리를 구제해준 명나라에 대한 재조지은론(再造之恩論)이 조선중화론을 내세우기 위한 방편이었던 것에 비해, 미국에 대한 혈맹론은 사대를 위한 것이었다.

각종 여론조사에 의하면 외국에 대한 선호도 중 미국이 60% 이상을 차지하여 압도적이다. 이와 같이 남한 사람들은 시종일관 미국을 가장 좋아하는 나라로 지목하는 것에 비해, 북한에 대해서는 가장 싫어하는 나라로 지목하고 있다. 그런데 미국 사람들의 남한에 대한 호의도의 비중은 일본이나 대만 등과 비교하여 상대적으로 낮으며, 더구나 북한에 대한 호의도 비중은 극히 낮다. 1982년 한·미 수교 100주년을 맞아 국내 언론들이 야단법석일 때 미국의 메이저급 신문들은 한·미 수교 100주년에 대해 단 한 줄도 언급하지 않았다고 한다. 결국 우리는 미국을 일방적으로 짝사랑해왔다고 말할 수 있다. 이러한 점에서 볼 때도 한·미관계는 상호간 이해와 호의에 바탕한 선린우호관계였다고 보기 어렵다.

해방 후 지배집단은 미국과 긴밀한 관계를 유지해야만 집권하거나 최상층으로 진출할 수 있었다. 지식인들은 미국 유학을 가서 미국의 부강과 문명에 기가 질렸고, 도미유학과 미국 박사학위는 출세의 지름길이었다. 배고픈 민중들은 미국산 옥수수와 밀가루로 그나마 연명할 수 있었다. 이러한 사정으로 미국을 오랑캐, 백인종 침략국, 쇠락하는 비도덕국, 제국주의 등으로 인식하는 부정적 인식이 부분적으로 없었던 것은 아니지만, 대체로 적극적인 인식이 주류를 이루었다. 외제가 좋지만 그 중에서도 미제는 무엇이든 최고로 인정되었다. '이승만 박사' '장면 박사' '조병옥 박사' 등의 호칭이 즐겨 사용되었던 것은 미제 박사 칭호가 최고의 존칭이었다는 것을 상징하고 있다. 이러한 상황에서 친미사대주의가 만연하게 되었다.

과연 친일파는 역적이고 친미파는 공로자이고, 일본은 악마이고 미국은 천사인가라는 문제를 재검토하지 않을 수 없다. 결국 관건은 일본과 미국은 우리에게 어떠한 존재인가라는 문제로 귀결될 것이다. 최근 '일제=악마'라는 인식을 극복하려는 시도가 있었으니 소위 식민지근대화론이 그것이다.

식민지근대화론이 경제성장을 현대사의 본질적이며 핵심적인 과제로 설정하는 역사인식에 대해서는 동의하지 않지만, 그 논의에 주목하고자 하는 것은 그 논리의 정합성과 일관성이다. 친일(친일파)과 친미(친미파)는 차이점보다는 공통점이 많거나 나아가 문제의식과 시대인식을 같이하고 있었다는 것이다.

식민지근대화론이나 종속적 근대화론의 공통된 문제의식의 핵심은 다음과 같다. "약육강식, 우승열패의 제국주의 시대에 교육과 산업의 진흥 등을 통해 근대화(서구화, 문명개화, 자본주의화, 세계화)하여 서구열강(선진 자본주의국)을 빨리 따라잡아야 한다. 특히 20세기 자본주의하에서 가진 것이 적고 후진적인 상황에서 서구의 자본과 선진적인 것(제도, 문화, 기술 등)을 수용(모방)하는 것(따라잡기)이 첩경이다. 또 독립과 자주보다는 실력양성(근대화)이 우선이며 양적 근대화가 이루어지면 독립, 자주, 대북 우세에 입각한 반공(흡수)통일 등도 자연적으로 이루어지게 될 것이다. 그리고 평등과 민주주의 등의 가치도 불가피하게 일시적으로 제한되지 않을 수 없다."

결국 친일파와 친미파는 이러한 공통의 문제의식을 가지고 있었기 때문에 해방 후 친일파들이 비교적 심리적 갈등 없이 친미파들로 변신할 수 있었다. 일제 말기에 태평양전쟁하에서 미영귀축(米英鬼畜)을 내세우며 미국과의 성전(聖戰)을 부르짖던 친일파들이 해방 후 미국을 상전으로 모실 수 있었던 것은 대세가 미국으로 기울어 사대의 대상이 미국으로 바뀌었기 때문이다. 패권이 옮겨가면 사대의 대상이 바뀌는 것은 사대주의자에게 당연한 것이다. 또 미국이 친일파들을 활용한 이유로 자신의 이해를 대변할 수 있는 인적 자원이 워낙 제한되고 역관계의 역전이 시급해서, 또 그들이 노예근성에 물들어 있었기 때문에 등등을 들 수 있지만, 더 근본적인 요인은 이들 친일파의 종속적 근대화 노선 때문이었다.

기존 인식에서 친일파의 행위가 친일파 개인 차원의 권력욕, 이기심, 부도덕함, 비겁함, 민족의식 결여의 소치로 협애하게 인식되고 있는 것은 아닌가. 이완용이 며느리와 정을 통할 정도로 부도덕한 패륜아였다는 극단적 인식이나 친일파라고 하면 이완용 같은 소수의 비양심적이고 기회주의적 속성을 가진 상징적인 인물을 연상하는 것은 친일파에 대한 그릇된 인식이 만연하고 있는 단적인 예이다.

친일파와 친미파의 존재형태는 구조적 성격을 가지고 있었다. 정치적·경제적·이데올로기적 차원에서 그들의 존재기반으로 인해 일본 혹은 미국과 긴밀한 관계를 맺지 않을 수 없었던 계급·계층·집단이 있었다. 이들 수혜집단에게는 외세라는 존재가 가끔은 불편하고 자존심이 상하는 타자이긴 하지만, 자신들의 지배와 이익을 보장해주는 후견자였다. 이런 측면에서 사대주의는 물적 기반이 있는 것이고 또한 계급성에 기반한 것이라고 할 수 있다.

또 친일과 친미, 즉 사대주의는 그들의 선택이었고 노선이었다. 친일파와 친미파들은 애당초 자주와 독립에 관심이 없는 별종이 아니었다. 그들은 제국주의의 강력한 포섭력과 위력 앞에서 종속적 근대화로 치우치지 않을 수 없었던 것이다. 그들에게는 당장 독립을 추구하는 것은 희생이 따르고 무모한 비현실적 노선으로 치부되었다. 나아가 선진의 자본과 기술 도입을 위해, 또 공산세력의 침략을 막기 위해 자주성의 양보는 불가피한 것으로 인식되었다.

이들은 시기와 상황에 따라 외세에 저항적 태도를 취하기도 했지만 기본적으로는 외세에 대한 투항으로 귀결되는 문명개화-경제개발-신자유주의 노선, 즉 종속적 근대화 노선을 추구했다. 이 노선을 가장 거칠게 또 선구적으로 대표하는 부류가 이완용 같은 세칭 친일파라면, 세련되고 실천적으로 대표하는 부류는 김성수와 박정희 같은 실력양성론자와 부국강병론자였다. 이들의 고민과 노선 사이에는 건널 수 없는 강이 존재하고 있는 것이 아니라 일맥상통함이 있었던 것이다.

종속적 근대화론은 반공전선기는 물론 한국 근현대를 통관하여 상층권력의 지배적 노선을 이루었고, 또 바로 이 노선은 사대주의 사상과도 맥이 닿아 있었다. 이러한 노선에 입각해서 친일파와 친미파가 존립할 수 있었고 또 강국의 후원하에 지배집단의 골간을 이루었다. 만약 반민족과 사대주의 문제를 소수 개개인의 나쁜 품성과 우연한 선택으로 돌린다면 사대주의 극복 문제는 그다지 우려할 것이 아니다. 소위 친일파 처리는 인적 처리를 넘어 그 물적 기반의 처리이며 동시에 사대주의 노선의 극복이다. 친일과 친미 극복의 중대성과 곤란성 또 그 실패 경험은 그를 관통하는 종속적 근대화 노선이 자리하고 있었기 때문이다. 그런데 평균적인 한국인들은 친일파에 대한 부정적 인식과 친일·친미파들의 노선 즉 종속적 근대화 노선에 대한 적극적 인식이라는 모순된 태도를 취하고 있는 것은 아닌가.

이해의 편의를 위해 필자가 보는 근현대사의 기본 인식틀을 간단히 제시하면 다음과 같다.

조선 후기 이래 근대화는 시대적 급무[時務]였다. 그런데 어떤 내용의 근대화를 추구하고, 어떻게 근대화할 것인가를 둘러싸고 심각한 이견이 노정되었다. 이 중에서 가장 핵심적인 이견은 근대화(문명화·선진화 ↔ 야만)와 자주화(주체·독립 ↔ 종속·예속)의 문제를 어떻게 파악할 것인가였다. 제국주의 시대에는 제국주의로부터의 자주가 가장 중요한 명제였다. 그러나 무조건적이고 배타적인 자주와 주체는 고립·후진·전쟁과 같은 희생을 수반한다. 통시대적으로 화(華, 중심), 즉 제국주의의 위력이란 선진성과 문명을 의미하는 것으로, 그 선진과 문명을 수용하여 야만에서 벗어나는 문명화(근대화) 역시 필수적이다. 우리와 같이 기술·자본·자원도 부족하고 약소국· 후발국인 경우 특히 그러했다. 그런데 문명화에는 자주와 배치되는 종속의 위험이 엄존하고 있었다. 주체적 근대화가 요구되지만 제국주의의 막강한 위력 앞에서 양자(자주화와 근대화)를 겸하는 것은 현실적으로 불가능한 것처럼 보이기도 했다. 제국주의 질서를 강타하며 등장했던 대안적 근대화의 한 형태인 '사회주의적 근대화'라는 세기적 실험도 파탄에 봉착하고 말았다.

결국 근대 이래 우리에게는 기본적으로 두 가지 선택, 즉 두 가지 노선이 있었다. 현실적인 종속적 근대화냐 고통스런 주체적 근대화냐. 그런데 주체적 근대화는 제국주의의 강력한 물리력과 포섭력하에서 부득이 근대화보다는 자주화에 중점이 두어질 수밖에 없었다. 따라서 결국에는 종속적 근대화론과 자주화론 중 양자택일로 귀결되었다.

한국 근현대 전체를 통관하자면 식민지 권력과 정권 및 지배층은 종속적 근대화론에 경도되었다. 소위 문명-개화의 선각자(?)들은 구미·일본의 선진-문명과 자기(전통)의 후진-야만을 극도로 대비적으로 파악했다. 그들은 제국주의 시대에 자주성을 강조하는 것을 무모하고 비현실적인 노선으로 인식했다. 종속적 근대화론이 추구했던 근대화의 실제는 매우 편향된 것이었다. 문명개화운동, 자강운동(애국계몽운동), 실력양성운동(민족개량주의운동), 친일운동, 반공건국운동(단정운동), 경제성장지상론 등이 그러한 예이다. 최근에 등장하고 있는 소위 식민지근대화론도 이러한 종속적 근대화론과 맥을 같이하는 것이다. 종속적 근대화론은 반공과 직결된다. 반공이란 공산체제를 반대하는 것으로서, 자본주의적 근대화를 배타적이고 최고의 가치로 전제하는 것이다. 결국 극우 반공과 반북은 종속적 근대화 노선의 다른 한 표출이었다.

5. 우리는 어떤 노선을 따라왔는가: 해방 이전

후진국 혹은 식민지 경험을 가진 나라들의 근대는 서구적 근대와
는 다르다. 또한 우리는 서구적 민족 형성과는 달리 일찍부터 중앙
집권적 체제하에서 근대적인 민족과 유사한 민족(준민족, 전근대민
족)이 형성되어 있었다. 엄격한 신분제의 존재와 자본주의 발전의
초보적 단계로 인해 완전한 민족 형성에 이르지는 못했지만. 이런
측면에서 우리 역사는 민족 형성 과정의 역사라 할 수 있다. 결국
우리의 근대는 반제국주의와 반봉건이 시대 과제가 되었던 시기라
고 할 수 있다. 반제반봉건운동 과정에서 근대로 나아갔고 또 근대
적 민족이 형성되어갔다.

조선 후기와 개항기에 들어 중화질서하의 자주와 사대의 기본축
에 봉건과 반봉건(근대)이라는 또 하나의 주요한 축이 추가되었다.
이 두 축의 교직을 통해 당시 역사를 설명할 수 있다. 농민전쟁, 의
병운동(이하 편의상 자주화론)과는 달리 문명개화운동, 자강운동(이
하 편의상 근대화론)은, 전통은 야만이고 서구적 근대는 문명이라는
문명개화론에 입각해 있었다. 문명개화론에 경도된 경우, 문명인 제
국주의에 대한 저항에는 약점을 보였고 자기비하와 자기부정, 민중
보다는 일부 엘리트의 자각을 중시함으로써 주체적 근대화를 추구
할 수 없었다.

반식민지 혹은 식민지화한 엄혹한 상황에서 자주화론에 입각한
운동은 철저히 거세되고 잠복되었지만 무장독립론으로 나아갔다.
근대화론은 실력양성운동, 민족개량주의론, 준비론, 외교론, 상해중

심론, 선각지도자중심론과 다른 한편으로 독립군기지건설론, 무장독립론, 만주중심론, 민중중심론을 추구하는 흐름으로 분화되어갔다.

근대화론이 문명개화론에 압도되는 한 준비론과 외교독립론으로 나아가는 것은 자연스러운 귀결이었다. 그러나 식민화가 현실화되면서, 또 3·1운동을 계기로 일부는 무장독립론으로 나아가기도 했다. 3·1운동은 근대화론 계열의 민족주의자들이 주도했던 최고의 운동이었다. 그들은 3·1운동의 성과물인 임시정부의 주도권을 장악했고, 임시정부는 왕정복고 혹은 입헌군주제가 아니라 전형적인 공화제를 천명하여 국호를 대한민국이라 했다. 그들은 3·1운동 전후의 국내외 정세에 고무되어 독립에 대한 기대를 가지기도 했지만 냉혹한 현실을 절감하고 곧 실력양성운동론을 확고히 굳히게 된다. 임시정부 기관지 ≪독립신문≫ 주필이던 이광수가 상해로부터 귀환한 것이 이를 상징하고 있다.

그러나 3·1운동의 폭발적 항쟁과정에서도 나타났듯이, 민중들과 지도부(소위 민족대표)의 노선에는 거리가 있었다. 더구나 준비론과 외교론이 3·1운동 이후 민족개조론, 자치론, 참정권론으로 나아가자 민중들의 반감은 극심했다. 이런 상황에서 민중들의 지지를 대체한 것은 또 다른 근대화론, 즉 사회주의 이념이었다.

임시정부의 공화정 수립에서 상징되듯이 봉건-근대의 대립축은 일단 그 역사성을 다했다. 반봉건의 과제해결이 완료된 것은 아니지만 반봉건(근대) 문제에 관한 한 전반적인 합의를 보았다는 것이다. 이러한 상태에서 봉건-근대의 대립축은 좌-우 대립축으로 교체되었다. 좌는 사회주의적 근대화론이었고 우는 자본주의적 근대화론이었다. 우는 1920년대 초반경 사회주의의 도전 앞에서 스스로를 민족주의자, 민족주의 운동이라 자칭했고, 좌는 '반동적'인 민족주의와 구별하기 위해 사회주의자, 사회주의 운동을 자처했다. 일제 당국도 역시 민족주의 운동과 사회주의 운동이라 나누어 지칭했다. 이로부터 민족주의는 우파(자본주의적 근대화론자)를 상징하는 자타 공인의 용어가 되었다. 좌파와 우파는 용어선택에서도 차이를 보였는데 좌파는 조선, 해방, 혁명, 투쟁 등의 용어를, 우파는 대한, 조국, 독립, 광복 등의 용어를 즐겨 사용했다.

3·1운동 이후 문화통치라는 일정하게 열린 공간하에서 자본주의적 근대화론은 타협-투항적 분파와 비타협-저항적 분파로 분화되었다. 타협-투항적 분파의 등장은 일제가 노렸던 바로 민족분열정책(분할통치)의 성과였다. 이 분파는 이후 일제의 식민통치가 강화되면서 민족적 성격이 억제되고 대부분 반민족행위자로 전락하고 말았다.

민족해방전선에서 좌파(사회주의적 근대화론)가 우세를 점하고 있었던 것은 공지의 사실이다. 이런 사태가 전개된 데는 후진적인 상황, 가혹한 일제의 식민통치, 소련의 식민지 민족 해방에 대한 관심과 지원 등 여러 가지 이유가 있지만, 외견상 결정적인 이유는 사회주의자들이 일제에 대해 더 민중적이고 저항적이었던 점 때문이었다. 자본주의적 근대화론이 제국주의의 강력한 위력 앞에서 자신들의 노선과 존재조건으로 인하여 투항적·종속적 측면을 드러냈던 것에 비해, 사회주의적 근대화론은 제국주의 질서 자체를 전면 부정하는 논리였기 때문에 더 투쟁적이었다. 일제도 사회주의 운동을 가장 가혹하게 탄압했다. 그래서 '민족해방운동가＝치안유지법 위반자＝사상범＝사회주의자'라는 도식이 통용될 정도였다.

그러나 이러한 좌우의 차이와 대립은 민족과 반민족의 그것보다는 비본질적이었다. 해방 직후에 단적으로 드러났듯이 좌우를 크게 가리지 않고 민족진영에 정당성이 부여되었다. 이념과 노선의 정당성 여부를 떠나 일제에 대한 저항 여부가 중요했다. 일제에 대한 저항을 가장 명시적으로 보여주는 증거는 치안유지법 위반이었고, 또 감옥살이 여부였다.

이와 같이 일제 시기에는 민족-반민족이 전선을 가르는 가장 중요한 기준이었다. 좌와 우가 대립 갈등하기도 했지만, 한편 신간회, 근우회, 조국광복회 등의 사례와 같이 공동의 적인 일제에 대항하기 위해 공동전선을 형성하기도 했다. 이념과 체제의 차이를 넘어 민족독립(자주)을 추구한 민족통일전선, 즉 민족운동진영이 바로 진정한 민족주의의 구현자로 인식되었다.

6. 우리는 어떤 노선을 따라왔는가: 해방 이후

우리의 현대(당대)는 해방 이후이고 그 성격을 집약적으로 표현하자면 분단시대다. 그러나 반제반봉건이란 근대적 과제가 여전히 미해결된 상태이므로 엄격히 말하자면 우리의 현대는 근대의 연장이라 할 수 있다. 그러나 해방 후 토지개혁과 농지개혁, 한국전쟁, 산업화 등을 통해 반봉건 문제는 일단 부차적 지위가 되었다. 반봉건 문제 대신에 분단극복(통일)이 추가되어 우리의 현대에는 자주와 통일이 시대과제가 되었다. 그런데 남한의 현대에는 반공이 시대과제로 대체되었으니 반공시대라고 칭할 수 있을 것이다.

건국준비위원회의 조직과 구성은 민족진영의 실체를 단적으로 보여주었다. 그러나 미·소 양군의 분할점령과 분단은 기존의 민족-반민족이란 기본 대립축을 해체시켰다. 앞서 본 대로 좌우가 심각하게 불균형을 보이고 있었기 때문에 미국과 극우로 구성된 종속적 근대화론 계열은 반공전선을 형성하여 좌익진영과 민족전선에 공세를 가함으로써 역전을 기도했다. 소위 임정봉대론(臨政奉戴論)과 반탁운동도 반공전선 구축의 일환이었다. 냉전의 심화는 이러한 좌우대립, 남북대립의 구도를 더욱 심각한 상황으로 몰아갔다.

분단으로 인해 통일민족국가 수립이라는 과제가 부각되었다. 남북협상 등 통일정권을 수립하기 위한 열망과 노력에도 불구하고 결국 분단정권 수립과 국가보안법의 입법은 반공전선의 승리와 기존의 기본 대립축(민족-반민족)이 좌우 대립축으로 대체된 것을 공식적으로 확인한 것이었다. 자주와 통일 등 민족적 가치가 아니라 이데올로기적 가치, 즉 반공이 국시가 되었다. 안중근과 윤봉길의 살인행위가 민족자주(해방, 독립)의 이름으로 정당화되었듯이, 반공테러(빨갱이 사냥)가 반공과 멸공의 이름으로 정당화되는 지경이었다. 인권침해와 기본적인 자유와 생존권의 유보 나아가 독재체제도 반공의 이름으로 용인되었다. 김일성 가짜론과 같은 역사날조극이 반공의 이름으로 통했다. 민족적 정당성을 결여한 악질 친일파들조차 반공전사로서 지배와 권위의 근거를 확보했다. 주한미군의 주둔과 작전권의 이양 등과 같은 자주성에 대한 치명적인 손상도 반공의 이름으로 문제시되지 않았다.

1949년 6월의 국회프락치사건, 반민특위 특경대 무장해제, 김구 암살 등 일련의 반공 공세로 반공전선은 일단 주도권을 장악했다. 한국전쟁은 이러한 반공전선을 더욱 고착시키는 계기로 작용했다. 전쟁이란 극단적 상황하에서 민족은 무력했고 이념(반공)은 신성화되었다. 1950년대 말의 책자들에서 볼 수 있는 '우리의 맹세'문에서도 그러한 사정을 단적으로 살필 수 있다. 국가보안법의 엄존은 반공전선이 여전히 주도권을 장악하고 있음을 실증하고 있다. 이러한 반공전선하에서 반공에 배치되는 어떠한 조직과 실천은 물론 사상조차 존립을 부정당했다. 물론 미국이 반공연합전선의 주력이었

<그림 1> 근현대 전선의 성격과 전환

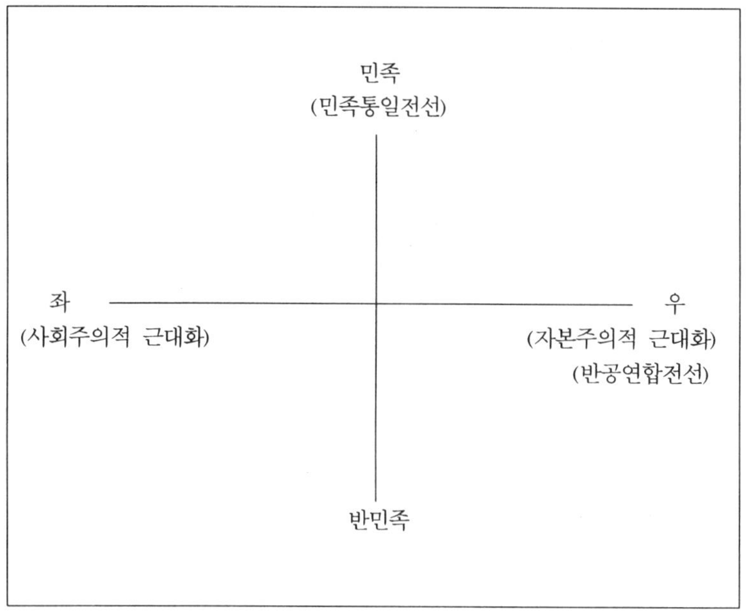

고 위계질서상 최정점에 있었다.

이제는 반공전선을 전제한 상태에서 종속적 근대화의 여러 가치 중 어느 가치를 중점적으로 추구하느냐에 따라 민주 대 독재라는 전선이 형성되었다. 민주전선(민주-독재)은 현재까지도 가장 중심적인 전선으로 현상화되어왔다.

남한 정권의 정당성과 기반의 취약성은 한국전쟁을 통해 부분적으로 보완되었지만 여전했다. 이승만 정권은 경찰, 군대 등의 물리력과 청년단, 학도호국단, 노농단체 등의 대중동원을 통해, 또 북진통일론과 반일민족주의 등의 이데올로기 공세를 통해 권력을 유지할 수밖에 없었다. 일민주의와 같은 파시즘적 민족주의를 통해 정당성을 보완하려 했지만 미국의 견제와 실제와의 모순으로 인해 폐기하고 말았다. '국가지상 민족지상'을 내걸었던 이범석 등 족청계(族靑系)의 거세도 같은 맥락에서 볼 수 있는 측면이 있다. 그러나 권력의 배타적 본질과 이승만의 독선으로 말미암아 반공전선에 동참했던 세력 중 일부가 체제내적 비판 태도를 취했다. 여당의 필요성이 제기되어 자유당이 결성된 것에 조응하여 야당인 민주당이 결성됨으로써 양당제도가 형성되었다. 야당과 대다수 지식인들은 이승만 정권과 그 독재에 비판적이었지만, 체제(반공)문제에 관한 한 여전히 단호했다. 미국도 역시 그러했다. 민주당 창당과정에서의 조봉암 배제, 진보당과 조봉암의 평화통일론과 4월혁명 이후 혁신계와 학생들의 통일운동에 대한 반공전선측의 단호한 대응이 그 단적인 사례들이다.

3·15부정선거와 같이 최소한의 자유민주주의적 형식조차 무시되는 것에 대한 저항이 폭발하여 4월혁명이 시작되었다. 4월혁명을 촉발시킨 것은 민주적 가치를 중시한 학생·지식인들이었고, 이들을 후원하고 정권몰락에 최종 마무리수를 둔 것은 미국이었으며, 그 열매를 주운 것은 야당인 민주당이었다. 이들 삼자 역시 친미-반공전선의 동맹군들이었다. 그런 점에서 4월혁명의 발발은 반공전선 내에서의 주도권 다툼에 불과했다.

그러나 4월혁명은 점차 그 이상으로 나아갔다. 민중들은 집단화되어 있지 않았고 그 대변자도 갖지 못했다. 권위주의적 정권의 몰락에 따른 공백과 민주당 정권의 기반과 명분의 취약성, 신구파의 분열에 따른 약체성 등으로 인해 제한적이지만 열린 공간하에서 민족주의의 이름으로 민족적·민중적 요구가 폭발했다. 혁신계와 선진적인 학생들의 새로운(북진통일론이 아닌) 통일론의 등장, 한미경제협정 반대와 행정협정 체결 촉구운동, 2대 악법 반대운동, 피학살자 유가족들의 활동, 교원노조 결성 등이 그것이다.

이승만 정권기에 친일파에 대한 공개적인 거론과 독립유공자에 대한 포상은 거론될 수 없었고, '민족주의'라는 용어조차 금기시되었던 사실을 감안하면 민족주의의 부활은 심대한 의미를 가지고 있었다. 기존 체제가 민족전선을 부정하며 성립·유지되었던 것은 잊혀지기에는 가까운 과거사였다. 그래서 이승만 정권 후기에는 민족주의라는 용어로 자기 정당성을 분식할 수조차 없었다.

민족주의의 부활은 기존 공고해 보이던 반공전선을 위협했다. 4월혁명의 민중적 민족주의는 쿠데타에 의해 단절·왜곡되고 말았지만 이후 민족운동의 시금석이 되었다. 4월혁명은 좌절된 혁명이지만 계속되는 혁명이었다. 이러한 역사적 경험이야말로 오용되고 왜곡된 한국 민족주의 역사에도 불구하고 민족주의가 주목받는 이유다. 해방 후 즉 신식민지 시기 혹은 분단시대의 진정한 민족주의는 민족전선의 구축이었다. 다시 말하자면 민족주의가 강고한 반공전선하에서 자주와 통일을 지향하는 민족전선 회복에 일조할 수 있다는 점이다.

민족주의가 다시 부상하는 상황에서 민주당 정권은 반공전선을 유지·강화하기 위해 반공법과 데모방지법 입법을 추진하기도 했다. 사사건건 파쟁을 벌이던 민주당 신구파도 민족주의의 부활에 대해서는 과민한 반응을 보였다. 당시 여론 주도 잡지인 ≪사상계≫의 필자들을 비롯한 대부분의 지식인들도 그러했다. 미국이란 존재는 한국전쟁을 통해 반공의 화신이 되었고 나아가 4월혁명을 통해 민주의 화신으로 부각되었다. 1960년 6월 아이젠하워 미 대통령 방한 시의 환영 열기는 인상적이었다. 미국에 의해 이승만 정권이 붕괴되는 것을 목도하면서 미국은 더욱 결정적인 존재로 인식되었다. 미국 대사관이 미국 총독부라는 말이 떠돌기도 했다.

한편 민족주의의 부활에 따른 반공전선의 위기는 비상한 방식의 반공진영의 강화를 초래했으니 그것이 바로 군사쿠데타였다. 그 점에서 5·16쿠데타는 반공진영의 역공세이자 반공진영 내의 주도권 교체였다. 혁명공약과 혁명재판에서 그 친미-반공의 본질은 분명히 드러났다. 미국도 쿠데타가 친미-반공전선을 위협하지 않는다는 판단하에 쿠데타를 현실로 인정했음은 물론이다.

당시 군대는 한국 사회에서 가장 과대성장되어 있었고 조직화되어 있었고, 우리 사회에서 가장 친미-반공화·근대화되었지만 또한 가장 부패된 부분이 병존하고 있었다. 쿠데타 핵심 주체들의 쿠데타 동기는 진급과 보직 등에 대한 개인적 불만, 권력욕에 있었다. 그러나 이들은 제3세계 청년장교들이 그러했듯이 고급장성들에 비해 덜 친미적이었고 하층출신이 다수였다. 그런 측면에서 쿠데타 주체들은 민족적·민중적 요소도 부분적으로 갖고 있었다. 1950년대 말 1960년대 초에 전세계적으로 빈발했던 여러 쿠데타들도 민족적 경향을 보이고 있었다. 그리고 5·16쿠데타는 4월혁명의 민족적 열기를 전적으로 부정하고서는 민심을 장악할 수 없었다. 그러나 5·16쿠데타에 내포된 이러한 민족적·민중적 요소는 곧 거세되고 말았다.

미국은 1950년대 말부터 후진국의 새로운 사회지배세력으로 '젊고 농촌 출신의' '이전의 생산관계와 연결되지 않은' '친서구적이며 비공산주의적'인 엘리트 군인들을 적극 인식하기 시작했고, 또 민족주의를 후진국의 경제개발계획을 실행할 수 있는 주요한 동력으로 파악하는 경향이 있었다. 특히 케네디 정권 시기에 들어 그러한 정책이 실제로 추진되었고 그러한 상황하에서 5·16쿠데타가 감행되었다. 그러나 미국이 엘리트 군인들과 민족주의를 적극 평가하고, 5·16쿠데타를 묵인 내지 방조한 것은 기본적으로 반공전선의 유지·강화라는 최고가치를 전제하면서 반공의 물적 기반을 구축하고자 하는 시도였다. 엄혹한 냉전질서하에서 민족주의적 요소는 압살되거나 사회주의권에 편입될 수밖에 없는 운명이었다. 후진국의 민족주의는 필연적으로 미국의 범위와 반공전선에 배치되고 이탈할 수밖에 없는 것이었으므로.

미국은 민족적 경향이 친미반공전선에서 일탈할 가능성을 익히 알고 경계했다. 그리고 쿠데타 주체세력들의 민족적 요소를 철저하게 발본색원했다. 우선 김종필·김용태·박희범·유원식 등 박정희 주변인물들 중 민족주의적 성향이 있는 인물들을 거세하여 박정희를 이들로부터 고립시켰다. 그리고 이후락·박종규·정일권·김현철 등 친미-반공인사들을 박정희 주변에 배치했다. 황태성 간첩사건과 황용주 필화사건 등은 미국을 비롯한 반공진영의 박정희 정권에 대한 견제를 단적으로 보여주고 있다. 박정희 역시 경력상의 하자(좌익경력) 및 쿠데타의 절차적 비정당성, 친미-반공전선의 강고함에 직면하여 민족주의적 요소를 억제 혹은 거세당하지 않을 수 없었다. 박정희 정권은 결여된 정통성을 경제성장을 통해 보완하려 했고, 결국 반공법 제정, 경제개발계획, 한일회담, 월남파병 등에서 보듯이 확고하게 친미-반공과 산업화를 중심으로 한 종속적 근대화로 치달았다. 미국도 박정희 정권은 물론 이후 정권의 이러한 경향성을 적극 활용 혹은 평가하여 독재와 반인권까지도 묵인했다.

박정희 정권과 이전 정권(이승만 정권과 민주당 정권)의 성격을 간단히 정리하면 다음과 같다. 이들 삼자는 모두 반공전선 내의 권력으로서 종속적 근대화를 추구했다. 그런데 종속적 근대화를 추구하는 데서 약간의 차이를 보였다. 앞서 정의했듯이 근대화라는 것은 민주화와 산업화, 즉 정치적 자유의 확보(민주화)와 경제적 빈곤의 극복(산업화)이 그 핵심을 이루고 있다. 이승만 정권은 근대화의 두 측면에서 모두 실패했다. 민주당 정권이 민주화에 중점을 두었던 데 비해 박정희 정권은 산업화에 중점을 두었다. 이승만 정권과 민주당 정권이 서구적 가치에 압도되어 있었다면 박정희 정권은 덜 서구적이었다. 박정희 정권은 결여된 정당성을 보완하기 위해, 기존 정권과의 차별성을 드러내기 위해, 근대화 추진과 동원을 위해 '민족주의'적 구호를 내걸기도 했다.

박정희 정권 초반의 민족적 측면, 즉 기존 정권과의 차별성은 군사정권에게 부담이 되기도 했지만 이점이 되기도 했다. 박정희측은 서구적 민주주의 대 민족적 민주주의(1963년 선거), 수구파와 전진세력의 대결(1967년 선거)이라는 구도를 강조했다. 이러한 시도는 행정적(지도받는) 민주주의, 민족적 민주주의, 한국적 민주주의 등으로 이론화되어 나타났다. 서구식 자유민주주의의 허구성에 실망한 진보적·민족적 인사들조차 군사정권에 기대를 걸기도 했다. 그러나 한일회담 졸속 추진, 월남파병, 삼선개헌, 유신체제(↔ 7·4공동성명) 등에서 보듯이 결국 박정희 정권의 민족적 측면의 허구성은 분명해졌다. 한국적 민주주의·민족중흥·조국근대화 따위의 민족주의적 조어들은 경제개발과 산업화를 추진하기 위한, 혹은 영구집권과 강권통치를 위한 구실임이 분명해졌다. 이후 반박정희의 상징적 인물인 장준하와 김지하 등이 본격적인 비판을 시작했으며 일부 대학생들은 민족적 민주주의 장례식을 거행하기도 했다. 군사정권 초반기에는 모순된 양 측면(민족적-반공적)이 공존하고 있었지만, 냉혹한 현실 앞에서 민족적 측면은 거세·좌절되고 결국 친미-반공전선 내의 파시즘으로 귀결되었다. '종속적 근대화=반공=친미노선'하에서 '경제발전=수출지상주의=산업화'라는 과제가 절대화되면서 민족문제(자주화·통일)뿐 아니라 민주화, 평등(계층·지역·성차별), 평화, 환경 등 나머지 과제들은 무시되거나 부차적인 것으로 치부되었다.

5·16쿠데타 이전 권력이 서구적 민족주의와 민주주의를 추구했다면, 박정희 정권은 파시즘적 민족주의를 추구했다. 5·16쿠데타를 계기로 주도권도 기독교-서북에서 군부-영남으로 점차 이양되었다. 양자는 반공적, 비민족적, 비민중적 민족주의라는 측면에서 공통성이 있었지만 말이다. 박정희 정권의 민족주의는 파시즘 중에서도 일본 군국주의와 유사했다. 일제의 총동원체제와 유신체제는 거의 쌍생아였다. 생산력 발전과 체제의 효율성을 위해 병영국가와 같은 총동원체제를 구축했고, 이를 위해서는 어떠한 비상조치도 불사했으며 또 이에 배치되는 어떠한 가치도 희생시켰다. 고지 탈환을 위한 군사작전에서 수단과 방법을 가리지 않듯이. 남한의 유신체제, 북한의 유일체제, 일본의 총력전체제는 군사적 파시즘체제라는 측면에서 유사한 것이었다.

7. 맺음말: 민족전선의 회복을 위해

최근 한국을 떠나고 싶다는 푸념을 자주 듣게 된다. 중고등학교 학생들을 대상으로 한 여론조사에 의하면 다시 태어난다면 한국에서 태어나고 싶다고 답한 비율이 22.1%였다고 한다. 결국 열에 여덟은 한국에서 다시 태어나고 싶지 않다는 것과 더구나 미국에서 태어나고 싶다는 비율(25.3%)이 오히려 한국을 택한 비율을 상회했다는 것은 충격적이다. 이 여론조사의 신빙성에는 의문의 여지가 있지만 신세대에게 우리 민족과 국가에 대한 정체성·소속감·애정이 얼마나 희박한가를 엿볼 수 있다. 신세대들만이 아니라 기성세대와 또 우리 사회를 지배·유지하고 있는, 많이 가지고 배운 자일수록 자기 역사, 민족, 국가에 대한 관심과 애정이 더욱 결여되어 있다.

우리는 서구적 근대화, 그 중에서도 산업화를 최고의 가치로 추구해왔다. 미인을 선발하는 데도 8등신의 서구적 기준이 적용되고 있고, 학문에서도 거의 서구 이론을 추종했고 서구적 용어를 번역하거나 혹은 그대로 차용했다. 번역어조차 우리가 주체적으로 생산해본 적이 거의 없다. 서구에서 일단 정립된 근대적인 용어들은 일본이나 중국을 거쳐 한국으로 수입되었다. 일본이나 중국은 번역과정에서나마 자기 고민의 기회와 주체화할 가능성이라도 있었지만 우리는 그런 고민도 없이 남의 것을 그대로 차용했다. 서구는 자기의 독특한 역사와 현실을 배경으로 근대적 이론을 구축했고, 중간 매개자로서의 일본과 중국은 자기의 역사와 현실을 배경으로 서구의 근대적 이론을 수입하여 번역했던 것이다. 결국 우리는 이중의 왜곡과 식민화를 감수할 수밖에 없었던 것이다.

한국의 근대 학문사란 거의 서구 이론의 수입·적용사라 단언해도 과언이 아니다. 서구 이론 특히 최신 이론이 가장 좋고 선진적인 것으로 인정되었다. 당연히 서구 이론을 직접 접할 수 있는 서구 유학파들이 학계를 장악했다. 그런데 서구 이론을 수입·적용하여 우리 역사와 현실에 적합하게 설명하고 타개하는 데는 실패하고 말았다고 단정하면 단견일까. 이러한 문제가 초래된 것은 우리의 근대 학문 역사가 일천하여 연구자층이 두텁지 않고 학문적 수준이 높지 않았던 소치도 있겠지만 근원적으로는 우리의 역사적 현실에 대한 충분한 고민과 이해가 부족했던 소치일 것이다. 우리의 역사와 현실에 대한 관심, 공부, 이해가 전제되지 않은 서구 이론의 수입과 적용은 개인적으로 지적 유희에 그치지만 대사회적으로는 심대한 과오를 초래할 우려도 있다. 혁명과 개혁이 한창 논의되던 열정적 분위기에서 그나마 유지되고 있던 한국학에 대한 관심이 최근 퇴조하고 있는 양상을 우려하지 않을 수 없다.

우리의 계몽사상가들, 독립운동 지도자들, 사회주의 활동가들, 민주화운동가들, 혁명운동가들 역시 선진(?) 이론을 모방하고 외부의 권위를 빌려 노선을 정하고 조직을 꾸리는 식의 폐해가 심각했다고 하면 과언일까. 간단히 말하자면 외국 원서·경전·원전·교시 몇 페이지 몇 째 줄에 있으니 옳고 그대로 따라야 한다는 식이었다. 왜 우리는 근대 이후 창조적인 사상가와 실천가를 배출하지 못했는지를 뼈저리게 반성하지 않으면 안된다. 최근 서구적·학문적 권위를 배경으로 등장하고 있는 논의들을 비판적으로 성찰해야 한다. 한편 기성의 가치와 이념들이 우리의 대안일 수 없다고 해서 이 엄혹한 시기에 우리의 진로를 진지하게 모색하는 것을 포기해서도 안된다.

진지한 모색과정에서 다양한 이견들이 공정한 경쟁을 통해 자기주장의 정당성을 확보해가는 과정은 필수적이다. 최근에 논쟁을 다루는 시사 프로그램들이 인기를 끌고 있다. 이전까지는 공정한 경쟁의 기초적 조건인 공개적 논쟁조차 존재하지 않았던 현실, 건전한 상식이 통하지 않았던 현실을 고려하면 논쟁이 활발하게 전개되고 있다는 것은 일단 바람직한 현상이다. 이제 거짓과 편견에 기초한 주장은 설득력을 가질 수 없고 경쟁에서 이길 수 없게 될 것이다.

최근 남북관계와 한미관계의 전환을 상징하는 획기적인 사건이 이루어지고 있다. 김대중 대통령의 방북, 6·15 남북합의, 북미-북일 협상의 진전, 국가보안법 개폐논의, 노근리사건 조사, 양민학살 문제, 매향리 사격장 문제, 휴전선 일대의 고엽제 살포와 한강 독극물 방류 문제 등 환경오염 문제, 한미행정협정 개정 문제 등이 거의 동시에 제기되었다. 이는 역사상 유례를 찾을 수 없는 충격적 사태이다. 혼돈스럽기까지 한 이러한 현상은 일부 논자들의 위기감 표출과는 달리 기본적으로 정상적인 상태로의 복귀로 나아가는 과정이다. 그러나 그 과정에는 반동과 우여곡절이 없을 수 없고 난제들이 수두룩하다. 진전이 지지부진한 행정협정문제만 해도 그러하다. 1950년 소위 대전협정에 의해 미군 당국의 일방적인 형사재판권을 인정했다. 그로부터 16년이 지난 후인 1966년 한미행정협정이 그나마 체결되었고, 다시 25년이 흐른 후인 1991년에야 부분적인 개정이 있었다. 최근 개정을 위한 협상이 전개되고 있지만 낙관적 전망을 불허한다. 한미행정협정은 그 정식 명칭 즉 '대한민국과 아메리카합중국간의 상호방위조약 제4조에 의한 시설과 구역 및 대한민국에서의 합중국 군대의 지위에 관한 협정(한미주둔군지위협정)'에서 살필 수 있듯이 한미상호방위조약과 불가분리의 관계에 있다. 이 조약은 미군이 한국에 주둔하는 법적인 근거로서 '이 조약은 무기한 유효하다(제5조)'는 문구 등 핵심적인 사항들을 포함하고 있다. 냉전시대의 산물인 한미상호방위조약에 대한 근본적인 수정 혹은 폐기를 전제하지 않고서는 문제의 근본적인 해결은 불가능한 것이다.

우리는 '반공'이라는 국시하에서 이를 담보하는 '친미', 즉 불가분리의 반공-친미의 신화를 절대적 진리로 신봉해왔지만 이제는 그 신화의 환상과 고정관념에서 차츰 이성의 눈으로 역사와 현실을 바라보게 되는 과정에 있다. 이제 우리는 반공-친미의 신화와 고정관념에 구애되었던 것에 대한 철저한 자기 반성에서 출발해야 한다. 제국주의 시대의 최고 가치는 민족적 가치이다. 더구나 탈냉전의 추세를 감안하면 민족적 가치에 대한 주목이 더욱 요구된다. 전세계적으로 냉전체제가 해체된 상황에서도 한반도에서는 여전히 냉전체제가 엄존하고, 냉전적·반공적 노선에 입각한 통일 가능성이 있지만 결국은 한반도의 냉전체제도 완화 혹은 해체될 것이다. 이러한 상황에서 냉전시대에 조응하던 극단적인 반공전선론은 시대착오적 국면에 처하게 될 것이므로 반공을 대체할 수 있는 가치를 민족에서 발견하는 것이 요구된다. 또 한반도는 지리적으로 미·일·중·소 등 4대 강국의 틈바구니에 위치하고 있으므로 민족적 정체성의 확보가 더욱 요구된다.

한국 근현대사와 지역주의

김만흠

1. 한국 지역주의의 인식론적 쟁점

　1987년의 대통령 선거 이래 주목을 받기 시작했던 이른바 한국의 지역주의 현상은 여전히 우리 정치의 쟁점이 되고 있다. 한국의 지역주의 현상에서 무엇보다 두드러진 특징은 말로는 대부분의 국민들이 지역주의를 비판하는 것처럼 보이면서도 그 양상은 그대로 지속되고 있다는 것이다. 이 글에서는 먼저 지역주의에 대한 외형적 비판과 지역주의의 현실이라는 이중적 구조가 지속되고 있는 배경을 살펴보는 것에서부터 출발하려고 한다.

　한국의 지역주의처럼 지속적인 비판과 개선의 대상으로 지목되면서도 그 현실이 개선되지 않고 있는 사회현상들이 허다하다. 이를 두고 흔히 고질적이라고 한다. 그러나 다른 한편으로 사회문제에 대한 진단과 처방들이 효과를 보지 못하고 있는 경우에는 그 진단과 처방이 비현실적이거나 부적절했기 때문일 수도 있다. 이런 점에서 본다면 사실 우리 사회의 지역주의에 대해 모두가 비난하는

듯이 보였지만, 현실사회의 조건에서 한국의 지역주의가 왜, 무엇이 문제인가에 대해서는 분명치 않거나 서로 다른 견해들을 보이고 있었다. 예컨대 16대 총선에서도 이구동성으로 지역주의의 극복을 말했지만, 과연 어떤 선거결과가 나왔을 때 지역주의가 극복되었다고 볼 것인가를 생각해보면 그 실체가 불분명한 것이었다. 물론 추상적으로는 각 정당들에 대한 지지가 지역적으로 고루 분포되는 것을 두고 지역주의가 극복되는 것으로 생각하는 것처럼 보였다. 그러나 이는 애초에 불가능한 것이었다. 선거에 임하는 정당과 후보들은 가급적 많은 득표를 하려고 노력하게 마련이며, 그것은 지역주의에 기반한 정당체제에서 지역주의의 극복 방향에 반하는 것일 수밖에 없기 때문이다.

　이런 현실의 배경에는 한국의 지역주의에 대한 인식론적 한계가 작용하고 있다. 우선 지역주의에 대한 진단에서도 지역주의 구도가 대체로 반복되고 있다는 것이다. 다시 말해 '지역감정'을 비판하는 사람들도 지역감정의 구도를 크게 벗어나지 못하고 있다는 것이다.[1] 이런 가운데 한국의 지역주의를 진단하는 데 있어서는 상식 수준의 사회과학적 지식이나 경험도 제대로 적용되지 못하고 있는 경우가 많다는 것이다. 과도할 정도로 이론이 풍부한 것처럼 보이는 것이 한국 사회과학계의 경향인데, 유독 지역주의에 대한 적용에 이르러서는 그러한 지식과 이론이 사라져버리거나 무용해져버리는 것 같다. 지역주의에 대한 진단에서 비로소 한국 사회과학계의 관념적이고 비현실적인 경향의 한계가 그대로 드러나고 있는 것인지, 아니면 여타 사회과학적 지식과 이념이 각자의 지역주의적 당파성이라는 현실 앞에서 무력화되는 것인지 모르겠다.

---

　1) 지역감정 구도와 맞물려 있는 지역주의 관련 개념 및 그동안의 논의에 대해서는 김만흠(1997: 123-136) 참조.

지역갈등, 지역감정, 지역차별, 지역패권 등 지역주의와 관련된 여러 개념이 말해주고 있듯이, 사실 한국의 지역주의는 사회현상에 대한 학술적 분석이나 실천적 인식과 관련된 여러 문제가 복합적으로 결합되어 있다. 예컨대 지역갈등에 초점을 둔다면, 사회갈등을 어떻게 수렴하고 해소할 것인가에 일단 주목해야 할 것이다. 지역차별에 초점을 둔다면 차별의 해소에 주목해야 할 것이다. 그런데 지역주의를 병폐라면서 무조건으로 비판하는 경향이 지배적이었다. 지역주의가 가장 구체적으로 드러난 선거정치 과정에 대한 논란에서도 마찬가지다. '국민의 뜻'을 유난히도 강조하는 것이 우리나라의 풍토인데, 국민의 뜻이 가장 구체적으로 나타난 선거에서 국민의 뜻을 지역주의라고 비판해버린다. 물론 지역주의에 따른 선거결과가 한국 정치의 딜레마가 되고 있다. 이 경우에도 유권자의 의사를 비판하기에 앞서 이런 딜레마를 해소하기 위한 체제나 제도 등의 개혁을 당연히 생각해야 할 것이다.

물론 전문적인 지식과 경험이 뒷받침된 진단과 연구들도 상당히 있다. 이 글은 전문가들이 아닌 일반 대중을 상대로 한 것이지만, 관심 있는 사람들을 위해 한국의 지역주의에 대한 연구에서 주목받아 오면서 각기 다른 특징을 보여줄 만한 대표적인 학자 및 전문가 몇 사람의 경향과 내용을 간략히 소개하겠다. 남영신(국어 학자, 어문운동가), 최장집(고려대 정치학 교수), 강준만(전북대 언론학 교수), 손호철(서강대 정치학 교수), 조기숙(이화여대 정치학 교수), 황태연(동국대 정치학 교수) 등이 그들이다.

남영신은 전통사회 이래의 역사적 과정과 박정희 이래의 정치전략에 대한 분석을 토대로 한국 지역주의의 문제가 영남의 지역패권주의에 있으며, 지역패권주의 전략은 호남에 대한 배제와 편견의 동원 전략과 맞물려 있음을 지적하였다. 그는 책의 부제인 '민족통합을 위한 고언(苦言)'이라는 말이 시사하듯이 다루기가 조심스러운 지역감정의 구도 속에서 '지역패권주의'라는 말을 공론화시키면서 이를 비판하고 극복과제로 제기했다(남영신, 1992).

강준만은 남영신의 시각과 비슷하나 한국 지역주의 문제의 핵심이 그것을 재생산하고 있는 지식사회와 언론에 있음을 논자들의 구체적 '문건'과 행태를 통해 공격적이고 끈질기게 비판해오고 있다. 푸코(M. Foucault)의 '지식-권력론'이나 마르크스주의자들의 이데올로기론이 지적하고 있듯이 그 사회의 지배체제는 그 사회의 지식과 이데올로기에 의해 재생산되고 있을 때 안정적으로 유지된다. 이런 점에서 한국 지식인 및 언론인의 지역감정과 지역주의가 한국 지역주의 구조의 중요한 부분이자 재생산 기제라는 강준만의 지적은 매우 적확한 진단으로 보인다.[2] 강준만의 이런 입장은 김대중 집권 이후에도 여전히 유효하다. 다만 그는 집권 이후 지역감정 구도에 안이하게 대응하는 김대중 대통령과 전라도 사람 자신들의 문제에 대해서도 비판적인 지적을 하고 있다(강준만, 2000).

최장집은 한국의 지역주의가 박정희 정권 이래 집권세력의 지배 전략에 의해 비롯된 것으로 파악하고, 지역주의를 형성하는 지역감정을 용공의식과 호남에 대한 편견이 동원된 지배이데올로기라고 비판하고 있다. 그리고 지배블록의 교체를 실천적 대안으로 제시했다. 또한 그는 지역주의에 한국 사회의 지배-피지배의 핵심 구조와 이데올로기가 담겨 있음을 지적하면서도, 결론에 이르러서는 우리 모두가 지역주의를 넘어서야 한다는 양비론으로 마무리하는 경향을 보여왔다(최장집, 1996a; 1996b).

손호철은 3김정치로 표현되는 정당정치의 비민주성이라는 한국

---

2) 강준만(1995a; 1995b) 및 『인물과 사상』 시리즈, 특히 8권의 「'DJ살리기' 와 'DJ죽이기'의 책들을 분석한다」 참조.

지역주의의 역기능에 주목하면서 이를 비판해왔다. 3김정치는 지역주의 구도의 산물이기도 하지만 1987년의 민주화운동 이후에는 오히려 지역주의를 심화시키는 원인이 되었다면서 3김정치의 청산을 강조해왔다. 손호철은 호남 지역의 소외상황과 이에 따른 진보성을 주장하면서, 한때는 호남의 진보성이 김대중을 매개로 이루어졌지만 1987년 이후에는 그것이 오히려 김대중에 의해 왜곡되고 있다고 보고 호남의 유권자들이 김대중의 헤게모니로부터 벗어나야 한다는 것이었다(손호철, 1996a; 1996b). 그는 오늘날의 지역주의 구도가 형성되는 데는 1987년 13대 대선에서 양김의 분열이 결정적 요인이었다고 주장하고 있다(손호철, 1999: 292-293). 손호철은 진보정당의 성장을 통해 지역주의 문제를 해결할 수 있다고 보고 있는 것 같으나, 현실적으로는 지역주의가 제기하고 있는 문제 해결은 간과한 채, 결국 지역주의를 양비론적으로 비판하고 있다. 더구나 그의 비판이 김대중에 집중됨으로써 현실정치에서 결과적으로 전통적 집권여당을 옹호하는 것이 아니냐는 논란을 일으켰다.

황태연은 호남이 지역주의를 벗어나 진보적 실천을 해야 한다는 손호철의 주장과 달리 호남의 지역성에 여타 지역의 진보성이 결합해야 한다는 것이다. 그는 역사적·경험적으로 지역은 정치경제적 권력의 체계로서 현실적 범주이며, 이런 면에서 한국의 지역주의도 정치적 지배와 피지배, 패권과 저항의 의미에서 파악해야 한다는 것이다. 패권은 영남의 지배세력에 의해 행사되고 있으며, 여타 지역 그리고 영남의 서민은 그 패권체제에 의해 소외되고 있다는 것이다. 따라서 저항적 지역주의의 축이라 할 수 있는 호남과 여타 지역의 서민(때로는 진보세력)이 연합해서 새로운 정권을 창출해야 한다는 주장이었다(황태연, 1997). 황태연의 주장은 지역주의를 하나의 실체로 간주하면서도 영남의 경우에는 그것을 지배세력과 서민으로 구분할 수 있다고 본다거나, 호남에 대한 편견과 배제 자체가 한국의 지역주의의 핵심 문제인데 호남과 여타 지역과의 연합이라는 해결과제를 해결전략으로 주장하고 있는 점 등에서 너무 자의적이라는 지적도 있었다.

조기숙은 한국의 지역주의를 비정상적이고 비합리적인 현상으로 보면서 비판하는 경향에 대해 반박하고, 각 지역의 지역주의적 행태가 주어진 상황적 조건 속에서 합리적 선택의 결과임을 보여준다. 문제는 각 개인과 지역의 합리적인 선택이 국가 전체 차원에서는 바람직하지 않은 비합리적 결과를 초래하고 있다는 점이다. 즉 지역주의 자체를 비판할 것이 아니라 지역주의의 부작용을 어떻게 해결하며, 지역주의적인 요구를 어떻게 합리적으로 수용할 것인가에 주목해야 한다는 것이다. 조기숙의 연구에서도 이런 대안들을 부분적으로 제시하고는 있으나, 합리적 선택이론이 대체로 그렇듯이 현실에 대한 해석과 설명에 초점이 맞추어져 있다(조기숙, 1993; 1997; 2000).

이렇듯 한국의 지역주의 문제를 비교적 전문적으로 연구해온 학자들은 지역주의의 문제가 단지 지역간 대립감정만이 아니라 호남에 대한 배제와 차별에 있다는 데 대체로 동의하고 있다. 다만 여타 다른 문제와의 상관관계, 또 해결을 위한 문제의 소재에 대한 진단에서 차이를 보인다. 이런 점에서 본다면 현재 지역주의에 대한 논란에서는 두 가지 과제가 남는다. 하나는 김대중의 집권과 지역주의의 위상변화 문제이다. 김대중의 집권은 호남에 대한 경계와 차별이라는 한국 지역주의 구조에서 새로운 변화를 만들었기 때문이다. 다른 하나는 역시 지역주의 문제의 해소를 위한 현실적인 전략이다. 이는 선거와 정당정치를 중심으로 논의가 될 것이다. 앞에서 살펴보았듯이 지역주의 구도의 현실에서 공통으로 인식되는 쟁점이 선거와 정당정치를 둘러싼 것이기 때문이다.

2. 한국 지역주의의 역사와 구조

자연지리, 인문지리 및 행정체계, 정치권력적 공간, 경제적 분업 공간, 문화체계 등 여러 기준에 따라 구분되는 지역은 이들 여러 요소와 그 지역사회의 인간이 상호작용하면서 특유한 구조를 갖게 된다. 물론 지역을 구분하는 여러 기준 중에서 어느 특정 요소가 지배적인 기준이 될 수도 있으며, 이들 여러 요소가 복합되어 지역의 특성을 규정할 수도 있다. 이렇게 구분되는 지역 단위는 작은 마을에서부터 국가, 세계체제, 그리고 태백산맥 지역, 알프스 지역 등 그 규모와 기준에 따라 다양하게 나뉠 수 있다. 이런 지역 단위들은 여타 다른 지역과 관계를 맺거나 더 큰 지역 단위에 포함되게 된다. 이 과정에서 우리는 지역간 경쟁이나 갈등이 두드러지는 경우를 주목하게 된다.

지역을 구분하는 여러 기준들 중에서도 지역간 갈등과 경쟁 과정에서 구분되는 지역 단위들은 대체로 정치권력, 경제적 분업, 문화체계의 차이에 따라 규정된다. 이른바 지역균열 양상은 그 내용과 강도 그리고 수렴방식에서 차이가 있을 뿐, 동서고금을 막론하고 보편적으로 나타난 현상이라고 할 수 있다. 지역적 차원에서 본다면 정치공동체의 역사는 지역적 통합과 분열의 재구조화 과정이었다고 할 수 있다.

한국에서 지역주의는 호남, 영남, 강원, 충청 등의 행정 지역 또는 그 출신 지역에 따른 차이, 차별, 경쟁, 대립 등으로 나타나고 있다. 이런 한국의 지역주의는 지역감정(사회적 관계), 지역간 경제적 불균등 구조, 정치적 동원 및 대립 구조 등 세 가지 차원에서 파악할 수 있다. 물론 이들 세 가지 차원은 상호작용하며, 당연히 세 가지 요소가 중첩되어 나타날 때 지역균열은 가장 심각하다고 하겠다.

단순화시켜 정리하자면, 먼저 한국의 지역감정 구조는 각 출신지역에 대한 정체감과 호남에 대한 편견과 경계라고 할 수 있으며, 지역간 경제적 불균등 구조는 수도권 및 영남 중심의 경부축 집중과 여타 지역의 주변화로 특징지을 수 있다. 정치적 구도로 보았을 때는 호남에 대한 편견과 경계라는 지역감정 구도와 대체로 병렬하여 나타났는데, 그것은 1990년 3당합당체제에서 그 절정에 이르렀으며 지난 15대 대선 과정 이래의 이른바 DJP연합은 이런 전통적 지역구도를 상대적으로 변화시킨 양상이었다고 할 수 있다. 그리고 15대 대선에서 정권교체를 거친 후 16대 총선에서는 영·호남의 대립 구조가 돌출되어 나타났다.

한국의 지역주의를 두고 근대 이전의 역사적 유산으로부터 비롯된 것이냐, 박정희 정권 이래의 산물이냐에 논란이 있기도 하다. 우리는 근대로의 이행이라는 것이 한편으로는 전통시대와는 다른 새로운 정치사회 구조로의 이행이며, 다른 한편으로는 그것이 백지 상태에서 탄생한 것이 아니라 전근대적 유산 및 배경에 바탕을 두고 있다는 이중적 측면을 이해해야 한다. 이런 점에서 오늘날의 지역주의는 전통시대의 유산과 전혀 무관하지 않다. 그러나 한국의 현대사에서 지역주의가 나타났던 배경이 전통시대의 유산에 따른 불가피한 결과가 아니라, 박정희 정권 이래의 집권세력에 의해 전통적 지역주의의 요소가 환원적으로 동원되고 재구조화된 결과라는 점에서, 박정희 이래의 정권과 국가사회를 주도해온 세력에 의해 현대 한국 지역주의의 구조화가 이루어졌다고 보아야 할 것이다.

한국의 지역주의를 환원적으로 동원한 결정적인 계기는 박정희 정권이다. 정치적 지역주의를 통해 한국 근대사회의 지역주의를 광범위하게 불러냈다. 정치적 지역주의는 특정 지역에 대한 편견과 경계라는 지역감정을 이용하고 만들어냈으며, 의도적이든 아니든 지역간 경제적 불균등 구조도 이런 지역구도와 그대로 병렬하여 구축되었다. 이런 가운데 1980년의 광주항쟁과 이후의 정치과정, 그리고 1990년의 3당합당의 정당체제와 정치과정은 지역주의 및 지역감정에 따른 폐해를 더욱 악화시키면서 구조화시켜버렸다. 그러다가 1997년 15대 대선을 거치면서 최초로 지역주의 구도가 적어도 정치권력적 차원에서는 새로운 상황을 맞았던 것이다.

한국의 전통사회에서 지역간 차이 및 차별에 따른 지역균열의 요소가 없었던 것은 아니다. 전통사회에서 모든 사회적 자원은 정치권력에 의해 결정되었다. 이른바 관인지배의 사회였다. 공간 구조와 환경도 권력체계에 의해 지배되게 마련이다. 그런데 한국 역사에서 지속되어온 특정한 권력체계는 일정한 지역적 유형을 만들어왔다. 공간적 차원에서 보았을 때 전통사회의 정치권력은 고려시대 이래 기호지방 중심의 체제로 지속되어왔다. 그리고 정치세력적인 차원에서는 기호와 영남 세력의 연합 및 경쟁으로 특징지을 수 있는 체제가 지속되어왔다. 고려시대의 '묘청의 난', 조선시대 '정여립의 난' 등은 이와 같은 공간권력체제에 대한 변화도 포함한 시도였으나 좌절되었음은 잘 아는 바이다. 고려시대 이래 지속되었던 정치권력 체계의 공간적, 출신 지역별 구조는 사실상 현대사에까지도 계속되었다.

이렇게 특정한 구조의 권력체계가 지속되면서 한국의 정치적 공간은 정치적 중심부와 주변부로 뚜렷하게 구조화되었다. 그리고 간헐적으로 나타났던 주변부 지역의 저항과 좌절은 왕조체제에서 지역적 편견의 악순환으로 이어졌다. 이와 같은 전통사회의 정치지리적 공간구조는 근대국가체제에서도 그대로 계승되었다.

정치지리적 측면에서 엄밀하게 보았을 때 한국은 근대국가로 재탄생하면서 남북분단이라는 변동을 가져왔다. 그런데 남북분단은 호남을 지역적 편견의 집중적 대상으로 만들 수 있는 환경이 되기도 했다. 전통적으로 부정적 편견의 대상은 정치적 주변부이면서도 중앙권력에 저항하곤 했던 함경, 평안, 호남 등의 지역이었는데, 남북분단으로 인해 남한에서는 그 대상이 호남 지역으로 한정되었던 것이다.

정치권력이 모든 것을 지배했던 전통시대의 공납제 경제와는 달리, 정치권력으로부터 상대적으로 자유로운 경제영역을 확보하게 되었던 것이 근대 자본주의 경제였다. 이 과정에서 주변부 지역이었던 호남의 경우 상대적으로 풍부한 농업생산력을 바탕으로 적어도 경제적으로는 주변부로부터 탈피할 수 있었을지도 모른다. 그러나 근대경제의 초기과정에서 일제의 수탈과 지배, 제1공화국 이래 원조경제와 급속한 산업화, 그리고 이에 따른 농업자본주의 시기의 부재 등을 거치면서 지역의 농업생산력이 한국 근대경제의 주요 변수가 되지 못했고, 호남은 경제적 주변부로부터의 지위를 벗어나지 못했다. 반면에 국가 주도의 산업화과정에서 정치권력의 중심지는 근대적 경제의 중심지로 그대로 재활성화되었다. 또한 정부의 산업정책과 일제하의 경제구조에서 이어진 미·일 의존의 한국 경제체제가 맞물리면서 국가경제력이 경부축에 집중되었으며, 결과적으로 여타 지역은 소외되고 주변화되었다. 근대적 산업화 과정에서 영남 지역의 성공은 대지주제가 강했던 호남에 비해 소규모 자영농이 강했던 지역적 특성이 한몫을 했다는 지적도 있다. 즉 자영농은 근대적 상업세력과 이에 기반한 산업세력으로의 이행에 순발력 있게 대응할 수 있었다는 것이다.

또한 지역연고의 유용성이 한국 근대사회에서 두드러졌다. 이는 물론 어느 사회에서나 존재한다. 그런데 한국의 경우 급속한 산업화과정은 사람들의 사회생활에서 전통적 연고관계에 대한 의존성을 더욱 크게 하였다. 여기에 박정희 정권의 지역주의적 성격은 대통령 1인에 집중되었던 국가 주도의 사회체제에서 대통령의 지역연고를 최고 정점으로 하는 출신 지역별 연줄주의(clientelism)를 특성으로 하는 사회적 관계를 확산시켰다.

근대사회로의 이행은 무엇보다 정치권력의 기반에서 새로운 변화를 가져왔다. 시민권과 보통선거제의 등장으로 전통시대에는 통치 대상에 불과했던 백성들이 적어도 형식상으로는 정치 주체로 등장한 것이다. 따라서 아무리 수가 많더라도 통치 대상에 불과했던 과거와는 달리 일반 시민들이 이제는 합법적인 정치권력의 자원이 되었다. 즉 정치적 자원이 바뀐 것이다. 19세기 말 유럽에서 마르크스가 프롤레타리아 혁명을 기대하고 반대로 자유주의자들의 일부가 '다수의 횡포'를 우려했던 것도 다수의 프롤레타리아가 정치적 권리를 갖게 되는 정치적 환경의 변화를 배경으로 하였다.

한국에서 이러한 정치자원의 변화에 따른 지역적 위상의 변화는 유력한 인구자원에도 불구하고 주변화되었던 호남에서 두드러졌다. 과거에는 생산력을 제공하고 수탈의 대상이 되었던 인구자원이 정치적 자원으로 전환되었던 것이다. 호남의 이런 잠재력은 1970년대 이래 김대중의 등장과 함께 현재화되기 시작했고, 집권세력에 의한 배제와 소외가 김대중의 정치역정과 맞물려 의식되면서 정치적 응집력과 동원력은 점차 강화되다가 1980년의 광주항쟁을 거치면서 결정화되었다.

그동안 호남이 집권세력에 대한 도전의 핵심세력으로 등장했던 배경은 단지 호남이 소외되고 차별받았기 때문만이 아니라, 인구자원과 김대중의 등장으로 호남이 정치적 경쟁력을 확보하게 되었기 때문이다. 그리고 영남 기반 지역주의 세력의 장기집권, 그들의 호남소외 지배전략, 비호남 지역의 호남에 대한 부정적 편견, 호남의 경쟁력 등이 맞물린 가운데 한국의 지역주의가 영남을 축으로 한 비호남 대 호남의 구조로 나타났던 것이다. 그러다가 15대 대선을 거치면서 DJP연합이라는 상층 정치연합을 통해 비호남 대 호남의 구도에 일정한 변화가 나타나기도 하였다.

1997년 15대 대선에서의 정권교체와 김대중의 집권은 한국의 지역주의 구도에서 분명 새로운 변화였다. 그런데 김대중 정부 집권 2년 만에 치러진 2000년 4월의 16대 총선에서 그 변화의 효과는 그렇게 크지 않았으며, 오히려 영남의 지역적 결집은 강화되어 나타났다.

3. 지역주의와 선거민주주의의 문제

이렇듯 집권세력의 지역주의에서 광범하게 동원되기 시작했다는 한국의 지역주의는 오늘날까지도 정치의 향방을 결정하는 핵심적 변수가 되고 있다. 그런 만큼 한국 정치의 모든 병폐 역시 지역주의에 있는 것처럼 간주되다시피 했다. 물론 정치적 지역주의는 문제를 안고 있다. 이에 따른 폐해도 크다. 그러나 그동안 정치적 지역주의에 대한 비판적 논의들은 무책임하거나 비현실적인 것이 많았다.

우선 지역주의적 투표행태가 비합리적이라거나 비정상적이라는 주장을 보자. 이런 주장은 근대화론의 논리나 서구 선진국에서의 경험을 논거로 삼고 있지만, 이론적·경험적으로 타당하지 않다. 이에 대해서는 앞에서 소개한 조기숙에 의해서도 이미 체계적으로 지적되었다. 우리 학계에서도 지역주의적 투표행태 자체를 비합리적으로 볼 수 없다는 것이 대체로 받아들여지고 있다. 문제는 유권자 개인이나 각 지역의 선택이 합리적일지라도 그 결과가 우리나라 전체의 차원에서는 바람직하지 못한 비합리적 결과를 초래하고 있다는 점에서 찾아야 한다. 그리고 해결 과제도 여기서 출발해야 한다.

또한 이념과 정책에 따라 투표가 이루어져야 하는데 지역이 동원되고 있는 것이 문제라는 주장도 마찬가지로 논거가 없다. 앞서 지적했듯이 지역이 정치와 사회적 관계에서 그만큼 중요하기 때문에 투표선택의 배경이 되고 있는 것이다. 물론 근대 민주주의와 선거 정치의 역사가 짧은 한국 근대정치의 발생론적 배경 속에서 아직도 유권자는 계몽의 대상으로 간주되기도 한다. 앞서 지적했듯이 우리나라에서는 많은 사람들이 흔히 '국민의 뜻'을 자주 인용한다. 그럼에도 가장 구체적이고 직접적인 국민의 의사인 투표 결과를 비난하고 있는 것이다. 그러나 만일 이런 국민의 의사마저도 수용할 수 없다면 민주주의를 할 필요가 없거나 할 수 없는 상황인 것이다.

각 나라의 투표분석에서 유권자의 투표행태 자체를 비판하는 것을 본 적이 없다. 다만 전체적인 추세를 우려하는 정도이다. 우리나라의 경우 국민의 심판 운운하면서도 국민의 의사를 병폐니 망국적이니 하면서 비판하는 해괴한 일이 나타나고 있다. 투표분석의 핵심은 투표에 나타난 국민의 의사가 무엇이고 그것을 이후 정치과정에서 어떻게 수렴하느냐 하는 것이다. 문제는 우리나라의 지역주의적 투표행태 자체가 아니라 그것이 이후 정치과정에서 수렴되거나 해소되지 못하고 오히려 악화되는 데 있었다.

서구의 경우에도 지역과 같은 요소는 정치과정에서 매우 중요한 요소였다. 특히 이들 나라에서는 분권전통을 배경으로 근대국가가 출범했기 때문에 분권전통을 어떻게 수렴하느냐가 매우 중요한 요소였다. 이것을 해소하지 못하면 국가 자체가 분열되었다. 구 사회주의권 국가들에서 나타나고 있듯이 지금까지도 그것은 계속되고 있다. 연방제, 지방자치제, 협의제 권력구조 등도 이런 지역주의적 요소를 수렴하는 제도적 방식으로 구축된 것이다. 또한 통합 이후에도 지역은 정당정치 자원의 중요한 기준이 되고 있다. 예컨대 독일의 경우도 바이에른주는 기사련이 독점하면서 여타 지역을 기반으로 한 기민련과 연합정당체제를 이끌어오고 있다. 또한 아직까지도 서구 정당에서 지역은 이념, 종교와 더불어 정당의 명칭을 규정하는 중요한 배경이 되고 있다.

지역주의와 관련하여 우리나라의 정당 기반에 정책적·이념적 차별성이 없다는 점을 유난히 비판한다. 물론 정당간 차별성은 유권자의 선택의 폭을 넓히고 발전적 정책대안을 경쟁적으로 만들어낸다는 점에서 유용하다. 그러나 정책적 차별성은 현실정치 과정에서 나타나는 것이지 관념적으로 만들어지는 것이 아니다. 한 정당이 개혁적이라면 다른 정당이 반드시 반개혁적일 필요는 없다. 예컨대 모든 정당이 개혁적인 가운데 서로 경쟁할 수 있다.

사실 한국의 정당간에는 유럽의 국가들에 비해 정책적 차별성이 엄청나게 크다. 유럽국가 정당들의 정책적 차별이라는 것을 보면 사실 국가재정 규모 내지 투자의 1% 미만을 가지고 첨예하게 대립한다. 우리나라의 농어촌 부채, 교원노조, 기업간 빅딜과 금융정책 등을 둘러싼 정당간의 이견은 유럽의 정책적 차별성보다 훨씬 크다. 그런데 우리의 경우 그동안 정권교체 경험의 부재 속에서 정책적 차별성이 현실화될 기회를 갖지 못했던 것이다.

또 일부 '진보론자'들을 한국의 정당 기반에 계급차별성이 없다는 점을 한계로 지적한다. 혹자들은 1위부터 10위까지의 사회계층이 있다고 할 때 1위에서 5위, 나머지 6위에서 10위가 서로 구분되는 균열을 계급적 차별성이라고 간주하는 것처럼 말한다. 계급균열은 당위적으로 존재하는 것이 아니라 현실적 상황을 반영하는데, 이렇게 완전히 양극화된 계급균열은 어느 나라에도 없다. 혁명적 변동 상황에서도 이런 계급균열은 없다. 지역주의적 동원이 계급적 동원을 상대적으로 억제했다고 주장할 수도 있다. 그러나 다른 측면에서 본다면 지역주의적 동원을 통해서도 오히려 계급균열이 동원되었던 점도 있었다.

서구의 경험을 비교자료로 한국의 정치를 비교하는데, 근거 없는 주장을 자주 보게 된다. 서구에서는 계급균열이 정치균열의 축을 이룬다고들 하지만 사실 유럽 전체로 보아 계급균열과 종교문화적 균열이 정당 지지도에 거의 비슷한 정도로 투영되고 있다. 또한 노동계급의 좌파정당에 대한 지지와 여타 정당에 대한 지지비율의 차이를 말하는 알포드(R. Alford)의 계급투표 지수에 따르면 1970년대를 기준으로 보았을 때 100%가 아니라 최저 6%에서 최고 55% 정도였다(Powell, 1982: 85-92). 따라서 다른 논거라면 모르겠지만 서구와의 차이를 가지고 우리나라 투표행태를 비판하는 것은 논리적·경험적으로 타당하지 않다. 한국의 경우 지역주의가 압도하고 있어서 그렇지 민주당과 한나라당 지지기반을 계급·계층의 균열 정도로 본다면 유럽의 평균 수준은 될 것이다.

결국 한국의 지역주의적 투표와 이를 동원하는 정당정치 그 자체를 비합리적이거나 비정상인 것으로 간주하는 것은 비현실적인 잘못된 진단이다. 문제는 이렇게 동원된 지역주의가 발전적으로 해소되지 않는 가운데 그 역기능이 누적되고 오히려 갈등이 심화되어왔다는 데 있다.

선거는 유권자의 의견수렴과정이다. 그런데 문제는 유권자가 한 사람이 아니며, 그 의견도 개인과 집단에 따라 다양하다는 것이다. 흔히 민주주의를 두고 인민의 의사에 기초한 정치원리라고 간단하게 말하지만, 인민이 하나의 실체가 아니라 다양한 개인과 집단으로 구성되어 있다는 데서 민주주의의 구체적 양식이 복잡해진다. 사실 선거정치의 중요한 쟁점도 이 부분에 있다.

선거는 다양한 이해관계와 갈등을 합법적으로 조정하면서 통합을 달성하는 정치과정이다. 오늘날의 정부질서와 국가체제에서 이런 모든 의견을 동시에 수렴할 수는 없다. 오히려 다양한 이해관계와 의견의 충돌을 조정하기 위해서 정부와 국가질서가 필요하다고 보기도 한다. 오늘날의 대의민주제는 선거를 통해 다양한 이해관계와 정치적 의사를 조정하고 통제하면서 합법적으로 사회적 통합을 달성하려는 정치양식이다. 이런 점에서 선거는 인민의 의견을 수렴하는 과정이기도 하지만, 인민의 의사를 합법적으로 배제하는 과정이라고도 볼 수 있다. 따라서 선거가 사회적 이해관계를 조정하지 못하고 오히려 갈등을 증폭시키는 역할만 하게 된다면 선거정치가 민주적 정치과정으로서 정착되기 어렵다.

그런데 그동안 한국의 선거정치를 둘러싼 논란에서는 우리 사회가 다양한 개인과 집단으로 구성되어 있다는 점에 별로 주목하지 못했다. 즉 인민의 의사만 수렴되면 당연히 민주주의가 되는 것으로 생각했고, 다양한 인민의 의사를 통합하는 방식에 대해서는 별로 주목하지 못했다는 것이다. 이는 물론 여느 나라보다도 강한 한국의 민족국가주의적 성격과 지체되었던 정치민주화 등 한국 정치의 현실적 상황을 반영한 것이기도 했다.

그동안 지역주의로 귀결된 정치구조는 한편으로 유권자의 의사를 수렴한 민주정치의 결과이기도 했지만, 국가공동체 전체 차원에서는 바람직하지 못한 결과를 낳기도 했다. 현단계의 한국 정치에서 지역주의적 정치동원이 안고 있는 문제는 크게 세 가지 측면에서 볼 수 있다.

첫째는 선거를 통해서 지역주의를 통해 제기되는 문제들이 수렴되고 해소되었던 것이 아니라, 흑백대결(all or nothing)의 지역주의가 반복되는 가운데 오히려 그 문제가 증폭되어왔다는 것이다. 앞에서 설명했듯이 선거는 갈등이 표출되는 과정이지만 선거를 거치면서 그것이 해소되었을 때 선거정치는 안정화될 수 있다. 종교, 종족, 지역과 같은 문화적 요소나 일차적인 정체감에 바탕을 둔 갈등이 동원되면 해소되기보다는 오히려 악화되기 쉽다. 따라서 이런 갈등이 제기되는 경우, 그에 대한 진지한 해소책이 있어야 한다. 이런 면에서 한국의 지역주의 문제에 대한 처방은 지역감정을 해소하자는 말만 반복할 것이 아니라 중앙권력을 향해 소용돌이치면서 흑백대결의 정치사회 구조에 대한 진단으로 이어져야 한다.

둘째는 지역주의가 정당정치의 비민주성을 유지시키고 강화하는 요인이 되었다는 점이다. 지역주의가 중앙권력을 둘러싼 흑백게임에 동원됨으로써 이를 대변하는 정당지도자가 정당을 좌지우지할 수 있었다. 따라서 정치인들은 지역주민에 대한 호소보다 지역을 대변하는 정치지도자에 충성해야 했다. 유권자 자신들도 여타 정치적 판단보다는 자신의 지역을 대변하는 정치세력이 중앙정치에서 성장하는 것을 우선해서 투표했다. 지역주의는 유권자들의 자율적 의사가 동원된 것이지만 결과적으로 정당정치의 비민주화를 가져왔다. 여기에서 정당민주화가 우선이냐, 지역적 동원이 우선이냐에 대한 판단은 유권자의 몫이다. 물론 두 가지 모두를 동시에 달성할 수 있다면 문제가 없을 것이다. 이를 위한 과제가 뒤에서 제안할 정치시장의 유연화와 다당제의 촉진이다.

셋째는 그동안 지역주의에 기반한 정치가 경직된 경쟁체제를 만들어왔다는 것이다. 앞에 지적한 지역주의적 동원체제 자체가 경직된 체제지만 특히 경직된 체제는 비호남과 호남의 대립구조였다. 민주주의를 시민이 지배하는 정치라고 하지만 현실적으로는 소수의 정치세력이 지배한다. 소수가 지배하는 현실에서 민주주의를 촉진시킬 수 있는 동력은 정치세력간의 경쟁에 있다. 경쟁에서 누가 이길지 불확실하고 불확정적이라야 한다. 그랬을 때 선거에서 이기기 위해 유권자의 목소리에 귀를 기울이게 된다. 어느 정치학자는 이와 같이 특정의 한 정치세력이 권력을 독점하지 않고 여러 세력이 경쟁하는 가운데 민주주의를 촉진시키는 체제를 현실적으로 지향하는 민주주의로 보고 이를 경쟁적 민주주의 또는 다두제(polyarchy)라 규정하기도 했다. 그런데 그동안 지역주의에 따른 비호남과 호남의 균열구조는 다수와 소수로 구분된 비경쟁적이고 경직된 정당정치구조를 만들었다. 이런 구조는 소수가 계속해서 소외된다는 점에서도 비민주적이고, 지역주의만 동원되면 다수는 승리할 수 있기 때문에 평상시의 정치과정에서 인민의 목소리에 주목하지 않게 한다는 점에서도 비민주적인 구조이다. 15대 대선에서 소수에 기반한 김대중 정부의 집권으로 소수의 소외는 일회적일지라도 극복되었다. 또 이 과정에서 구축되었던 DJP연합은 비호남 대 호남의 경직된 지역균열 구조를 넘어서는 경험을 만들기도 했다.

한국의 지역주의 문제는 단지 그것의 정치적 동원만이 아니라 그 동원의 배경이 되고 있는 사회구조의 문제이기도 하다. 지역주의적인 사회구조와 이를 동원하는 정치인의 상호관계에서 어느 것이 원인이고 결과인가에 대해서는 엇갈린 견해들이 있다. 그러나 최초의 원인이 무엇이었든지 현실에서는 둘 다 문제이다. 따라서 지역감정이나 지역차별과 같은 정치사회구조와 선거와 정당정치에서 나타나는 지역주의의 폐해 모두가 한국 지역주의의 해결과제이다. 이런 점에서 지역주의의 해결을 위한 정치개혁도 단지 선거제도나 정당 구조의 개선뿐만 아니라 지역감정과 지역차별의 사회구조를 치유하는 것과 함께할 때 제대로 될 수 있다.

물론 정권교체와 호남을 기반으로 한 김대중의 집권은 지역주의적 흑백대결 구조를 일정하게 완화할 수 있는 계기가 되었다고 할 수 있다. 정권교체 자체가 그동안 논란이 되어온 중앙정치를 둘러싼 거대 쟁점을 일정하게 해소시켰다. 더구나 호남을 기반으로 한 김대중의 집권은 지역차별의 집중적 대상이었던 호남의 저항적 지역주의를 어느 정도는 해소했다고 볼 수 있으며, 나아가 호남의 지역주의적 동원력이 약화된다면 반호남 지역주의의 동원 의미도 상대적으로 약화될 것이다. 또한 지역주의적 동원의 구심점이 되어왔던 3김 등의 정치지도자들도 연령적으로 보았을 때 점차 그 구심력을 잃어가게 될 것이다.

또한 소수 정권은 지역주의에 기반하더라도 탈지역주의를 지향할 수밖에 없다. 일부에서는 김대중 정부를 호남 정권이라는 또 다른 지역주의 정권으로 비판하고 있지만, 과거의 지역주의 정권은 지역주의를 동원하는 것이 집권에 유리한 정권이었고, 김대중 정권은 지역주의를 탈피해야 집권에 유리한 정권이라는 점에서 구조적으로 대비된다. 다수에 기반한 지역주의 세력은 지역주의만 동원하면 되지만 소수에 기반한 지역주의는 지역주의만 가지고는 승리할 수 없기 때문이다. 이렇듯 현 김대중 정부는 여러 면에서 한국의 지역주의 구도에 발전적 계기였다고 할 수 있다.

그러나 지역주의는 상호간의 상승작용을 하면서 강화되는 경향이 있는 바, 특히 호남에 대한 경계와 편견으로 특징지어지는 한국의 지역감정 구도에서 호남 세력이 강화되면 될수록 여타 지역의 호남에 대한 경계가 강화되었던 것이 그동안의 실정이었다. 이런

점에서 김대중의 집권은 지역주의를 완화시킬 수 있는 계기이면서
동시에 여전히 지역주의를 지속시킬 수도 있는 상황이었다. 물론
김대중 정부는 지역주의 구도를 탈피하려고 했다. 그러나 지역감정
과 지역주의 구도가 강고한 현실을 감안했을 때, 이에 대응하는 김
대중 정부의 인식과 전략은 안이했다. 집권 과정에서 지역등권론으
로까지 발전했던 지역주의에 대한 인식은 다시 지역감정 해소론으
로 회귀해버렸다. 호남 기반의 김대중 정부에서 집권여당의 전국정
당화론이 호남의 지역패권론으로 인식될 수도 있는 한국 지역주의
의 현실을 안이하게 받아들였던 것이다.

이런 가운데 김대중 정권하에서 치러진 최초의 전국 선거였던 16
대 총선에서 영남의 지역주의적 집중력은 더욱 강화되어 나타났다.
앞서 지적했듯이 지역감정과 사회경제적 지역균열 구조가 근본적으
로 해소되지 않는 한 지역주의적 동원의 잠재력은 있을 수밖에 없
다. 또한 대통령의 권한이 막강한 한국 정치의 현실에서 대통령에
게 지역주의적 의미가 부여될 경우 지역주의적 정치동원은 쉽게 이
루어질 수 있다. 김대중 정부가 들어서면서 지난 몇 십 년 간 한국
권력의 중심이 되어왔던 영남 지역의 권력에 대한 상실감과 함께
기업 구조조정 과정이 지역감정의 동원계기로 악용되면서 이 지역
의 지역주의적 응집력은 다시 강화되는 조짐을 보였다. 이런 가운
데 한나라당의 반DJ 동원전략이 16대 총선에서도 효과를 발휘하면
서 영남의 지역주의적 동원력이 더욱 강화되어 나타났다.[3]

---

3) 지역적 결집력의 강화에는 선거 직전 발표된 남북정상회담 발표에 따른 역
   효과도 작용한 것으로 보인다. 정상회담 발표가 집권여당에 대한 지지상승
   효과가 있을 것으로 예견되자 이에 대한 견제의식이 동원되는 지역주의적 역
   효과도 나타났다는 것이다.

4. 지역주의의 현실과 당면 과제

선거정치에 나타난 지역주의의 폐해를 주목해볼 때, 이를 해결하기 위한 근본적인 방향은 중앙권력을 둘러싼 지역주의적 흑백대결을 해소하거나 완화시키는 것이다. 중앙권력 자체가 지역적 이해관계와 지역감정구조에 결정적 변수가 되지 않아야 한다는 것이다. 이를 위해서는 연방제에 가까울 정도로 국가체제를 분권화시켜야 한다. 또한 사회적 가치의 배분이 정부와 정치권력만이 아니라 다양한 사회영역에서도 이루어지도록 공적 영역이 민간부문으로 전환되어야 한다. 대통령에 집중되는 현재의 정부권력 구조를 분권·분점체제에 부합하는 방향으로 바꾸는 것도 검토해볼 필요가 있다.

국가체제의 분권·분점화는 단지 지역주의 문제의 해결을 위한 과제가 아니라 앞으로 우리의 국가체제가 나아가야 할 대안적 방향이기도 하다. 이런 점에서 한국의 지역주의는 그 자체만의 문제가 아니라 우리 사회의 한계에 대한 문제제기의 하나였다고 볼 수 있다.

한국 사회의 중앙집중적 구조는 한국민들의 의식과 행태 속에 지속되고 있는 '중앙으로의 소용돌이' 현상이 대변해주고 있다. 정치권력적·경제적·사회문화적 자원 등이 중앙에 집중되어 있는 것이다. 이로 인해 1960년대 후반 중앙으로의 인구이동으로 형성된 수도권 및 대도시의 인구집중과 지방사회의 인구쇠퇴 양상이 아직도 해소될 기미를 보이지 않고 있다. 사회 여러 분야의 엘리트들 역시 중앙에 집중되어 있고, 또 중앙으로의 진출을 지향하고 있다. 정치, 경제, 사회, 교육, 문화 등 모든 부분이 총체적으로 중앙집권화되어 있는 상황에서 어쩌면 중앙정치를 둘러싼 지역주의적 동원은 자명한 결과였다. 지방자치제가 실시되고 있음에도 여전히 '중앙으로의 소용돌이'가 한국 사회의 흐름을 지배하고 있다. 이는 다시 말해 아직도 한국의 지방은 중앙을 통해서만 완성되는 구조라는 것이다.

물론 현재의 지방자치제가 점차 지방분권의 강화를 이끌어갈 수도 있을 것이다. 그러나 지역사회의 자원이 빈약한 현실 속에서 지방자치 역시 빈곤의 악순환을 벗어나기가 쉽지 않을 것이다. 즉 지역사회 내부에 자족적 삶의 자원이 빈곤할 때 지방자치의 의미 역시 빈곤할 수밖에 없다는 것이다. 지방자치제가 실시되고 있음에도 경제적·교육적·문화적 중앙집중은 계속되고 있으며, 따라서 지역주민들의 정치적 관심 역시 중앙에 쏠릴 수밖에 없다. 또 중앙정치의 태풍이 지방자치의 일상적 정치과정을 무관심하게 만들 수 있는 것이다. 중앙정치의 정책과 선택이 지역사회 발전에 결정적 변수가 되기 때문이다. 따라서 한국의 지방분권 문제는 중앙과 지방 간의 정부권한 배분 문제 같은 형식적인 것뿐만 아니라 중앙의 경제정책, 교육제도 및 환경 등과 함께 총체적으로 접근해야 한다.

지방분권이 실질적으로 이루어지기 위해서는 당연히 지방의 의견이 중앙정치에 투입될 수 있는 채널이 있어야 한다. 현재 우리나라 지방자치제에는 지방의 중앙정치에 대한 공식적인 참여통로는 없고, 지방정치 영역은 중앙의 일방적 통제와 시혜에 의존하고 있다. 꼭 지방자치제 차원이 아니더라도 중앙정부의 권력구조에서 공간을 대표하는 권력체계가 필요하다. 우리나라에는 현재 지역이라는 공간을 대표하는 공식적 권력체계가 없다. 따라서 지역구에서 선출되는 국회의원들이 지역의 대표가 아니라 전국민의 대표라고 명목상으로 선언되어 있지만(헌법 제40조, 제41조 제1항, 국회법 제42조) 사실상 지역을 대표하고 있다.

국가체제가 존재하는 한 중앙권력이 지방을 통제할 수밖에 없는 상황에서 지방의 중앙권력에 대한 참여통로가 없이 지방분권은 제 대로 이루어질 수 없다. 지역별 대표가 공식적인 중앙의회에 참여하여 양원제를 구성하는 오스트리아 등의 연방상원과 같은 형태를 한국의 지역권력 대표 체제로 도입해볼 만하다. 이의 제도화를 위해서는 다양한 의견의 수렴 및 토론이 이루어져야 할 것이나, 현재 광역자치 단위를 토대로 '지방의회 전국회의'(가칭) 같은 것도 생각해볼 만하다. 선거구제를 개편할 경우 대선거구 단위든 정당명부 권역이든 이를 지역대표 권력체계의 지역단위로 고려해볼 수 있다. 이 경우에는 당연히 지방자치단체의 지역단위나 계층구조의 개편도 동시에 조정되어야 할 것이다.

국가체제의 중앙집권과 독점의 폐해를 줄이는 방향은 단지 중앙과 지방 간의 관계만이 아니라 국가권력구조 전반의 다양화 및 다원화와 상호 결합되어야 한다. 이런 맥락에서 앞으로 정당체제도 거대 양당제도보다는 다당제화 내지 지역당제를 포함한 다원정당체제로 나아가야 한다.

정당체제의 변화는 특정 정당의 지역독점체제가 갖는 폐해를 극복하기 위해서도 필요하다. 기성 거대정당의 독점체제가 갖는 문제는 지역주의 문제의 해결만이 아니라 한국 정당정치의 민주화를 위한 개혁과제이기도 하다.[4] 다시 말해 지역주의의 해소를 통한 정당정치의 발전이 아니라 지역주의 구도하에서 정당정치의 발전 전략을 도모하는 것이다.

한때 김대중 대통령과 집권 여당에 의해 지역주의의 해소를 위한 선거제도의 개편이 시도된 바 있다. 그러나 정당정치의 민주화를 통한 지역주의 딜레마의 해소가 아니라 지역주의를 해소하려는 정

---

4) 정당정치의 민주화를 위한 전략으로 제시된 '정치시장의 유연화와 다당제'에 대해서는 김만흠(2000) 참조.

당정치의 구상이었다. 그러나 현실에 대한 문제인식이나 실천방향에서 적절하지 못했다. 현재의 여야 정당이 서로 상대 거점 지역에서 어느 정도 의석을 차지하도록 하자는 것이었다. 효과 자체에 대한 논란을 떠나 기존 여야 거대 정당의 독점체제를 전제로 한 것이었다.

그런데 지역주의에 따른 정당정치 문제는 어느 지역에서 여러 정당이 골고루 지지를 받지 못한 데 있었던 것이 아니라, 한 정당이 특정 지역을 독점할 수밖에 없는 정당체제에 있었다. 예컨대 호남지역에서 민주당이 마음에 들지 않는 경우라도 한나라당은 더욱 마음에 들지 않는 상황이었기 때문에, 결국 민주당에 볼모를 잡힐 수밖에 없는 것이 문제였던 것이다. 이런 상황에서 특정 지역에 대한 한 정당의 독점체제가 갖는 문제를 완화시킬 수 있는 것은 제3의 선택이 가능한 다당체제의 환경을 활성화시키는 것이다.

그동안의 여야 거대정당 독점체제에서는 둘 다 마음에 들지 않더라도 어쩔 수 없이 그 중 하나를 선택해야 했다면, 다당체제 등 유연한 정치시장은 제3의 선택을 할 수 있게 만든다는 것이다. 경쟁력 있는 다당체제의 등장 가능성은 기존 정당의 민주화를 촉진시킬 수 있을 뿐만 아니라 신진세력의 정치시장 진입을 용이하게 한다는 점에서 바람직하다. 사실 제도개편을 통한 정치개혁의 초점은 거대정당의 전국정당화가 아니라 다양한 선택이 가능한 다당제를 촉진시키는 방향이 되어야 한다.

한국의 선거에서 흑백대결의 지역주의를 증폭시킨 핵심배경은 국회의원 선거와 정당체제보다 대통령 선거와 그 후보자의 지역적 의미에 있었다. 국회의원 선거와 정당체계에 지역주의가 동원된 데는 민주화과정을 거치면서 정당정치가 이른바 대권경쟁에 지대한 영향을 미치면서부터다. 이런 점에서 앞으로의 대권체제가 계속해서 지역주의적 소용돌이의 구심점이 된다면 이의 개편도 고려할 필요가 있다.

국회의원 선거 및 정당정치와 관련한 지역주의의 핵심문제는 지지 기반의 지역적 편협성 자체가 아니라, 후보자 공천 문제를 포함한 정당정치의 비민주성이었다. 이런 점에서 정당정치 및 국회의원 선거와 관련한 정치개혁의 방향은 기존 정당들이 민주적 개혁을 위해 노력하는 한편 이들에게 압력을 가하면서 정당체제의 민주화를 촉진할 수 있는 외부 압력 기제를 형성하는 것이다.

이런 점에서 선거에서의 지역주의의 폐해를 개선하기 위한 방향은 지역주의 자체의 해체를 기대하는 것보다 어느 지역에서 더 바람직한 정치인을 배출하는가를 두고 경쟁하는 긍정적 지역주의의 경쟁을 이끌어내는 것이다. 이런 긍정적 지역주의로 전환될 수 있을 때, 지역주의와 국가통합을 동시에 달성할 수 있을 것이며, 그것이 바로 진정한 사회통합의 방식이라고 하겠다.

다양한 개인과 집단으로 이루어진 국가체제의 현실 속에서 이제는 추상적인 단일 민족국가만을 강조할 것이 아니라 이들이 더불어 살아가는 체제와 원리에 대한 모색이 요구된다. 남북관계에서 흡수통일을 반대하면서도 흡수통일이 아닌 다른 통일 방식이 쉽게 다가오지 않는 것은 바로 우리 사회가 서로 다른 개인과 집단이 더불어 살아가는 방식을 공유하고 있지 못하기 때문이다. 지역주의의 심각성을 지적하면서도 그 해결이 안되고 있는 배경의 하나는 형식상으로 단일 민족국가를 강조하지만 사실 그 민족국가를 통합하는 이념과 질서가 취약한 우리나라의 현실과 무관하지 않다. 민족이나 국가구성원이 어떻게 더불어 살아가야 하는가에 대한 원리와 윤리가 없을 때 민족국가나 민족주의는 대외적인 동원논리에 불과할 것이다.

■ 참고문헌

강준만. 1995a, 『김대중 죽이기』, 개마고원.
_____. 1995b, 『전라도 죽이기』, 개마고원.
_____. 1998, 「‘DJ살리기’와 ‘DJ죽이기’의 책들을 분석한다」, 『인물과 사상』 8권, 개마고원.
_____. 2000, 「김대중 정권의 몰락」, 『인물과 사상』 13권, 개마고원.
고흥화. 1989, 『자료로 엮은 한국인의 지역감정』, 성원사.
김만흠. 1997, 『한국정치의 재인식』, 풀빛.
_____. 1998, 「근대국가의 이념적 기반과 한국의 정치공동체」, 『한국 정치의 개혁과 반개혁』, 한국정신문화연구원.
_____. 2000, 「4·13총선과 한국 사회의 과제」, 민주개혁국민연합 주최 제2차 민주공동체 포럼 발표문.
남영신. 1992, 『지역패권주의 연구』, 학민사.
손호철. 1996a, 「수평적 정권교체, 한국정치의 대안인가」, 한국정치연 구회 편, ≪정치비평≫ 창간호.
_____. 1996b, 『3김을 넘어서』, 푸른숲.
_____. 1999, 『신자유주의 시대의 한국정치』, 푸른숲.
이갑윤. 1998, 『한국의 선거와 지역주의』, 오름.
조기숙. 1993, 「합리적 유권자 모델과 한국의 선거분석」, 이남영 편, 『한국의 선거 1』, 나남.
_____. 1997, 「지역주의 논쟁: 비판이론적 시각에 대한 비판」, ≪한국 정치학회보≫ 31집 2호.
_____. 2000, 『지역주의 선거 합리적 유권자』, 나남.
최장집. 1996a, 「지역문제와 국민통합」, 『호남사회의 이해』, 풀빛.
_____. 1996b, 『한국 민주주의의 조건과 전망』, 나남.
한국사회학회 편. 1990, 『한국의 지역주의와 지역갈등』, 성원사.
한국심리학회 편. 1988, 『심리학에서 본 지역감정』, 성원사.
황태연. 1997, 『지역패권의 나라』, 무당미디어.
Powell, Jr., G. Bingham. 1982, *Comtemporary Democracies*, Cambridge: Harvard University Press.

중앙집중화의 현실과 지방분권화의 전망

장세훈

1. 중앙집중화란 무엇인가

"자식을 낳으면 서울로 보내고, 망아지를 낳으면 제주도로 보내라"는 옛말이 여전히 인구에 회자될 정도로 사람과 권력 그리고 재화의 중앙집중화 추세는 우리 사회 깊숙이 뿌리 박혀 있다. 따라서 21세기에 청산해야 할 주요 과제 가운데 하나로 흔히 중앙집중주의, 서울 중심주의를 거론하고 있다. 그러나 중앙집중화가 과연 우리 사회만의 현상인지, 얼마나 심각한 문제로 자리잡고 있는지, 이를 청산하려 한다면 어떠한 대책을 마련해야 하는지 등에 관한 논의가 그리 심도 있게 전개되지 못한 듯이 보인다. 따라서 이 글에서는 중앙집중화의 실상을 짚으면서 문제점을 밝히고 대안으로서 지방분권화의 전망을 검토해보고자 한다.

그러자면 먼저 중앙집중화가 과연 무엇인가 하는 개념 정의에서 논의를 출발할 필요가 있다. 그러나 아직까지 중앙집중화의 개념에 대해 어떠한 합의가 이루어진 바는 없다. '장님 코끼리 더듬는' 식으로 제각기 다양하게 규정짓고 있을 뿐이다. 이러한 점을 감안한다면, 좀더 거시적인 관점에서 기존의 논의를 아우르면서 중앙집중화의 개념에 접근할 필요가 있다.

중앙집중화는 말 그대로 모든 것이 중심으로 몰리는 현상을 가리킨다. 그렇다면 그 중심은 어디고, 어떻게 몰리는 것인가? 이러한 점에 주목해볼 때, 중앙집중화 추세를 다음과 같은 세 가지 차원으로 나눠 살펴볼 수 있다.

그 하나는 정치권력의 집중 추세이다. 이는 국가와 시민사회의 관계에서 시민사회의 구성원이 갖고 있는 정치권력이 국가기구, 특히 그 정점에 있는 일인에게 집중되는 것을 가리키는데 국가로 권력이 집중되는 권위주의적 정치 질서, 또는 국가중심주의가 그 관건이 된다. 봉건제를 통한 지방분권의 역사를 경험하지 못했고, 식민지 해방 후 근대화 과정에서 외부로부터 이식된 민주주의 제도의 내용이 채워지지 못해 전통적인 권위주의적 정치질서가 고착화되면서 나타난 현상이다.

그 결과 1980년대 후반 민주화 이전까지 대통령을 정점으로 한 국가권력은 군부와 경찰력, 정보기관 등을 통해 폭력과 정보력을 독점한 채 이에 대응할 만한 조직력을 갖추지 못한 시민사회에 대해 무소불위의 권력을 휘두를 수 있었다. 민주화 이후 정치적 참여의 '열린 공간'이 만들어지고 노동운동을 비롯한 사회운동이 활발해지면서, 정치권력이 부분적으로 이완되고 있지만, 서구 민주주의 사회에서와 같은 견제를 통한 권력 균점의 관계는 기대하기 어렵다는 점에서 정치권력의 집중은 여전히 지속된다고 할 수 있다.

둘째는 국가기구 내에서의 행정력의 집중 추세다. 여기서의 중앙집중화란 중앙정부와 지방정부의 관계에서 구상(conception)과 실행(execution)의 분리가 이루어져 중앙정부는 모든 권한을 장악한 채

계획을 수립하고, 지방정부는 이미 결정된 사안을 단순히 행하는 수족으로 기능함을 뜻한다. 이는 중앙집권적인 왕권국가의 전통에서 비롯된 중앙(부처)중심주의에 다름 아니다.

따라서 민주주의 제도가 수입되는 과정에서 1950년대 일시적으로 지방자치제가 부분적으로 실험되었을 뿐, 1980년대까지도 모든 행정력은 중앙정부로 집중되었다. 다만 민주화의 여파로 1995년부터 본격적인 지방자치의 시대가 막을 열었다. 그러나 대다수 지방정부의 재정 자립도가 여전히 50%를 밑도는 상황에 비추어볼 때 지방자치는 '제도적 허울'일 뿐, 지방정부는 여전히 중앙정부에 '실질적 종속' 상태에 있다는 지적이 잇따르고 있다.

셋째로는 공간적인 차원에서 경제력과 문화권력이 서울로 몰리는 서울중심주의 추세를 들 수 있다. 서울은 예전부터 문물의 집산지였는데, 특히 조선조 이래로 정치권력의 중심지가 되면서 경제력과 문화권력의 집중이 더욱 가속화되었다. 따라서 서울과 지방 간

<표 1> 서울 및 수도권의 인구 집중도(1648～1995년)

(단위: 천 명, %)

연도	전국(A)	서울(B)	수도권(C)	B/A	C/A
1648	1,531	96	177	6.2	11.5
1753	7,299	174	816	2.4	11.2
1852	6,810	204	877	3.0	12.9
1925	19,523	342	2,018	1.8	10.3
1935	22,899	444	2,452	1.9	10.7
1945	25,900	901	3,090	3.5	11.9
1955	21,502	1,569	3,929	7.3	18.3
1966	29,193	3,803	7,011	13.0	24.0
1975	34,709	6,889	10,929	19.8	31.5
1980	37,449	8,367	13,302	22.3	35.5
1985	40,467	9,646	15,825	23.8	39.1
1990	43,411	10,613	18,587	24.4	42.8
1995	44,609	10,231	20,189	22.9	45.3

자료: 국사편찬위원회, 1996～99, 『한국사』; 조선총독부, 1925～35, 『통계연보』, 『국세조사결과표』; 경제기획원/통계청, 각년도, 『인구·주택 총조사』.

<표 2> 수도권 집중의 현황(1995년 현재)

구분		전국(A)	수도권(B)	B/A
인구·주택	면적(km^2)	99,394	11,726	11.8
	인구(천 명)	44,609	20,189	45.3
	인구밀도(명/ km^2)	449	1,722	
	주택보급률(%)	86.1	76.5	
지역경제	지역총생산액(십억 원)	305,974	141,446	46.2
	총사업체수(개소)*	167,403	96,964	57.9
	제조업체수(개소)*	91,372	50,810	55.6
	금융예금(십억 원)	154,136	99,804	64.8
	금융대출(십억 원)	152,477	90,409	59.3
주요기능	4년제 대학수(개소)	131	55	41.9
	공공기관수(개소)	513	419	81.7
	주요기업 본사(개소)	100	88	88.0
	연구기관(개소)	2,248	1,540	68.5

주: *는 1994년 기준.
자료: 건설교통부 국토계획국 수도권계획과, 1997, 『제2차 수도권정비계획
   (1997~2011)』.

의 격차가 갈수록 벌어지면서 지역간 불균등 추세가 한층 심화되고 있다.

특히 1960년대 이후 급속한 산업화와 도시화를 겪으면서 이러한 경제적·문화적 집중이 가속화되었다. <표 1>에서 보듯이, 5%선을 넘나들던 서울 인구의 비중이 1960년대부터 10%대로 뛰어올랐고, 1980년대부터는 20%대를 넘어 최근에는 전국토의 0.6%에 불과한 서울에 국민 네 명 가운데 한 명 꼴로 살고 있다. 이러한 인구집중에 더해 경제활동과 대학·연구기관 등 지식·학문의 집중 현상도 심각한 실정이다(<표 2> 참조).

이렇게 본다면 중앙집중화는 정치, 행정 및 공간의 3차원에서 정치권력의 집중, 행정력의 집중 그리고 경제적·문화적 권력의 집중이 일어나는 복합적인 사회현상이라고 규정할 수 있다. 그런데 문제는 이러한 중앙집중화의 중층적 구조에서 각 차원이 대등하게 병렬된 것이 아니라 정치권력의 집중을 앞세워 행정력의 집중이 뒤따

르고 그 뒤로 경제적·문화적 권력이 몰려드는 일련의 위계를 형성
한다는 사실이다. 이는 권위주의적 정치질서하에서 중앙정부에 의
한 행정력의 독점이 일어나고, 그 뒤를 이어 정경유착 등의 형태로
기업 본사가 중앙으로 집중되고 또 지식 및 정보의 산실인 대학 및
연구기관, 문화 관련 시설이 몰리고 있다는 사실에서 쉽게 확인할
수 있다.

2. 중앙집중화, 어떻게 볼 것인가
– 중앙집중화의 허상과 실상

이와 같은 중앙집중화의 개념에 동의하더라도, 어떻게 접근할 것
인가에 대해서는 수많은 이견이 있을 수 있고 그 와중에 중앙집중
화에 대해 현실과 동떨어진 허상이 만들어지기도 한다. 따라서 본
격적인 논의에 앞서 중앙집중화를 어떻게 볼 것인가를 먼저 짚어볼
필요가 있다.

먼저 중앙집중화는 우리만의 고유한 문제인가를 따져볼 필요가
있다. 중앙집중화의 정도가 높고 그 폐해가 당장 눈에 띄는 까닭에,
이를 마치 한국 사회의 특수성인 양 여기기 십상이다. 그러나 권력
의 집중화 경향은 인류 사회의 보편적 현상이며, 연방제를 취하고
있는 미국, 독일, 스위스, 오스트레일리아 등을 제외한 영국, 프랑
스, 이탈리아, 일본 등에서는 우리와 다를 바 없는 정치권력의 집중
과 수도권의 과밀화 현상을 발견할 수 있다. 따라서 중앙집중주의
나 서울중심주의를 한국 사회의 고질병으로 예단하는 태도는 옳지
않다.

그렇지만 한국의 중앙집중화는 이들 나라에 비해 보다 완고한 특

징을 보여준다. 이는 서구 국가들이나 일본이 봉건제라는 지방분권적인 정치풍토를 거친 후에 근대적 국민국가가 형성되면서 중앙집중화의 길로 접어든 반면, 한국은 조선조 이래 중앙집권적 국가체제가 그대로 유지되어왔기 때문이다. 또한 해방 이후 한국전쟁으로 한반도의 분단이 고착화되면서 미·소간의 대립이 남북한간의 체제경쟁으로 변질되어 남북한 모두 '총력안보' 체제를 갖추게 되면서, 중앙집중화 경향이 더욱 가속화되었기 때문이다. 이러한 점에서 다른 나라와의 차별성을 찾아볼 수 있다.

둘째로 중앙집중화는 20세기의 산물인가 하는 점이다. 물론 1960년대에 이미 『서울은 만원(滿員)』이라는 소설이 나올 정도로 20세기 후반기에 서울 및 수도권으로 인구가 집중되고 경제력 및 문화권력의 집적도가 높아졌다. 이러한 까닭에 흔히 중앙집중화의 문제를 최근의 사안으로 국한시켜 보기 십상이다. 그러나 정치권력은 이미 조선조부터 집중되었으며, 경제력 및 문화·지식도 뒤이어 서울로 몰렸다. 따라서 중앙집중화가 20세기의 새로운 현상이라고 할 수는 없다.

그러나 최근의 중앙집중화 추세는 예전의 중앙집중화와는 상이한 특징을 보여주고 있다. 우선 1960년대 이후 국가가 국가 주도적 산업화 전략을 채택해서 저임 노동력의 공급을 위해 이농을 부추기고 신속한 경제성장을 위해 거점개발 방식을 추진하는 등 수도권 집중을 의도적으로 부추기고 지역간 불균등 발전을 심화시켰다. 그 결과 중앙으로의 집중도가 더욱 높아졌을 뿐 아니라, 집중의 양상이 정치적 차원의 집중에서 인구 및 자원의 공간적 집중이라는 경제·사회적 차원의 집중으로 변모하는 양상을 보여주고 있다. 이처럼 집중의 정도나 형태가 바뀌기는 했지만, 중앙집중화의 추세는 변함 없다는 사실에 유념할 필요가 있다.

셋째로 중앙집중주의와 서울중심주의가 중요한 경제·사회적 문제로 부각되기는 하지만, 왜 영·호남간의 지역갈등과 같은 심각한 정치적 쟁점으로 부각되지 않는가 하는 점이다. 권력의 편중도나 지역간 불균등 발전의 정도만 따져본다면, 영·호남간 격차보다 서울과 지방 간의 격차가 오히려 더 심각하다. 그러나 경·향간 격차를 영·호남간 격차보다 심각하다고 보지도 않을 뿐더러 경·향간 갈등이 정치적으로 표면화되지도 않고 있다. 왜 이러한 아이러니가 발생하는가?

우선 <표 1>에서 보듯이, 전인구의 절반이 수도권에 살고 있고, 수도권 인구의 절반 가까이가 서울에 거주하고 있다. 오랜 갈등의 역사와 함께 서로 대등한 맞상대라는 인식이 팽배해 있는 영·호남과 달리, 서울과 지방의 관계는 골리앗과 다윗의 대결과도 같아 갈등이 표면화되기 어렵다. 또한 서울로 표상되는 우리 사회의 '중앙'은 동경과 선망의 대상이지, 투쟁의 대상이 아니다. 예전에 한 외국인 평론가가 한국 사회에는 세 개의 천국이 있다면서, 그 하나가 하늘나라고, 또 하나가 미국이며, 마지막 하나가 서울이라고 한 바 있는데, 이처럼 서울과 '중앙'은 언제고 밟아봐야 할 '마음의 고향'이지 싸워서 쟁취할 대상이 아니었다. 이에 더해 서울로 대변되는 중앙무대는 각 지방 출신들이 어우러져 힘을 겨루는 '입신출세의 터전'이자 '성공의 텃밭'이지, 서울 토박이들의 지역감정이나 지역주의가 힘을 발휘할 수 있는 곳이 아니다. 예컨대 서울 시민이 되면, 누구나 '특별시민'이라는 선민의식을 갖기 쉽지만, '서울 토박이' 의식을 키우기보다는 자기 정체성의 뿌리는 출신 지역에 두며 생활하곤 한다. 이러한 까닭에 중앙무대는 '외인부대'에 의해 손쉽게 점령되는 '무주공산'으로 간주되고 있다. 따라서 화려하고 안락한 서울 생활이 지방주민에게 아무리 커다란 상대적 박탈감을 자아내더라도 이는 선망감만 키울 뿐 그에 대한 적대감을 불러일으키지 않으며, 그 결과 '지역 균열', '지역감정'과 같은 정치적 쟁점으로 부각되지도 않는다. 바로 이러한 이유들 때문에, 중앙집중화가 심각한 '사회'문제임에도 불구하고 절실한 문제로 느껴지지 않는다고 보인다.

마지막으로 앞의 세번째 문제와 관련해서 중앙집중화는 과연 지역주민에게 어떤 의미를 갖는가를 따져볼 필요가 있다. 중앙집중화는 뒤에 살펴보듯이, 중앙과 주변 간의 격차를 심화시킨다는 점에서 심각한 문제상황임에 틀림없다. 이 때문에 흔히들 정치권력의 불균형으로 지배-종속 관계가 형성되고, 경제적 불평등으로 착취-피착취 관계가 맺어져, 주변 지역의 주민은 종속과 착취를 당하는 '내부 식민지 상황(internal colonialism)'에 빠지게 된다고 생각한다. 그러나 현실을 좀더 자세히 들여다보면 노동자, 농민, 도시빈민에게는 서울에 살더라도 화려한 서울 생활은 '그림의 떡'이기 십상이며, 높은 주택가격과 생계비 부담으로 오히려 생활의 어려움만 가중된다. 또 지방에 거주하는 중하층 주민에게 낙후 지역의 개발이 곧바로 이들의 생계 안정이나 생활 향상을 가져다주지는 않는다. 즉 중앙집중화에 따른 중앙-주변의 양극화는 대다수 주민들의 생활에는 거의 실질적인 영향을 주지 않는다. 이러한 까닭에 앞서 본 바와 같이 중앙집중화가 곧바로 정치·사회적 균열로 이어지지 않는 것이다. 중앙의 과잉 비대화에 따른 지방의 침체 및 낙후는 다만 지방토호나 지역유지의 기득권을 보호해주지 않는다는 점에서, 이들의 저항을 촉발할 뿐이다. 결국 중앙집중화가 '사회적으로는' 시급히 해결해야 할 문제상황이지만, '주민들에게는' 그리 큰 관심 사안이 아닌 것이다. 이러한 점에서 중앙집중화의 문제를 과대포장해서도 안되지만, 그렇다고 해서 과소평가해서도 안될 것이다.

3. 중앙집중화, 무엇이 문제인가

중앙집중화가 심각한 '사회'문제라면 구체적으로 어떠한 폐해를 가져오기 때문인가? 이는 여러 가지 측면에서 살펴볼 수 있는데, 크게 보아 정치·군사·안보·경제·사회·문화적 차원으로 나눠볼 수 있다.

먼저 정치적 차원에서 볼 때 권력의 집중을 가리키는 중앙집중화는 권력의 분산과 견제를 존립 근거로 삼고 있는 민주주의의 대척점에 서 있다고 할 수 있다. 우리 사회에서 정치권력의 집중으로서의 중앙집중화는 권위주의적 정치질서로 체계화되어 시민사회의 성장과 시민층의 정치적 권리 행사를 가로막아왔다. 이러한 권위주의적 정치체제는 1980년대 후반 이후 민주화를 통해 대통령 직선제와 의회 기능의 활성화를 통해 정치적 참여의 통로가 부분적으로 개방되고, 언론 자유의 확장으로 언로가 일부 열리면서 서서히 와해되는 조짐을 보이고 있다.

그러나 지금까지의 민주화는 '상층 정치(high politics)' 수준에서 중앙집권적인 권위주의 정치체제를 해체시켜 정치적 불평등을 해소하는 '제도적 민주화'이자 '형식적 민주화'였다. 따라서 '생활정치(low politics)' 수준에서 관철되는 권위주의적 풍토를 척결하는 데까지 이르지는 못했고, 정치권력의 분산과 지방정치의 활성화가 원활히 이뤄지지 못하고 있다. 이처럼 중앙집중화는 좁게는 정치적 참여의 불평등을 온존시키고, 넓게는 일상생활에서 실질적인 삶의 질을 향상시키려는 사회경제적 불평등의 해소 노력을 가로막는 민주화의 걸림돌로 작용해왔다.

다음으로 군사·안보적 차원에서 중앙집중화는 체제의 안정을 위협하는 요인으로 작용하고 있다. 휴전선을 사이에 두고 남북한이 군사적으로 대치하고 있는 상황에서 전투기로 5분 이내 거리에 인구 1천만 명이 집결해 있다는 것은 안보상으로 커다란 취약점이다. 150만여 명이 거주하던 1950년 한국전쟁 상황에서도 서울이 엄청난 혼란을 겪었던 사실을 상기한다면, 전시 상황에서 현재의 서울 인구를 통제한다는 것은 현실적으로 불가능한 일이라고 할 수 있다. 1970년대부터 서울 시내 공장과 대학 등 인구 집중 유발 시설을 지방으로 강제 이전시키거나 사유재산권 침해 논란을 무릅쓰면서까지 개발제한구역을 30여 년 간 유지해서 서울의 팽창을 억제해온 근저에는 이러한 서울의 인구 집중에서 비롯되는 군사·안보적 취약성이 깔려 있다.

그리고 경제적 차원에서 중앙집중화는 경제력의 집중을 가리키는데 이는 '과밀의 폐해'를 초래한다. 우선 1981년의 주택가격 지수를 100으로 할 때, 1990년 전국 도시의 평균 지수는 159.1인데, 서울은 207.4에 달한 사실에서 볼 수 있듯이, 인구 및 각종 경제활동의 집중은 지가와 주택가격을 과도하게 상승시킨다. 또한 1993년 기준으로 서울 시내 교통혼잡에 따른 비용이 3조 1,878억 원으로 추정되는데, 그 결과 서울시 총생산액의 4.6%에 달하는 비용이 길거리에서 허비되고 있다. 이에 더해 1990년대 초반 수도권에서 서울로의 통학·통근자가 60만 명에 달하고, 서울에서 수도권으로의 통학·통근자가 26만 명에 달할 정도로 서울로의 과도한 집중이 직·주의 분리를 더욱 가속시켜 인구의 대규모 이동을 유발시키고 있다. 이러한 일련의 사실은 인구 및 경제활동의 집중이 가져오는 불필요한 경제적 손실을 여실히 보여주고 있다.

마지막으로 사회·문화적 차원에서의 집중의 폐해를 지적하지 않을 수 없다. 먼저 문화·정보·지식의 집중은 중앙으로부터 문화나 정보·지식의 일방적 전달이 일어나 지방에서는 중앙의 복사판이 판

을 치는 몰개성적이고 획일적인 문화와 풍습, 행태가 나타나게 된
다. 또한 교육기회의 지역적 불평등은 지방의 직장과 중앙의 교육·
문화 혜택을 찾아 부모와 자식이 헤어져 사는 '현대판 이산가족',
'주말 가정'을 양산하고 있다. 또 서울에 거주해서 각종 문화와 정
보·지식의 혜택을 받는다 해도, 대규모 인구 집중에 따른 대기 및
수질 오염과 과밀 주거 등과 같은 생활환경의 악화는 피할 수 없다.
이에 더해 직·주 분리에 따른 장시간의 통학·통근으로 가정 생활과
지역공동체 활동이 제대로 이루어지지 못해 가족간의 대화가 사라
진 사실상의 '결손가정'이 늘어나고, 지역사회 문제에 대한 주민들
의 공동체적인 대응을 기대하기 어려운 실정이다. 그 결과 삶의 질
이 향상되기는커녕 훼손되기 일쑤이고, 시민사회의 성장이 더욱 지
체되는 결과가 초래되고 있다.

이와 같이 중앙집중화는 사회적으로 불필요한 기회비용의 지출
을 강요하고 있다는 점에서, 이를 해소할 방안을 시급히 모색할 필
요가 있다.

4. 중앙집중화에의 대응

앞서 보았듯이 중앙집중화의 사회적 폐해가 적지 않았기 때문에
공익 수호 차원에서 그동안 정부는 여러 가지 대책을 마련해왔다.
이러한 대응책은 크게 두 갈래로 나뉘는데, 그 하나는 정치·행정적
차원에서 정치권력과 행정력을 분산시키려는 지방자치의 움직임이
고, 다른 하나는 사회·경제적 차원에서 인구 및 경제력을 분산시키
려는 수도권 정비의 움직임이었다.

현대 한국 사회에서 지방자치의 실험은 해방 후 제1공화국 시기

에 이루어졌다. 1949년 지방자치법의 제정으로 일찍부터 법률적 틀은 갖춰졌지만 지방분권화에 대한 정부 안팎의 반발로 지연되었다. 그러다가 1952년 전시 상황에서 재집권을 노린 이승만 정권이 지방의 지지세력을 동원하기 위한 수단으로 지방의회 구성을 허용하고 지방자치단체장을 지방의회에서 간선제로 선출하도록 함으로써 지방자치가 처음 시작되었다. 그 뒤 일시적으로 지방자치단체장의 주민 직선제가 실시되기도 했지만, 제자리를 잡지 못하다가, 1961년 군사쿠데타 이후 정치적 혼란 방지를 앞세운 군부 정권에 의해 중단되고 말았다. 지역 차원에서 '밑으로부터의' 민주화를 지향하는 '자치(自治)'의 의도에서 출발한 것이 아니라 중앙집권층의 불순한 정치적 의도에서 시작된 '위로부터의', '관치(官治)'의 의미가 강해 중앙정치에 의해 농단되었기 때문에 초기의 지방자치는 쉽사리 와해되었던 것이다. 그후 30년 간 중단되었다가, 1980년대 후반 민주화와 함께 지방자치의 중요성이 부각되면서 1991년 지방의회가 부활되었고, 1995년에는 지방자치단체장까지 주민의 손으로 뽑을 수 있게 되었다.

그 결과 지방자치의 새로운 정치 풍토가 서서히 자리잡아가고 있지만, 그 뿌리를 내리는 과정에는 여전히 많은 걸림돌들이 놓여 있다. 우선 지방자치가 행정적 관점에서 접근되어 지방정치의 활성화, 지역주민의 정치참여 확대 등과 같은 '밑으로부터의 민주화' 요구와 제대로 접맥되지 못한 채 행정의 분권화 형태로만 진행되고 있다. 이에 더해 지방자치단체장과 지방의회 의원만 주민이 직접 선출할 뿐, 지방정부가 독자적으로 행정과 사업을 펼치는 데 필수적인 조례 제정, 행정조직 구성, 세원 발굴 및 과세 등의 활동에 숱한 제약이 있다. 또한 밑으로부터 올라오는 지역주민의 정치적 역량도 미흡하다. 그 결과 행정의 분권화마저 중앙정부의 일방적 시혜 차원에서 이루어지는 '이름뿐인 지방자치', '기형적인 지방자치'가 이루어지는 데 그치고 있다. 지방자치의 이러한 문제는 걸음마 단계의 지방자치가 거쳐야 하는 '과도기적 시련'이라고도 할 수 있지만, 정부의 지방자치 노력이 중앙집중화 경향에 대응할 만한 지방분권화의 흐름을 조성하지 못했음을 확인시켜주고 있다.

그에 비해 사회·경제적 차원에서의 지방분산 노력은 보다 강도 높게 이루어져왔다. 일종의 수도권 진입 비용으로서 과밀부담금을 부과하거나 지방 이전에 대해 조세 감면을 실시하는 등 '당근과 채찍'의 전술을 함께 구사하는가 하면 개발제한구역을 지정하고 인구 집중 유발 시설의 진입을 아예 차단하거나 수도권 밖으로 내쫓는 물리적 강제력을 행사하기도 했으며, 더 나아가 실행에 옮기지는 못했지만 새로운 행정수도 건설 계획을 수립하기도 했다.

시기적으로 보면, 1960년대 중반부터 인구 및 경제력의 집중을 억제하려는 분산 정책이 시행되었는데, 이때부터 1980년대 전반기까지는 서울로의 인구 집중이 갖는 군사·안보적 취약점을 해소하려는 목적에서 주로 서울을 대상으로 갖가지 물리적인 강제력을 발휘해서 인구 및 기업, 공공기관, 대학 및 연구기관 등의 진입을 억제하고 지방 이전을 강제하는 데 주력했다. 그러나 정책의 추진 주체도 분명하지 않고 정책 방향에 대한 합의도 충분하지 못해서 체계적으로 시행되지 못한 까닭에, 강경한 규제에도 불구하고 중앙집중화 추세를 저지하기에는 역부족이었다.

그러다가 1982년 수도권정비계획법이 제정되고 이에 기초해서 1984년부터 '제1차 수도권정비계획'이 시행되면서, 중앙집중화에 대한 체계적인 정책적 개입이 이루어지기 시작했다. 이때부터 군사·안보적 목적보다는 사회·경제적 차원에서 '과밀의 폐해'를 억제할 목적으로 수도권을 대상으로 체계적인 물리적 규제가 이루어졌다.

그러나 서울 인구가 수도권 지역으로 이전되는 교외화 현상으로 중앙집중화 추세가 서울 집중에서 수도권 집중으로 확장되었을 뿐 아니라, 강력한 물리적 규제로 인해 무허가공장이 난립하는 등 오히려 강경한 규제의 부작용이 나타나, 지방분산정책이 실효성을 발휘하지 못했다.

이에 1994년 '제2차 수도권정비계획'에서는 강경 규제의 부작용을 감안해서 규제의 합리화와 유연화가 이루어졌다. 즉 총량 규제 방식을 통해 직접적인 규제로 인한 갈등을 줄이는가 하면 강제 이전과 같은 물리적 규제보다는 과밀부담금 부과와 같은 경제적 제재 방식을 도입했다. 그러나 이는 집중 억제와 개발 허용이라는 서로 상반된 정책목표를 병치시킴으로써 결과적으로 중앙집중화의 현실을 용인하는 쪽으로 정책 방향이 바뀌고 있음을 보여주고 있다.

정치적 차원에서의 지방자치와 마찬가지로 사회·경제적 차원에서의 지방분산 역시 중앙집중화의 거센 물결을 거스르기에는 역부족이었다. 따라서 중앙집중화에 대한 공공 차원의 대응은 결과적으로 실패작이었다고 할 수 있다.

5. 중앙집중화를 둘러싼 쟁점

1960년대 산업화와 도시화의 거센 물결로 인구 및 경제력의 수도권 집중 추세는 더욱 가속화되었지만 그 대책은 실효성을 발휘하지 못했다는 점에서 이러한 중앙집중화를 어떻게 파악하고 평가해야 할지를 둘러싸고 논란이 끊이지 않고 있다. 특히 서로 상반된 두 입장이 맞서고 있는데, 그 하나는 중앙집중화의 현실을 인정하고 이에 대한 각종 인위적 규제를 완화 또는 해제해야 한다는 '자유방임론'이고, 다른 하나는 그 문제점과 폐해에 주목해서 이를 해결하기 위한 공적 규제와 제약을 더욱 강화해야 한다는 '공공개입론'이다. 중앙집중화를 둘러싼 세 가지 쟁점을 중심으로 이들 두 입장을 대비시켜 살펴보면, 다음과 같다.

1) 중앙집중화 문제, 어떻게 접근할 것인가

자유방임론은 중앙집중화, 특히 서울 및 수도권의 인구 증가 추세를 '당연한 것' 또는 '주어진 것'으로 파악한다. 즉 신고전파적인 경제이론에 입각해볼 때, 중앙집중화는 '집적의 이익'이 '집적의 불이익'보다 큰 시장 상황에서, 자유경쟁의 시장원리에 따라 일어나는 극히 자연스러운 현상이다. 물론 자유방임론이라고 해서 중앙집중화가 전혀 문제가 없다고 보지는 않는다. 즉 산업화와 도시화가 급속히 전개되는 상황에서, 과잉집중된 인구에 대비한 도시 기반시설이나 사회·경제적 부양 대책이 마련되지 못해 심각한 사회 문제가 발생할 수 있다는 사실을 인정한다. 그러나 이는 급속한 사회변동 과정에서 일시적으로 나타나는 '성장통(成長痛)'에 지나지 않는다고 본다. 따라서 경제성장이 일정 궤도에 진입해서 도시화가 성숙 단계에 도달하게 되면, 대도시권 중심도시의 성장이 상대적으로 정체되면서 주변 지역의 팽창이 일어나는 '집중의 역전' 현상에서 보듯이, 자연스럽게 해소될 수 있다고 판단한다.

아울러 자유방임론에서는 중앙집중화를 경제성장의 전제조건으로 파악해야 한다고 주장한다. 즉 특정 지역에 인구가 집중해서 다수의 인구가 사회·공간적으로 집결되면, 이들간의 기능적 분업이 이루어지면서 생산성의 향상이 일어나고 이는 경제성장 및 사회발전으로 이어진다는 것이다. 이러한 맥락에서 서울 및 수도권은 중소기업의 창업이 활발히 일어나는 기업의 인큐베이터이자, 대학·연구기관 및 고급 연구인력이 밀집되어 생산자 서비스가 원활히 제공되는 성장 터전이다. 더 나아가서 과거의 성장 연대에는 국가발전의 원동력이자 견인차였으며, 향후 미래 세계의 중심국가로 도약하기 위한 국가발전의 전진기지이자 첨병이라고 할 수 있다. 따라서 국가간의 무한경쟁이 일어나는 세계화 시대에 국가 경쟁력의 지표라고 할 수 있는 중앙집중화를 '지역 균형 발전'을 앞세워 발목잡기보다는 '선두주자 육성을 통한 국가발전'을 추진할 필요가 있음을 역설한다.

이에 반해 공공개입론은 자유경쟁의 원리에 입각한 시장경제 메커니즘은 '시장의 실패'를 낳는다는 케인스주의적 입장을 취하고 있다. 이에 따르면 자유경쟁의 시장논리에 맡겨진 지역개발은 지역간의 불균형을 돌이킬 수 없을 지경으로 심화시킨다. 따라서 사회내의 다수의 권익을 대변하는 정부가 각종 행정규제나 재정지원을 통해 시장논리에 의해 왜곡된 현실을 정상 상태로 되돌려야 한다고 본다.

공공개입론에 따르면 과도한 중앙집중화는 급속한 경제성장 과정에서 일시적으로 나타나는 성장통이 아니라 잘못된 사회발전 전략에서 비롯된 '고질병'으로, 서둘러 치유하지 않을 경우에는 지역개발에서 소외된 지방주민들에게는 상대적 박탈감을 심어주고, 과잉집중에 시달리는 수도권 주민에게는 삶의 질을 악화시킴으로써, 국가의 기반을 흔드는 위기를 초래할 수 있다고 본다. 그렇다고 해서 이들이 중앙집중화 자체를 죄악시하는 것은 아니다. 다만 자유경쟁의 시장원리에 내맡길 경우, 적정 수준을 넘어선 과잉집중이 일어나는 것이 명약관화하며, 이에 따른 '외부 불경제(外部 不經濟)'를 사전에 예방하지 못한 채 사후적으로 처리하려 할 경우, 이미 고질병으로 발전해서 그에 따른 사회·경제적 비용이 엄청날 것임을 경계하고 있는 것이다.

물론 집중억제정책으로 수도권 문제를 깨끗이 해결한 외국 사례를 찾아보기도 어렵지만, 그렇다고 해서 이를 시장논리에 무방비적으로 내맡긴 사례도 찾을 수 없다. 또 중앙집중화가 경제성장의 원동력이기도 하지만, 모든 선진국들이 이처럼 특정 지역을 중점 육성하는 거점개발 전략을 채택해서 경제성장을 이룩한 것도 아니다. 즉 '중앙집중화는 경제성장의 필요조건'이라는 자유방임론의 강변을 그대로 수긍하기도 어렵다. 따라서 과도한 집중 문제가 정부 개입 없이도 손쉽게 해결되리라는 '치명적 자만'에 빠져 문제를 키우기보다는 성장과 발전을 다소 희생해서라도 조기에 지나친 집중을 제어하는 방안을 모색하는 정책적 노력이 필요하다고 본다.

2) 중앙집중화, 적정한가

자유방임론에서는 공공개입론의 '과밀론'을 객관적 근거가 없는 일면적 주장으로 폄하한다. 이들은 과밀 여부를 인구의 절대수만으로 판단할 수 없으며, 인구의 절대적 규모와 도시 기반시설의 가용능력 간의 함수 관계로 파악해야 한다고 주장한다. 즉 인구의 절대수가 크게 늘어나더라도 이들을 수용할 도로, 상하수도, 주택 등이 충분히 갖춰진다면 과밀을 주장할 수 없으며, 또 인구가 정체되거나 감소하더라도 이들 시설이 낙후되고 공급이 중단된다면 과밀과 혼잡의 문제가 발생할 수 있다고 본다. 예컨대 부산은 서울 인구의 절반 이하지만, 도로 사정 등을 견주어 본다면 서울보다 오히려 더 과밀하다는 것이다.

특히 서울 및 수도권 주민들이 자기 부담으로 도시 기반시설을 건설할 의사와 능력을 갖고 있으며, 사용편익 측면에서도 이 지역에 대한 도시 기반시설 투자 효율이 다른 지역에 비해 매우 높기 때문에, 중앙정부가 개입하지 않고 지방정부가 주민의 요구에 따라 행동한다면 과밀 문제는 자연스럽게 해소될 수 있다고 본다. 이렇게 볼 때, 중앙집중화의 문제는 '과밀(excess density)'의 문제가 아니라 '고밀도(high density)'의 문제라는 것이다. 따라서 자유방임론에서는 '있지도 않은' 과밀을 억지로 조절하려 애쓰기보다는 고밀도 상황을 적정하게 관리하려는 인식의 전환이 필요함을 역설한다.

공공개입론은 우선 인구뿐만 아니라 각종 사회·경제적 활동이 대거 중앙으로 몰려 지역간 불균등 발전이 가속되고 있으며, 특히 중앙집중화가 단순한 양적 증가에 그치지 않고 고밀도에서 과밀로 질적 전환을 일으키면 도저히 손 쓸 수 없는 사태가 초래될 수 있다면서 사전 예방에 주력해야 함을 역설하고 있다. 또한 수도권 과밀을 막기 위한 각종 시설 투자가 단기적으로 과밀·혼잡의 비용을 덜 수 있는 장점이 있지만, 중·장기적으로는 더 많은 집중을 촉발할 뿐만 아니라 투자의 경제적 효율성만 앞세워 낙후 지역의 '상대적 저발전'을 더욱 심화시키는 사회적 형평성의 문제를 낳는다고 본다. 그리고 과밀 문제를 '절대적 인구'가 아니라 도시 기반시설을 감안한 '상대적 인구'로 파악하는 자유방임론의 주장이 상당한 호소력을 갖지만, 절대적 인구의 증가가 결과적으로 도시성장을 가로막는 걸림돌로 작용할 수 있다는 점을 감안할 때, 수도권 고밀도를 앞세워 과밀의 한계를 실험하는 태도는 엄청난 사회·경제적 파급 효과를 고려할 때 쉽사리 수긍하기 어렵다고 주장한다. 따라서 고밀도에 대한 적정 관리와 함께 과밀화에 대한 대비책이 병행되어야 한다는 것이다.

3) 중앙집중화에 따른 집적의 이익과 불이익

인구 및 시설의 집중에 따른 집적의 이익과 불이익은 눈에 보이지 않는 사회적 편익과 비용까지 포괄하기 때문에 상대적 크기를 비교하기란 결코 쉽지 않다.

그러나 이에 대해 자유방임론은 집적의 이익이 훨씬 크다는 사실을 여러 가지 지표를 통해 입증하고자 한다. 먼저 정부의 강력한 규제에도 불구하고 중앙집중화가 지속되고 있다는 사실은 집적의 이익이 집적의 불이익보다 크다는 점을 여실히 보여준다고 주장한다. 또한 수도권 과밀과 혼잡으로 인해 사회간접자본에 대한 설비 비용이 증가한다는 주장은 '집적의 불이익'설의 관건인데, 실상 사회간접자본의 효율성은 그 절대적 비용이 아니라 사용 밀도와 사회적 가치에 입각해서 판단해야 한다면서, 수도권에 많은 비용을 투자해서 도시 기반시설을 추가 건설하더라도 높은 만족도와 이용도를 충족하기 때문에, 이는 결코 집적의 불이익을 낳지 않는다고 주장한다. 예컨대 강원도 오지에 몇 십 명의 주민을 위해 건설한 도로에 비해 신도시와 서울을 잇는 도로는 토지보상비와 건설비용은 많이 들지만, 그 이용도에 비추어 보면 비용 대비 수익성이 훨씬 높다는 것이다.

이들의 주장과 같이 중앙집중화와 관련해서 집적의 경제적 이익이 집적의 경제적 불이익보다 큰 것이 사실이다. 문제는 이러한 집적의 이익과 불이익이 누구에게 어떠한 방식으로 배분되는가 하는 점이다. 실제로 중앙집중화 과정을 살펴보면, 집적의 이익은 '개별' 사회구성원에게 '즉시' 귀속되는 반면, 집적의 불이익은 도시 기반시설의 투자, 과밀로 인한 혼잡비용 및 환경파괴에 따른 생활환경의 폐해 등과 같은 형태로 국가를 통해 '전체 사회'에, 더 나아가서는 우리의 후손들에게 '장기적으로' 부과된다. 즉 '집적 이익의 개별적·즉각적 귀속과 집적 불이익의 사회적·장기적 부담'이라는 비용·편익의 불균등 분배 문제가 발생한다. 그런데 집적의 불이익을 지금 당장 직접 감당하지 않는 개인이나 개별 기업들은 엄청난 집적의 불이익이 눈에 보이지 않는다는 이유만으로 '불을 찾는 불나방'처럼 수도권으로 몰려들고 있다. 이러한 점에서 집적의 이익이 더 크기 때문에 수도권 집중이 지속된다는 자유방임론의 주장은 일면적이라고 할 수 있다.

또한 대도시가 창업의 보육센터이자 집적의 이익을 극대화하는 곳이기는 하지만, 과도한 도시 비대화는 집적의 불이익을 낳아 산업 분산 대책이 사전에 마련되지 않는다면 기업들의 대규모 탈출 사태를 초래할 수 있다. 이는 이미 1970년대 뉴욕에서 현실로 입증된 바 있다. 따라서 과도한 집중으로 혼잡비용이 증대해서 경제활동의 생산성을 저하시키고 주민의 쾌적한 생활환경을 침해하기 이전에 이를 예방하는 조치가 필요하다. 더 나아가 중앙으로의 진입 혜택에 상응하는 비용을 부과하는 정책은 경제적 약자를 지방으로 내쫓고 '가진 자'만이 중앙에 들어와 혜택을 누릴 수 있도록 함으로써, 빈부의 공간적 격리와 이에 따른 지역간 갈등을 부추기는 사회·정치적 문제를 불러일으킬 수 있다.

중앙집중화가 단기적으로 더 많은 이익을 남길 수 있다는 사실은 수긍할 수 있다. 그러나 장기적으로 중앙의 과밀과 지방의 과소로 인한 엄청난 비용을 감안한다면, 이러한 '눈앞의 이익'은 사소한 것일 수 있다. 이러한 까닭에 보다 거시적인 안목을 가지고 중앙집중화의 손익을 꼼꼼히 따져보는 작업이 필요하다고 생각된다.

6. 중앙집중화의 미래

그렇다면 중앙집중화, 지방분권화 추세의 미래상은 과연 어떠할까? 앞으로도 중앙집중화가 멈추지 않고 지속될 것인가, 아니면 조만간 해소되어 지방분권화가 이루어질 것인가? 이에 관한 예측은 전반적인 사회변동과 밀접히 연관되어 있다는 점에서, 사회변동 추세와 연관지어 살펴볼 필요가 있다.

흔히 우리 사회에 커다란 지각 변동을 가져올 요인으로 지구화(globalization), 정보화, 그리고 한반도 통일의 가능성을 들고 있다. 따라서 이하에서는 이와 같은 사회변동 요인들과의 연계성 속에서 중앙집중화 추세의 향후 양상을 점검해보자.

먼저 1990년대 들어 세계무역기구(WTO)가 결성되고 유럽연합(EU)이 출범한 데서 여실히 볼 수 있듯이, 세계는 국가간의 장벽이 점차 무너지고 범지구적인 차원에서 전세계가 하나로 묶여가는 와중에 있다. 특히 동구 사회주의권 국가들의 와해로 현실사회주의가 몰락하게 되면서, 자본주의체제의 전일화를 향해 달려가는 지구화 추세는 누구도 돌이킬 수 없는 거센 물결로 변모하고 있다.

이러한 지구화는 한편으로 국민국가체제를 와해시키거나 또는 국민국가의 역할과 기능을 위축시킴으로써 일국 차원에서 이루어지는 중앙집중화 추세를 거세시킬 가능성을 가지고 있다. 근대 국민국가의 등장으로 중앙집권적 정치 질서가 체계화되고, 일국 단위의 자본주의적 시장체제가 형성되면서, 근대 국가의 정치적·경제적 구심점인 수도를 중심으로 중앙집중화가 본격적으로 이루어졌다. 그런데 지구화된 사회에서 국가는 '큰 일을 추진하기에는 취약하고, 작은 일을 시행하기에는 비대한' 존재가 되어가는 등, 스스로의 존립 근거를 찾지 못하고 있다. 따라서 중앙집중화의 정치·경제적 토대라고 할 수 있는 근대 국민국가체제의 약화는 곧 중앙집중화 추세의 반전을 기대하게 한다.

그러나 다른 한편으로 지구화는 기존의 공간적 위계질서를 해체하기도 하지만, 새로운 위계질서를 조성하기도 한다. 즉 기존에는 전세계 국가가 중심부-주변부 국가로 갈리고 다시 각 국별로 중심지역과 주변 지역으로 나뉘었다면 지구화 시대에는 국민국가만 사라진 채 범지구적 중심지로서 뉴욕, 런던, 도쿄 등과 같은 세계도시, 서울, 싱가포르, 상파울루 등과 같이 세계도시의 하위 범주로서 그 지배와 통제를 받는 지역 중심지, 그리고 이러한 지역 중심지의 하위 범주로서의 중소도시 지역으로 범지구적 차원의 지역별 위계서열이 다시 형성되고 있다. 이는 기존의 지역별 지배·종속 관계가 형태만 달리한 채 재생산되고 있음을 보여준다. 따라서 기존 국민국가체제하에서도 정치·경제적 중심지였던 세계도시와 지역 중심지들은 여전히 중앙집중화의 거점으로 존속할 것으로 보인다.

이처럼 지구화가 중앙집중화 추세와 지방분권화 추세를 동시에 조장하고 있다는 점에서, 지구화 추세를 곧바로 중앙집중의 강화 또는 약화로 단정짓기는 어려운 실정이다.

다음으로 정보화와 중앙집중화의 관계를 보자. 우선 정보화는 교통·통신의 발달을 통해 '시·공간 압축'을 가능케 해서, 지구 반대편에 있는 사람들과도 쉽게 의사소통을 할 수 있고, 또 단시간 내에 직접 대면할 수 있도록 해준다. 또한 인터넷 등을 통해 각종 정보와 지식에 대한 접근성이 극대화되면서 공간적 이동의 필요성이 크게 줄어들고 있다. 이러한 까닭에 굳이 대면적 접촉과 지식·정보의 교환을 위해 직·주를 근접시키고 근거리 내에 몰려 살 필요가 없게 된다. 따라서 인구 및 자원, 정보와 문화, 그리고 권력이 폭넓게 분산되게 된다. 이러한 점에서 정보화는 집중보다는 분산을 촉진시켜,

중앙집중화를 억제하는 기능을 갖고 있다고 할 수 있다.

그러나 정보화는 집중을 촉진시키는 상쇄적 기능도 갖고 있다. 정보와 지식의 흐름이 중요해지면서, 이를 전반적으로 제어하고 관장하는 결절점(node)의 중요성이 갈수록 커진다. 즉 산업사회와 마찬가지로 정보사회를 뒷받침하는 사회적 하부구조는 특정 공간에 집결될 수밖에 없고, 이에 따라 새로운 중심이 형성되거나, 구중심이 복원되는 양상이 나타날 수 있다. 예컨대 첨단정보의 산실이나 국제 금융자본의 중심지가 굳이 실제 도시 형태로 존재할 필요 없이 가상 현실(virtual reality) 형태로 존재해도 아무런 문제가 없을 텐데, 첨단정보산업의 핵심 인력들과 금융전문가들은 실리콘밸리나 뉴욕의 월스트리트와 같은 특정 지역에 집결해서 대면적 접촉을 통해 정보와 지식을 교류하며 정보사회의 기반을 쌓아가고 있다. 이러한 사실에 비추어볼 때, 정보화가 곧 중앙집중화를 억제할 것이라고 속단하기는 어렵다.

마지막으로 한반도 통일과 중앙집중화의 관계를 살펴보자. 금강산 관광이 가능해지고, 남북 정상회담이 개최되는 등 남북한 정부간의 대화 채널이 다각도로 열려 있는 점을 감안할 때, 최근의 남북한 관계는 해빙 무드에 있다고 할 수 있다. 따라서 한반도 평화 통일의 가능성에 대한 기대가 어느 때보다도 무르익고 있다.

그동안 남북한간의 체제경쟁이 권위주의적인 정치풍토와 중앙집권적인 사회·경제구조를 더욱 강화시켰다는 점에서, 한반도 통일은 중앙집중화를 제어할 수 있는 절호의 기회가 될 수 있다. 왜냐하면 남북한간의 화해와 협력을 앞세워 분단으로 인해 왜곡된 국토의 공간구조와 정치체제를 근본적으로 재편할 수 있기 때문이다. 즉 통일의 염원을 담은 새로운 행정수도를 건설하고 천도하는 것은 중앙집중화로 인한 정치·경제·사회·공간적 왜곡을 일거에 해소시키는 계기가 될 수 있다.

그러나 점진적이고 계획적이며 의도적인 통일이 아니라면, 이러한 방안은 단지 이상에 그칠 뿐이다. 동서독 통일에서와 같이 갑작스럽고 의도치 않았던 통일은 왜곡된 국토 구조와 정치·경제적 불균형을 더욱 심화시켜 중앙집중화 추세를 더욱 강화시킬 수 있다. 예컨대 남한에 의한 흡수통일이 이루어질 경우, 북한 주민의 대다수는 생계를 위해 월남할 것이고, 이들은 그나마 일자리와 최소한의 생활을 보장해줄 수 있는 서울 및 수도권 인근에 몰려들어 집중을 더욱 가속시킬 우려가 크다.

이처럼 향후의 사회 변동 과정에서 중앙집중화와 지방분권화를 가능케 하는 서로 엇갈린 힘들이 팽팽히 맞서 있기 때문에 현단계에서 중앙집중화의 미래를 선뜻 예단하기란 사실상 불가능하다. 따라서 이러한 사회변동의 추세에 내맡겨서는 중앙집중화의 폐단을 시정하기가 백년하청(百年河淸)이다. 그렇다면 과도한 중앙집중화 경향을 제어하면서 미약한 지방분권화 경향을 강화할 새로운 대책을 별도로 마련해야 할 것이다.

7. 대안 찾기: 지방분권화의 방향

중앙집중화에 대해 지금까지 정부는 지방자치와 수도권정비 차원에서 정책적 대안을 모색해왔지만 성공적이지 못했다. 이는 중앙집중화 추세는 강력한데 정부의 정책 의지가 취약한 탓도 있었지만, 보다 근본적으로는 중앙집중화의 본질은 손대지 않은 채 행정력 및 인구 집중이라는 지엽적인 문제만 다루는 대증요법에 치중한 데 따른 당연한 결과였다. 즉 한국의 중앙집중화는 정치권력의 집중에 역사적 뿌리를 두고 행정력과 경제·문화적 권력이 뒤따르는 과정을 밟아왔는데, 전자는 놔둔 채 후자만 정책 대상으로 삼아왔던 것이다. 따라서 실효성 있는 대안을 마련하기 위해서는 중앙집중화를 낳는 핵심 요인인 정치권력의 분산, 즉 지방분권화에 주목할 필요가 있다. 이와 관련해서 최근 새로운 대안들이 잇따라 제시되고 있는데, 여기서는 결론을 대신해서 이러한 지방분권화 방안들에 대한 검토를 통해 바람직한 대안을 모색해보고자 한다.

그 하나는 정치적 차원에서 연방제 국가로의 전환을 통한 권력의 분산 방안이다. 연방주의는 국가의 대내적 일체성을 확보하면서도 각 구성단위의 고유성과 개별성을 존중한다는 기조 위에서 연방정부의 주권과 지방정부의 주권을 대등하게 인정하는 '이중 주권(dual sovereignty)' 체제를 가리킨다. 이는 중앙정부에 의해 지방정부가 긴밀하게 결박된 중앙집권적 형태도 아니지만, 중앙정부가 개별 지방정부로 해체되고 분열된 형태도 아니다. 이와 달리 각 지방정부가 각자의 자율성을 최대한 유지하면서 느슨하게 결속된 지방분권적 형태를 가리킨다. 따라서 지방정부는 자율성을 보장받고 지방정부와 중앙정부 간에는 대등한 협력 관계를 유지하며, 정부는 지방정부 위주로 운영하되 지방정부가 할 수 없는 일만을 연방 정부가 보완하도록 한다는 것이다. 이러한 연방제가 곧 정치 권력과 행정력의 지방분산이기 때문에, 권위주의적 중앙집권체제의 근본적인 혁신을 가능케 할 수 있을 것이다.

그러나 연방주의는 중앙과 지방 간의 격차와 불평등을 시정한다는 전제가 갖춰지지 않을 경우, '출발선상의 불평등'을 용인하는 셈이 되어 지역간 불균등을 온존시키고, 중앙과 지방 간의 갈등을 조장하는 부작용을 낳을 수 있다. 또한 현단계 지방자치제하에서도 지방유지 및 토호들의 발호로 지방자치가 왜곡되고 있는데, 이 상태에서 연방제로 이행할 경우, 지방정치의 민주화가 아니라 지방정치의 권위주의화가 나타날 우려도 적지 않다. 따라서 연방제를 통한 중앙집중화의 극복은 이러한 전제조건을 감안해서 신중하게 이루어질 필요가 있다.

다음으로 정치·행정적 차원에서 정치권력의 무게중심을 이동시켜 정치권력과 경제·문화적 권력을 분리시키는 방안으로서 행정수도 건설 방안이 제시되고 있다. 즉 현재 서울이 모든 권력의 중심지로 자리잡아 중앙집중화를 더욱 가속시키고 있다는 점에서, 서울 이외 지역에 행정수도를 건설해서 정치권력과 행정력의 새로운 중심지로서 육성한다는 것이다. 이는 1970년대 후반 추진되었던 행정수도 건설 계획의 연장선상에 놓여 있는데, 특히 장기적인 관점에서 남북한간의 통일 가능성을 염두에 둔다면, 대단히 유의미한 방안이라고 할 수 있다.

그러나 행정수도 건설 방안이 과연 어느 정도 실효성을 거둘지에 대해서는 여전히 미지수다. 예컨대 이웃 일본의 경우 1980년대 이후 천도계획을 통해 인구 60만 명 규모의 새로운 행정수도 건설을 모색하고 있는데, 과연 이처럼 인구 1백만 명도 채 안되는 신도시 조성으로 기존의 중앙집중화 추세를 뒤집을 수 있을지는 의문이다.

마지막으로 생각해볼 수 있는 방안은 사회적 차원에서 시민사회의 활성화를 통한 '지방정치의 민주화' 방안이다. 앞서의 지방분권화 방안들이 모두 '위로부터의' 하향식 구조로 이루어지는 중앙집권적 방식으로 추진하는 것이라면, 이는 '밑으로부터의' 상향식 구조로 이루어지는 분권적 방식으로 추진하려는 것이라는 점에서, 그 형식과 내용이 모두 지방분권화의 원칙에 부합된다. 또한 현단계 우리의 정치 구도가 민주주의 제도 및 지방자치 제도가 도입되어 자리잡는 '민주주의와 지방자치의 제도화' 또는 '형식적 민주화와 지방자치화' 단계에서 이러한 제도적 장치를 바탕으로 일상생활 수준에서 권위주의를 척결하고 권력의 집중을 해체시키는 '실질적 민주화와 지방자치화' 단계로 나아갈 시점이라는 점을 감안할 때, 지역사회 차원에서 시민 참여형 지방정치의 활성화는 시의적절하다고 할 수 있다. 이에 더해 제도권 정치가 구태를 벗어나지 못하고 있다는 점에서, 지방의 시민사회가 조직화되고 정치세력화되어 제도권 정치의 외곽 때리기 수법으로 제도권 정치를 개혁하는 것은 필연적이라고도 할 수 있다. 따라서 지방정치의 민주화는 '본래적 의미의 지방자치'이자 '실질적 민주화'로서 중앙집중화의 진정한 대안이라고 할 수 있다.

그러나 이 또한 수많은 현실적 장애가 앞을 가로막고 있다. 시민운동 자체도 중앙집중화되어 있는 현실에서, 지방의 시민운동이 활성화되고 조직화되어 정치세력화될 것을 조만간 기대하기는 어렵다. 또한 지역주민의 조직화와 정치세력화는 자칫 지역이기주의, 집단이기주의로 귀결되어 중앙-지방의 균열을 더욱 심화시킬 우려도 없지 않다. 그렇지만 앞서의 정치적·행정적 차원의 대안들이 중앙집중화의 혜택을 잃지 않으려는 기득권 세력의 반발에 부딪혀 현실화되기 어렵다는 점을 감안한다면, 또 지나치게 단기적인 효과를 기대하지 않고 좀더 멀리 내다본다면, '밑으로부터의 지방정치의 민주화' 방안이 오히려 더 현실적이라고 할 수 있다. 따라서 지방차원에서 시민사회가 주체적인 역량을 배양해서 중앙집중화 추세에 대항하는 '지방의 도전'이 끊임없이 이루어질 때야 비로소 중앙집중화의 거센 물결을 거스를 수 있을 것이다.

■ 참고문헌

강명구. 1994, 「비교적 관점에서 본 한국의 지방자치: 서구 및 남미와
    의 비교」, ≪동향과 전망≫ 24호.
_____. 1996, 「지방자치와 시민사회의 열림」, 한국도시연구소(편), ≪도
    시연구≫, 제2호.
김만흠. 1994, 「지방자치 논리의 역사적 배경과 한국의 지방자치」, ≪동
    향과 전망≫, 제24호.
김정호. 1995, 『한국의 토지 이용 규제』, 한국경제연구원.
박상우 외. 1992, 『수도권 정책의 종합 평가와 개선 방안』, 국토개발연
    구원.
성경륭. 1996, 『국민국가 개혁론: 연방주의와 지방주의의 논리』, 한림
    대학교 출판부.
손재영. 1993, 「수도권 분산정책의 평가와 정책전환을 위한 제언」, ≪주
    택연구≫, 1권, 2호.
장세훈. 1998, 「수도권 정비 정책의 쟁점과 향후 과제」, <현안분석>
    170호, 국회도서관 입법조사분석실.
한국공간환경연구회 편. 1994, 『지역 불균형 연구』, 한울.
허석렬. 1987, 「지역적 불균등 발전과 도시 문제」, ≪실천문학≫, 1987
    년 겨울호.
Henderson, G. 『소용돌이의 한국 정치』, 한울.

근대성과 도시

한국 도시의 근대성 이해

조명래

1. 왜 '근대성과 도시'인가

"교통지옥, 총알택시, 성수대교붕괴, 쓰레기 전쟁, 성폭행, 지존파, 세금횡령, 고층아파트, 윤락, 투기, 삼풍백화점 붕괴, 돈, 먼지, 공해, 소란스러움, 마약, 고밀도, 학교폭력, 그리고 인구 1100만, 압구정동, 구로동, 신촌, 봉천동 …."

이 단어들은 도시현실을 구성하는 단편들이다. 우리는 저런 현실의 단편들이 꽉 찬 도시공간을 매순간 살아가고 있다. 24시간을 살기 때문에, 저러한 현실은 우리의 의식과 행태 영역으로 "자연화되어 있다."

하지만 이 자연화된 현실에서 한 발 뒤로 물러서서, 저 같은 도시현실이 함축하고 있는 부정적이고 해체적이며 탈인간적인 의미들을 반추해본다면, 우리는 우리의 도시에 대해 어떠한 생각을 하게 될까?

우리의 도시들은 세계에서도 유례없이 빠른 성장을 거듭해왔다.

한국 사회의 근대적 변화는 대부분 도시를 통해 왔다. 도시에서 근대성의 씨앗이 싹튼 후, 성장하고 개화되어 결실을 거두고 있다. '도시적 변용'이야말로 한국적 근대성의 생성·발전·변화의 모든 것을 설명한다.

도시는 한국적 근대성의 모든 것을 만들어낸 만큼, 또한 그곳에는 근대성의 모든 것이 담겨 있다. 한국적 근대성이 과연 무엇인지는 앞으로 규명되어야 할 것이지만, 분명한 것은 '해체적이며, 탈인간적인 요소들'로 가득한 도시의 근대성은 결코 소망스러운 것이 되지 못한다는 점이다.

도시의 탈인간화는 근대성을 이룩한 우리의 도시가 가지는 보편적인 자화상이다. 문제는 탈인간화를 깨닫지 못하는 도시에 대한 우리의 불감증, 즉 '도시인식의 황폐화'에 있다.

그간 도시를 이해하기 위해 많은 과학적 전망들이 동원되었다. 하지만 그 어느 것도 도시의 진정한 현실에 대해 올바른 해석을 제시해주지 못해왔다. 그것은 채택된 전망들이 부분적이고 단편적이었기 때문이었다. 근대성의 공간으로서 도시는 총체적인 현상이기 때문에 '문명 패러다임'의 입장에서 조망되어야 한다. 즉 지난 30여 년 세월 동안 추구해오는 도시적 삶이 근대성을 추구하는 삶 그 자체였다면, 도시에 대한 성찰은 그와 같이 살아온 길과 성취한 바에 대한 총체적 반성이 되어야 한다. 문명 패러다임적 전망을 필요로 하는 또 다른 이유는 21세기에 들면서 도시는 새로운 패러다임으로 총체적 변화를 추동해가고 있기 때문이다. 어떠한 도시시간적 차원이든 보다 중요한 것은 도시에서 인간적 삶의 조건이 더욱 해체되는 모순이 심화되고 있는 점일 것이다.

도시문명 패러다임에 대한 성찰은 도시의 근대성 전반에 대한 성찰을 의미한다. 도시적 근대성을 생각해보면서 우리가 다시 회귀해야 할 중심가치는 '인간주의(humanism)'이다. 도시의 근대성은 근대적 삶의 보편율을 추구하는 가운데 성취된 것이지만, 최종적으로 성취된 근대성에는 인간을 해체하는 역설이 담겨져 있다. 그래서 도시의 근대성에 대한 성찰은 도시의 해체적 현실에 대한 성찰을 통해 인간의 삶이 복원되는 가치를 되돌려내는 것을 최종 목표로 해야 한다.

이 연구는 도시의 근대성에 대한 성찰을 통해 인간이 중심이 되는 새로운 도시론을 모색하는 것을 최종 목적으로 한다. 이를 위해 이 글은 근대성을 보편성과 특수성으로 나누어 살펴본 뒤 특수성으로서 도시의 근대성을 규명하고 이어 한국 도시의 근대성을 비판하는 데 집중한다. 도시의 근대성에 대한 비판은 혼돈스러운 도시의 현실과 이에 대한 기존 설명의 한계를 넘어서게 해주며, 나아가 인간주의 도시에 대한 중요성을 환기시켜줄 것이다.

2. 근대성의 재조명

근대성(modernity)[1]은 서구에서 17세기 계몽주의 등장 이후 근대 사회 발전과정을 통해 이룩된 정치, 경제, 문화, 이념의 특징을 총칭하는 것이다.[2] 이와 같은 근대성은 서구의 근대 역사 전개과정에

---

[1] 영어 modernity의 어원은 라틴어의 부사형 modo인데, 이는 '최근', '지금', '당대'를 뜻한다. 따라서 modernity의 엄밀한 번역은 현대성이다(우리나라에서는 대부분 현대성으로 번역함). 하지만 철학적 해석에서 현대성과 근대성은 그 의미가 다소 다르다. 현대성은 당대의 특성을 뜻한다면, 근대성은 서구에서 계몽주의(enlightenment)가 등장한 17~18세기부터 지금까지의 시간대가 함축하고 있는 총체적 특성을 지칭한다. 이 글에서는 근대성으로 번역하고자 한다.

[2] 이런 점에서 '근대성은 서양 근현대를 관류하는 총체적인 역사적 경향을 규정짓는 시대정신(zeitgeist)이라 정의할 수 있다.' 이에 반해 근대주의(modern-

서 추상화되어 나온 것이기에 근대 역사로서의 보편성을 가지면서 동시에 시·공간의 특수성을 갖고 있다. 이 절에서는 근대성의 특성을 보편성과 특수성으로 나누어 살펴보고, 이어 근대성의 형성과정, 그리고 근대성의 결과, 나아가 근대성과 탈근대성의 대립문제 등을 나누어 살펴본다.

1) 보편성으로서의 근대성과 특수성으로서의 근대성

(1) 보편성으로서의 근대성: 계몽주의적 근대성

근대는 과거보다 당대와 미래의 시간적 의미와 친화력을 갖는다. 그러한 시간의 개념은 과거를 후진적이고 미성숙한 것으로 간주하는 동시에 현재와 미래를 계몽, 선진, 진보와 등치시키는 가치판단을 함축하고 있다(김정엽, 1996). 그러므로 시간적으로 근대성은 '지금' 혹은 '현재'를 가리키지만, 그것이 함축하는 시간성 안에서는 과거와 이탈하면서 '미래적 시간성'을 추동하는 '새로움'이 강하게 담겨 있다. 근대에 대한 이와 같은 시간 인식은 계몽주의가 등장한 이후 보편화되었다. 따라서 근대성은 계몽주의의 이념과 가치를 구현하는 것과 불가분의 관계를 가지고 있다(임정택, 1994). 이러한 점에서 보편적인 근대성은 '계몽주의적 근대성'이라 부를 수 있다. 계몽주의적 근대성은 다음과 같은 주요한 특징이 있다.

① 계몽주의는 신에 맞서는 인간의 이성과 합리성을 신봉하고 이의 구현을 강조하는 사상과 그 실천을 의미한다. 따라서 계몽주의를 실현하는 사회적 과정의 총체적 성과로서 근대성은 '이성과 합리성'에 대한 믿음을 핵심가치로 삼는다. 특히 이성은 전통사회

ism)는 그러한 시대정신이 예술 영역 일반에까지 발현되는 양식으로 간주될 수 있다(윤평중, 1992: Kumar, 1995).

의 무지, 미신, 비합리성의 어두운 영역을 밝히는 빛으로 간주된다 (Hamiliton, 1992). ② 이성에 대한 믿음은 우주에서 인간의 중심성을 확인시켜주는 조건이 된다. 즉 '인간주의(humanism)'는 근대성의 보편적인 가치 하나를 구성한다. ③ 근대성을 구성하는 인간주의는 '인간적 가치'에 관한 의미에 더해, 인간을 중심으로 하는 현실사회의 구성과 관련된 제도와 실천의 의미를 강조한다. 현실에서 이는 근대적인 권력관계, 제도적 관계, 통치적 질서로 구현된다. 서구 역사에서 이는 실제 시민혁명(예: 프랑스혁명)과 같은 계급투쟁을 통해 쟁취된 것이다. 때문에 근대성은 다분히 '시민중심적 사회성'을 반영한다. ④ 근대성은 계몽주의적 가치로서 '진보와 해방'을 함축한다. 즉 과학기술을 활용해보건, 생산, 제도 모든 면에서 인간(적 삶의 조건)을 고양하고 해방하는 것을 지향하는 가치가 근대성에 내포되어 있다.

이 네 가지 근대성의 핵심가치는 근대성이 보편적으로 가지는 특징들이다. 다시 말해 이 핵심가치들은 서구든, 비서구든 근대사회를 형성하고 움직여가는 중추적인 추동력(driving forces)을 구성하는 것들이다.

(2) 특수성으로서의 근대성: 근대성의 시·공간적 편차

보편성으로서 근대성은 다양한 경로와 제도화를 통해 근대의 사회발전이 성취하는 보편적인 가치를 의미한다. 이와 같은 보편가치는 구체적인 시·공간에서 전개되는 삶의 과정을 통해 이룩되기 때문에 현실에서 근대성은 시·공간적 편차 속에서 형성되고 구체화된다. 이것은 나라, 지역, 세대, 역사 등의 상황적 조건에 따라 근대성이 상이하게 구현되고 특성화된다는 것을 의미한다. 이를테면 영국과 한국의 근대성은 등장시기, 내부의 계급관계, 제도적 여건 등의

조건에 따라 상이하게 형성된 특성을 갖는다.

물론 계몽주의적 이성, 합리성, 인간주의, 진보, 사회성 등의 핵심가치를 궁극적으로 추구한다는 면에서는 동일할지 모르지만, 그것의 구체적인 내용과 구성은 영국과 한국의 시·공간적 조건의 차이에 의해 달라질 수밖에 없는 것이다. 현실에서 근대성은 보편적인 형태, 즉 핵심가치를 구현하는 '순정적인 형태'로 존재하는 것이 아니라, 특수성의 형태와 가치로 존재하면서 현실사회에 대해 실제의 효과를 갖는다. 하지만 근대성의 보편가치는 근대성의 특수가치를 상대적으로 평가해주는 잣대가 된다. 즉 특정국가와 특정시대의 근대성이 어느 만큼 해방적이고, 어느 만큼 인간중심적이며 어느 만큼 진보적인 것인지를 근대성의 보편성이란 관점에서 상대적으로 평가해볼 수 있다.

2) 근대성의 형성: 근대성의 제도화

근대성의 특수성은 근대성이 추상적 가치로서가 아니라 구체적인 일상과정과 제도화를 통해 형성된다는 것을 확인해준다. 그래서 홀(Hall, 1992)에 의하면 근대성은 '근대성이 구현되는 과정의 결과'로 이해되어야 할 것으로 주장된다. 다시 말해 근대성을 구성하는 핵심가치인 이성, 합리성, 인간주의, 진보 등은 모두 근대사회의 제도화를 통해 실현된다는 것이다. 근대의 정치, 근대의 경제, 근대의 사회, 근대의 문화 등은 모두 근대성의 핵심가치가 구현되고 실현되는 영역들이다. 이를테면 정치영역에서 권력이 합리적으로 제도화되고, 경제영역에서 합리적인 시장거래 체계가 확립되며, 사회영역에서 합리적인 인간관계가 형성되고, 문화영역에서 합리적인 삶의 양식과 정서구조가 확립되는 가운데, 근대성은 완성되었던 것이다.

<그림 1> 근대성의 제도화

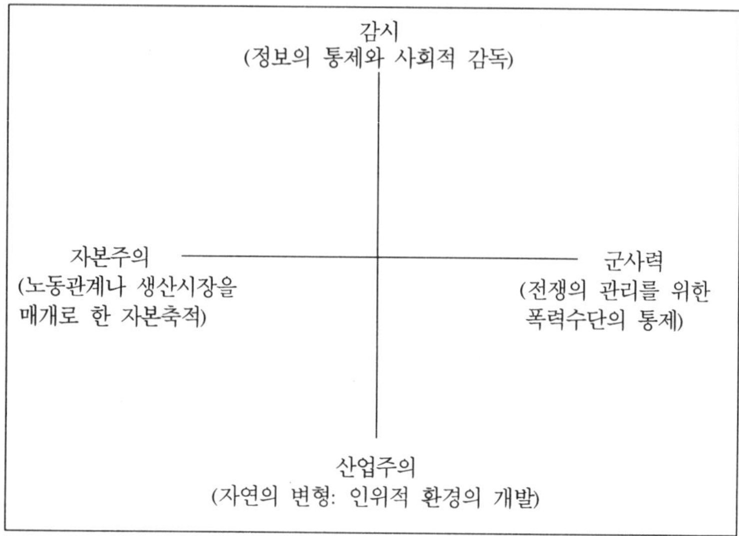

출처: Giddens(1990).

비슷한 입장에서 기든스(Giddens, 1990)도 "근대성이란 대략 17세기경부터 유럽에서 시작되어 점차적으로 세계적 영향력을 확대하고 있는 사회생활이나 조직양식을 일컫는다"라고 주장하고 있다.

그에 따르면 근대성은 자본주의, 감시체제, 군사력, 산업주의 등 네 가지 영역의 제도화를 통해 구현되었다. 여기서 '자본주의'는 자본과 노동이란 사회적 '생산관계의 합리적 제도화', '감시'는 분업화된 근대사회의 각종 기능과 정보를 통합관리하면서 사회적 응집성을 유지하는 '국가통치의 합리화', '군사력'은 타국가와의 경쟁을 통한 국민국가(사회)의 결속을 다지는 '폭력의 합리적 제도화', '산업주의'는 자연환경으로부터 최대의 자원을 발굴하고 활용할 수 있는 '기술의 합리적 제도화'를 각각 의미한다.

근대성을 과정으로서 혹은 특수성으로서 이해한다면, 근대화를 뒤늦게 추진하거나 압축적 성장을 겪는 비서구의 근대성을 이해하고 설명할 수 있는 여지가 커진다. 서구의 근대성은 내부의 사회적 조건으로부터 성숙되어 나왔을 뿐 아니라 오랜 시간의 시행착오와 제도적 장치의 구비를 통해 형성된 것인 만큼, 구석구석에 내용을 풍부히 채우고 있다. 반면 비서구의 근대성은 내부적으로 어느 정도 완성된 서구 근대성이 외부적으로 확산되는 시·공간적 과정에 편입되는 결과로 형성된 특징을 강하게 가지고 있다. 다시 말해 내부의 조건과 충분한 시간적 경험을 가지지 못하고, 서구 근대성을 부분적으로 수용한 결과, 비서구의 근대성은 우선 그 내적 구성이 결여된 부분이 많을 뿐 아니라, 내생적 유재들이 불안전하게 병존해 있는 특징이 있다. 비서구의 근대성은 그 형성과정의 특징 때문에, 근대성의 순수한 보편성보다 특수성이 더 큰 쟁점과 주목의 대상이 된다.

비서구에서 근대성의 이와 같은 형성은 근대화가 곧 서구화라는 현상인식을 불러왔다. 또한 이는 이데올로기적으로 서구 가치가 전 지구적으로 확산되고 관철되는 현상인식을 불러왔다. 이런 측면에서 근대성은 온전히 '서구적 현상(the western phenomenon)'에 불과한 것으로 보면서, 비서구에는 근대가 없다는 주장까지 제기된다(이성환, 1994: 154). 그러나 이러한 주장은 근대성의 보편성보다 특수성(즉 서구 근대성의 제도화에 따른 특성)이 함축하는 권력관계나 그 파행성을 과도하게 주목한 데 따른 것이다. 하지만 전통적인 권위로부터 벗어나 인간이성과 합리성을 근간으로 하는 현대 사회적 삶을 추구하는 경향과 추동은 지구상의 어느 사회에서나 보편적으로 발견되는 근대의 보편성이다. 차이가 있다면 근대의 보편적 가치가 각 나라의 역사적 조건과 결합되어 구현되는 근대적 제도화의 차이로서, 이는 어디까지 근대성의 특수성 차이이다.[3)]

3) 근대성의 명암: 계몽의 변증법

근대성은 근대사회가 이룩한 문명사적 발전을 통해 그 밝은 면을 보여주었다. 즉 인습, 습관, 관례, 무지, 종교적 속박, 권력적 억압, 빈곤으로부터 해방을 가져왔던 것은 근대성이 이룩한 밝은 측면의 성과들이다. 하지만 근대성은 이와 같은 '정(正)'의 발전을 이룩하는 동안 엄청난 비용을 치르는 '부(否)'의 발전을 동반하였던 것도 사실이다. 근대적 발전의 부적인 요소들은 근대성의 핵심가치 그 자체를 뿌리부터 부식시키는 효과를 낳고 있다는 데 근대성의 위기가 배태되고 있는 것이다.

근대성은 그 태생부터 양면성을 가지고 있었다. 이러한 인식은 일찍이 아도르노와 호르크하이머에 의해 '계몽의 변증법'으로 설명되었다. 그들은 계몽을 역사철학적인 차원으로 확대시키면서 '신화는 이미 계몽이요, 계몽은 신화로 퇴보한다'는 명제를 통해 계몽주의 근대성에 내재된 자기파괴적인 요소를 밝히면서 문명의 전개가 발전이 아닌 몰락의 역사임을 주장하였다.

하지만 근대성의 자기파괴성은 담론 그 자체에 있는 것이 아니라, 근대성이 제도화되는 과정에서 연유한다고 보아야 한다. 서구에서 근대성을 담아내는 제도적 틀의 형성은 자본주의체제의 형성과 맥을 같이하고 있다. 따라서 근대성은 자본주의체제하에서 고유하게 작용하는 모순을 온전히 내포하게 되었다. 그 모순의 누적은 급기야 근대(자본주의)체제 전반의 위기로까지 번지고 있다. 상품관계

---

3) 이 특수성의 차이를 보편성의 차이로 혼돈해서는 안된다. 오늘날 전세계적으로 일고 있는 탈근대성의 논의는 근대성의 보편성에 대한 비판을 주 대상으로 하고 있다는 점에서 이는 비서구사회에서도 논의의 타당성을 가질 수 있음을 의미한다.

의 심화, 계급구조와 갈등의 심화, 소외, 적대, 남성우월주의, 과학기술의 남용, 관료화, 생활세계의 식민화, 탈자연주의와 환경파괴 등, 국가간 갈등, 전쟁 등은 모두 근대성에 내포된 파행성들이다.

근대성의 이와 같은 '반동적인 현상'들은 근대 사회체제와 구조 전체에 스머들면서 오히려 근대성의 핵심가치를 대신하는 논리로까지 기능하고 있다.[4] 근대성의 한계를 구성하는 가장 근본적인 모순과 딜레마는 '탈인간주의'다. 신의 속박으로부터 인간을 해방시키면서 이성적 주체로서 인간의 가치를 극대화하고자 했던 근대성이 체제, 자본, 과학, 권력을 중심으로 제도화되는 동안 인간의 위상을 주변화시키는 역설을 만들어냈던 것이다. 그래서 근대성은 신의 죽음으로 시작되었지만 인간의 죽음으로 마감되어야 할 처지에 이르러 있다.

4) 근대성과 탈근대성의 대립을 넘어서: 성찰적 근대성

근대성의 비용은 기본적으로 근대성이 품었던 가정의 오류에서 빚어졌다고 본다. 이를테면 근대성의 총체적 부실은 이성의 과도한 믿음과 남용에서 비롯되었다. 그런 관점에서 이성에 대한 급진적 회의와 거부를 통해 근대성을 넘어서야 함이 주장되고 있다. 이는 소위 말하는 탈근대론자들의 주장들이다. 탈근대론자들은 근대성을 만들어냈고, 지지했던 토대들이 이젠 사라졌다고 한다. 산업생산체제, 민주주의, 국민국가 등과 같은 근대사회의 형성토대는 이젠 파

---

4) 벡(Beck, 1992)의 '위험사회(risk society)'론은 근대의 다양한 기술과학적 편익을 획득하는 가운데, 이에 수반된 위험과 위해들이 사회 전반으로 확산된 결과, 현대사회의 작동은 이젠 위험이란 논리(예: 위험을 극복하거나 회피하려는 관성)를 중심으로 하게 되었다고 주장한다.

편화된 주체, 기호, 담론들로 바뀌어짐에 따라 근대성은 그 고전적 형태와 의미를 더 이상 견지할 수 없게 되었다는 주장이다.

그러나 탈근대론자들은 이성의 힘을 통해 이성을 거부하면서 '인간의 죽음(the death of man)'을 주장함으로써 우리(인간)가 해야 할 여지를 남기고 있지 않다. 이런 측면을 주목하는 기든스(Giddens, 1990)는 탈근대성이란 근대성이 보다 급진화된 것에 불과하다고 주장한다. 그에게 있어 근대성은 '신뢰(trust)' '성찰(reflexity)' '장소귀속성 탈피(disembedding)'인데, 탈근대의 제 양상은 이와 같은 근대의 속성이 보다 심화된 것이라 한다. 이성을 거부하면서 미학과 감성으로 회귀하고, 체제 대신 주체를 강조하며, 계급보다 담론과 상징을 옹호하는 것은 결국 근대성의 핵심 가치인 성찰이 심화되고 급진화된 것에 불과하다는 것이다.

피터 버거에 의하면, 근대성에는 이미 이와 같은 자기 비판력이 내재되어 있다고 한다. 계몽에 대한 계몽적인 회의, 즉 서구 합리주의에 대한 이성적인 비판은 근대성 본래의 고유한 성향이다. 이를 가리켜 피터 버거는 '모더니티의 이단적 명령(heretical imperative)'이라 한다. 이 이단적 명령은 근대성 자신에 대한 비판적 심문을 명령하는 것이다(버거, 1981).

하지만 오늘날의 모든 현상을 근대성이란 개념으로 획일적으로 본다면, 앞서 살펴보았던 근대성의 병폐뿐 아니라 탈근대의 현상태들이 함의하고 있는 '유의미성'을 놓치게 됨으로써 현실에서 더 무력한 삶을 살아가게 된다. 현실에서는 '단단한 그 모든 것이 녹아버리는' 근대성의 속도가 더욱 가속화되고 있다(조명래, 1996b; Harvey, 1989). 기호, 이미지, 상징으로 구성된 상품과 재화가 지구전체를 빠른 속도로 돌아다님에 따라 상대적으로 '시·공간적 압착'이 가속화되고 있다. 이와 같은 현실에 대한 주체적 대응은 근대성이 가지고 있는 성찰성을 더욱 급진화하는 방법이 가장 바람직할 것이다(Beck, Giddens and Lash, 1994; Lash and Urry, 1994). 즉 근대성에 대해 비판적이고 성찰적인 태도를 가짐으로써 근대성의 한계를 주체적으로 극복할 수 있다는 의미이다. 이러한 문맥에서 볼 때, 탈근대론은 근대성 비판을 통해 '근대성 다시 쓰기'를 지향하는 것이라 말할 수 있다. 료타르도 "포스트모더니즘은 끝난 상태의 모더니즘이 아니라 발생상태의 모더니즘으로 이해된다. 그리고 이런 상태는 항구적이다"라고 하면서, 탈근대주의를 근대성의 자기성찰로 간주하고 있다.

3. 근대성의 도시, 도시의 근대성

근대성은 특수성으로 존재하면서 우리의 실존적 경험에 영향을 끼친다. 이러한 근대성의 경험은 바로 도시적 삶을 통해 집약적으로 일어난다. 근대성은 도시를 통해 그 명증성을 획득한다. 다시 말해 도시공간은 근대성의 의미, 색깔, 힘, 이념 등을 총체적으로 표현해내는 장이다. 그래서 도시에 대한 독해는 근대성의 공간으로 도시의 텍스트를 읽는 방법에 의거해야 한다. 이 절에서는 근대성이 어떻게 도시를 통해 구현되는지, 도시에 구현된 근대성은 어떤 것이며, 어떠한 '모순'(특히 근대성의 모순)을 반영하는지를 살펴본다.

1) 근대성의 도시

근대성은 시간을 통해 등장했지만 보다 중요하게는 공간을 통해 형성되고 완성되었다. 그 공간은 다름 아닌 도시를 지칭한다(Friedland and Borden, 1994: 9). "근대성은 도시다"라는 말이 나올 정도로 실제 근대성은 도시를 통해 왔고, 도시에서 구체화되었으며, 도시를 통해 변해왔다(Lash, 1992). 근대성과 도시는 서로를 반추하는 거울인 것이다.

근대도시의 등장과 형성은 전통공간의 해체를 수반하면서 이루어진다. 전통공간은 대면적인 일상작용이 일어나는 '장소적 공간'으로 특징지을 수 있다. 근대 도시공간의 등장은 이와 같은 전통공간에 각인되어 있던 사회적 관계가 탈장소화되는(displaced or disembedding) 동시에 도시란 인공공간에서 근대 합리적인 삶의 관계로 재장소화되는 것(reembedding)을 의미한다. 이런 연유로, 베버와 같은 고전이론가들은 근대(산업)도시의 출현과 성장을 전통적인 공동체적 사회관계로부터 근대 합리적인 결사적 사회관계로 변화하는 그 자체로 이해하였다.

따라서 근대도시화는 생산을 위한 물적 시설이 배열되는 현상으로서가 아니라 근대산업사회에 걸맞은 새로운 인간관계, 생활양식, 거래방식, 규제양식 등이 형성되는 사회적 변화로서의 의미가 보다 중요하게 평가되어야 한다. 이와 같은 도시적 변용이 특히 근대성을 달성하는 조건이 되는 것은 도시의 미시적 일상관계로부터 거시적 체제과정이 모두 '합리성'을 근간으로 조직되고 작동하는 데 있다. 다시 말하면 근대성의 형성은 도시를 중심으로 구축되는 사회관계, 조직, 제도가 합리화되는 것과 깊은 연관성을 가지고 있다. 그 심화는 근대 사회체제 전반의 합리화와 궤를 같이하고 있다.

근대성을 자본주의체제의 심화로 본다면, 근대도시는 자본순환과 축적의 장으로 기능해오는 동시에 노동계급의 재생산을 도모하는 장으로 기능해왔다. 근대성을 권력의 합리적 배분방식으로서 민주주의가 정착되는 것으로 본다면, 도시는 근대시민들을 배출해왔을 뿐 아니라 근대 부르주아 민주정치를 촉진하는 장이었다. 근대성을 보편적인 삶의 정서를 반영하는 문화적 현상으로 간주한다면, 근대도시는 다원적인 대중문화와 이념을 생산하고 일상을 통해 이를 구체적으로 실천하는 장으로 기능해왔다.

근대성을 계몽주의적 이성의 발현과정으로 본다면, 도시의 사회적 삶과 질서, 구조는 그 자체로서 '인간이성의 발현체'가 된다. 짐멜(Simmel)은 메트로폴리스가 근대성을 가장 잘 반영한다고 주장하면서 그 논거를 도시적 인간관계가 이성적이고 합리적인 화폐적 관계로 구성되는 데서 찾았다. 그에게 있어 이 '화폐관계'야말로 인간관계를 '자연과학의 이상, 즉 세계를 수학적인 문제로 변용하고 그 속에 모든 것을 확정시키는 것'에 상응하는 것이다(Saunders, 1983). 인간관계의 양화는 이성과 합리성을 바탕으로 하는 근대성의 가장 정교한 재현이라 할 수 있다. 도시의 근대성은 비이성과 감성이 제거된 근대적인 주체의 형성으로부터 합리성을 조직하고 구조화하는 체제적 수준에 이르기까지 '이성적 원리'를 구현해낸 것이 된다.

2) 도시의 근대성

도시의 근대성은 도시에 담긴 근대성 혹은 도시를 통해 표현되는 근대성을 의미한다. 도시의 근대성은 도시의 미시적인 일상 구석구석에 스며들어 있을 뿐 아니라 도시의 제도, 정치, 공간 전체에 투영되어 있다. 근대도시가 담고 있고 근대성의 특징은 다음과 같이 파악될 수 있다.

① 기술적 합리성: 근대도시의 공간구조는 기술합리성을 반영하는 규격성과 형식성을 띠고 있다. 이와 같은 도시공간의 구조는

기술공학적인 지식체계인 도시계획의 제도화를 통하여 건조되고 관리된다. 르코르뷔제의 '생활의 기계(living machine)'로서 도시공간관은 도시에 대한 기술합리성을 집약적으로 표현해준다.

② 인간관계의 도구화: 근대도시 거주민은 유기적 노동분업구조에서 개별화된 특수 역할을 수행하면서 살아간다. 따라서 전통사회의 인간관계가 대면적이고 인격적이면서 공동체적이었다면 이에 비해 근대(도시)사회에서는 계약적·신분적·업무적인 관계가 중심이 된다. 이러한 인간관계는 인간관계 자체에 대해 풍부한 의미를 찾기보다 조직이나 제도의 목표를 달성하는 수단과 도구로 활용되는 정도에서 그 의미를 부여한다.

③ 소비, 상품성, 화폐화: 도시의 일상생활은 대부분 상품소비로 이루어진다. 이 결과 도시생활은 화폐적 기준이나 상품의 논리에 의해 획일적으로 규정받는다. 도시의 일상은 저울질하기(weighing), 계산하기(calculating), 셈하기(ennumering)로 채워짐으로써 질적 가치가 양적 가치로 환원된다.

④ 공공성과 민주성: 서구의 경우, 근대도시 출현기의 주체들은 인습, 전통, 권위에 맞서 자유를 쟁취했던 부르주아들이었다. 이들은 시민혁명을 거치면서 그들이 쟁취한 자유를 공민권과 시민권으로 제도화하면서 도시의 일상 공공영역(public sphere)을 구축해놓았다.5) 이것은 서구사회에서 민주적 정치의 제도화를 담보하는 주요한 조건으로 작용하였다.

⑤ 중심성과 체제성: 근대도시는 권력, 권위, 자본의 측면에서 우월한 기능과 활동을 중심으로 질서가 잡힌 생태적·활동적 위

---

5) 도시의 광장, 공회당, 의회 등은 도시사회의 '공공영역'의 활동을 담아내는 공간들이다.

계성을 가지고 있다. 이와 같은 권력관계는 도시공간 내에서뿐
만 아니라, 도시주변이나 원격공간에 대해서도 원심적으로 작
용한다. 도시활동체계에서 이와 같은 권력의 위계적 배열의 백
미는 근대도시사회의 계급적 구성이다. 그래서 팔(Pahl)은 근대
도시를 도시의 희소한 자원배분을 둘러싸고 형성된 '일원적 신
분체제(unitary-status system)' 혹은 '지방적 사회체제(local social
system)'로 파악했다. 도시의 근대적 체제는 도시의 합리적 인
간관계의 '조직적 정수화(organizational crystallization)'를 표출
한다.

⑥ 대중적 미학성: 근대도시에는 문화의 세속화와 대중화가 보편
화됨으로써 도시의 독특한 집합적 정서구조가 형성된다. 이 정
서구조는 개별화된 도시적 삶의 방식을 결합해내는 이데올로
기로 작용한다.

⑦ 남성성: 근대도시의 형성과 발전은 남성적인 권력과 이데올로
기를 중심으로 형성해왔다. 근대 도시공간은 체제적 영역과 일
상적 영역으로 양분되는 가운데, 사적·공적 공간으로 분절된
구성을 가지게 되었다. 이러한 근대도시 공간의 내부구성은 바
로 여성과 남성의 세력공간으로 양분되는 경향에 의해 가능했
다.

⑧ 진보·발전: 근대도시는 그 자체로서 근대적 기술, 이념, 제도적
진보와 발전을 총체적으로 표상한다.

3) (탈)근대도시의 탈인간주의

근대도시는 '계몽주의적 근대성'을 표방한다. 하지만 근대도시의
심층구조는 계몽주의적 근대성이 제도화되는 구조가 가지고 있는

논리를 반영하고 있다. 즉 근대도시가 제도적 공간으로 발전함에 따라, 그 구조의 기저에는 산업자본주의하의 상품논리와 계급논리가 깊숙이 각인되었다. 도시공간이 '체제에 의해 식민화'된 공간으로 재편된 것은 도시공간상에 이와 같은 논리가 작용한 데 따른 결과이다. 본래 근대도시 공간은 미신, 무지, 권위에 맞서 쟁취된 자유가 실현되는 장으로 등장하였다. 하지만 '체제에 의한 도시공간의 장악'은 도시의 자유를 외양적인 형태로만 남기고 감시, 억압, 통제가 보다 근본적인 작동원리가 되었음을 뜻한다. 그래서 성숙된 도시공간일수록, 개방적이고 다이내믹한 외관과는 달리 도시의 일상을 사는 사람들은 보다 철저한 '신체의 길들임'을 강제받는다(강내희, 1995). 푸코에 의하면, 도시 삶 속에는 감시·규율되고 통제되는 육체의 리듬(작업장, 학교, 군대, 감옥 등 명백한 감시권력의 공간)이 미만함으로써 도시공간 그 자체는 거대한 감시권력의 용기(pan-opticon)로 기능하게 되었다고 한다. 그 길들임은 도시의 일상 관계가 화폐적 관계나 감성이 절제된 '이성적이고 지적'인 관계로 엮어지기 때문에 가능해진다.

전반적으로 근대도시공간의 작용은 철저한 반자연율에 근거한다. 이는 본래 (기술·도구적 합리주의의 표현으로) '자연에 대한 정복'을 위한 것이었지만, 도시란 '인조자연'을 건조하고 발전시키는 데 그대로 도입되었던 것이다. 도시에서 관철되는 반자연율은 이젠 도시 내의 사람과 사람의 관계에 대한 '지배와 착취'를 기제화하는 법칙으로 작용하고 있다. 그 결과, 시민혁명을 통해 등장한 도시의 '공공영역'은 더 이상 평등, 정의, 해방을 담보하는 영역으로 기능하지 않는다. 계급, 인종, 세대 등의 차이에 따라 균열, 경쟁, 갈등이 일상화되는 관계만 더욱 보편화된다. 이 현상은 도시의 공식제도로부터 미시적인 생활영역 전반으로 확산되어 있다. '도시공간의 관료화와 그에 따른 소외'가 전면화된 것은 바로 이같은 현상을 반영하는 것이다. 이로써 자유의지를 가졌던 도시인들은 더 이상 그 스스로의 육체, 의지, 의식에 대해 주체가 되지 못한다.

이러한 현상은 소위 말하는 '탈근대적 현상들'이 두드러지면서 더욱 심화되고 있다. 기호, 상징, 담론의 힘들이 전통적인 물질의 규정력을 대신함에 따라, 탈근대도시에서는 기존의 계급적 위계가 탈중심화되는 것과 더불어 일정한 해방이 이루어지는 것처럼 보인다. 하지만 상품논리를 궁극적으로 반영하는 탈근대적 기호들의 순환은 도시 주체들에게 '감각적 과부화'를 가하여, 이들을 상품미학으로 구성된 도시공간의 한 기표로만 전락시킨다. 탈근대도시의 주체가 도시적 기표로 전락했다는 것은 계몽주의적 도시민이 가졌던 자유의지를 상실한 '보편화된 타자'로 전락된 것을 뜻한다.

이 모든 근대도시 현상이 함의하는 바는 (탈)근대도시의 탈인간주의이다. 즉 근대성은 신의 죽음으로 등장했지만, 도시적 근대성이 이룩되는 과정에 '인간(성)을 죽이는 근대성'으로 바뀌게 되었다(조명래, 1995a).

4. 한국의 근대성과 도시

그렇다면 한국의 근대성은 과연 어떠한 것일까? 이 대답은 쉽게 얻어질 성질은 아니지만, 근대성의 형성과정과 그 결과를 천착해봄으로써 그에 대한 단초를 증후적으로 읽을 수 있을 것이다. 이 절에서는 한국의 근대성을 '근대성의 특수성'으로 이해하면서, 한국도시의 근대성과 그 결과로서 드러나는 도시의 탈인간주의를 개관한다. 이를 통해 인간주의적 조건을 담보할 수 있는 도시의 '급진적 근대성'의 조건을 생각해본다.

1) 특수성으로서 한국의 근대성

한국의 근대성은 근대화가 전개되는 과정에서 형성된 한국 사회의 정치, 경제, 사회, 문화의 이념을 총체적으로 특성화하는 개념체이다. 이는 곧 한국의 근대성이 특수성으로서 이해되어야 할 것을 의미한다. 특수성으로 한국의 근대성은 다음과 같은 주요한 특징들을 가지고 있다.

① 근대성의 제도화가 계몽주의적 이념을 구현하는 국민국가, 산업자본주의, 근대시민사회, 대중문화사회의 형성을 통해 이룩된다고 본다면, 한국의 근대성은 짧게는 국민국가가 등장한 해방 이후부터 나타난 한국 사회의 총체적 성격이 되겠다.

② 보다 길게 본다면, 한국적 근대성은 근대적 인권과 사상을 강조하는 한국적 계몽주의가 등장했던 이조 말부터 시작되었다고 주장할 수 있다(즉 동학혁명 이후). 하지만 일제라는 외세의 지배는 맹아적인 근대성을 주체적으로 발전시킬 수 있는 과정을 불가능하게 하였다. 서구에서도 16~17세기 귀족계급 중심의 신지식운동으로 번진 계몽주의가 프랑스혁명 전후를 통해 세속적인 지식이자 실천으로 바뀌면서 본격적인 근대화가 전개되었다. 이렇게 본다면 우리의 경우 동학혁명을 통해 맹아가 싹텄던 계몽주의는 일제에 의해 억압되는 과정에서 서구와 다른 '민족'이란 범주와 결합하면서 근대성의 주체화의 길로 이어졌다고 할 수 있다. 해방 이후 국가가 주도한 근대화가 국가(민족의 태)로서 틀과 이념을 중심으로 근대적 사회 변용을 가져왔던 것은 근대성 형성의 이와 같은 과정적 연유 때문이다.

③ 하지만 짧은 기간 내의 근대성 달성에도 불구하고, 우리의 근대성은 서구의 근대성 형성에 비하면 '역사적으로 결여된 바'가 너무나 많다. 신에 대한 인간의 항거, 이성의 힘을 믿는 과학기술의 발견, 계몽주의의 사상적 토대를 형성하는 담론(예: 서양의 자연권 사상, 정의론 등), 공민권을 획득하는 시민혁명과 그에 따른 일상의 공공영역화, 봉건권력에 맞선 부르주아 권력으로 쟁취되었던 자유주의의 생성, 자율적인 도시 상공인 계급의 출현 등과 같은 근대성의 제도적 형성질료들은 우리의 근대성 형성과정에서 대부분 결여된 것들이다.

④ 현재 우리가 꾸리는 계몽주의적 합리성(의 대부분)은 그런 면에서 서구 근대성이 이식되어온 것이라 볼 수 있다(예: 민주주의, 합리성의 개념). 이를테면 국가제도, 계급이념, 자본주의적 축적조직, 과학기술 지식체계 모두는 빠른 시간 동안 근대화를 이룩하는 과정에서 외부로부터 이식되었던 것들이다. 따라서 우리의 근대성은 '이미 제도화되어 있는 형태'를 가지고 외부로부터 들어와 우리의 근대적인 일상 외곽을 두텁게 감싸고 있다. 이렇게 외부로 들어와 주조된 근대성을 '형식적 근대성'이라 부를 수 있다.6) 중요한 것은 이 형식적 근대성이 한국의 시간·공간적 특수성과 결합하여 독특한 근대의 총체성을 구성하고 있다는 점이다.

⑤ 계몽주의적 합리성은 근대사회가 보편적으로 지향하는 핵심 가치다. 그렇지만 특정국가에서 제도화되는 합리성은 그 나라가 처한 시·공간적 제약에 의해 특성화된다. 마찬가지로 한국 사회에 실재하는 합리성은 '한국적인 합리성'일 수밖에 없다. 따라서 합리성이 제도화되는 영역인 근대민주정치, 기업조직, 과학기술지식, 인간

---

6) 베버는 형식적 합리성이란 개념을 수단적 합리성을 지칭하는 것으로 사용하였다.

관계 모두, 외관은 서구적인 형태를 유지하더라도, 실제 일상과 결합되는 것은 한국의 시·공간적 조건들과 상호작용하는 가운데 이루어진다. 한국적인 합리성 제도화의 두 축은 외부로부터 이식된 '형식적 합리성'과 '전통적인 행태, 가치, 규범'이 함축하고 있는 합리성, 즉 '내생적인 합리성'이다. 이를테면 근대합리적인 인간관계를 형성하는데, 계약관계와 유기적인 연대가 외양적 형식을 띠지만, 지연·혈연과 같은 공동체적·무기적 사회관계의 요소들이 주요한 내용을 구성한다.

⑥ 따라서 한국의 근대성은 전통·근대, 내부·외부, 형식·내용이 '절묘하게 결합'된 시·공간적 특수성을 가지고 있다. 여기서 결합은 이항적 요소들의 단순한 물리적 접합이 아니라 화학적 결합을 통해 생성된 제3의 성분을 의미한다. 제3의 성분으로서 한국의 근대성은 다면적이며 동시에 이질적인 내용을 띠고 있다. 근대성의 이와 같은 구성방식은 다이내믹한 근대성을 만들기도 하지만,[7] 동시에 분열적인 근대성을 만들기도 한다. 내부의 폭발 에너지가 클 때는 전자의 측면으로 근대성이 두드러지지만, 내부의 이질성과 비혼합성이 강화될 때는 후자의 측면으로 근대성이 상대적으로 강화된다.

2) 한국의 도시적 근대성

한국의 근대성 또한 대부분 도시를 통해 제도화되어왔다. 도시에서 근대성은 도시의 형태와 사회적 관계, 이념의 영역을 통해 형성되었다.

① 도시형태: 한국의 근대성은 도시의 물리적 구조의 합리화를 통

---

7) 지금까지 빠른 산업화가 가능했던 것은 한국적 근대성이 지니는 동태적 속성 때문이었다.

해 구현되고 있다. 자유상인 계급이 장악했던 서구 도시와는 달리, 우리의 도시는 사회적 관계를 통해 자유와 합리성을 구현하는 것과 거리가 먼 구조를 가지고 있다.

즉 도시의 근대화는 물리적 구조의 근대화로부터 곧장 시작되었다. 토지의 이용을 구획화하고(zoning), 도로를 광로로 재편하며, 아파트 위주의 규격화된 주거공간을 형성하고, 소규모 건물 대신에 대형 사무실 빌딩이 입지하는 도심재개발을 유도하며, 도시의 공공시설을 형식적으로 입지하는 등의 방식으로 도시의 근대성을 형태 물리적으로 이룩해왔다.

도시의 이와 같은 형태적 근대성은 정치, 경제, 문화, 모든 분야에서 근대적 활동과 기능을 담아내고 촉진하는 것으로 가정되었을 뿐 아니라, 실제 그렇게 기능한 것도 사실이다.[8] 하지만 우리의 도시적 근대성은 전통적이고 잔여적인 부문을 여전히 많이 보유하고 있다. 이를테면 대도시에는 전통적인 재래시장과 백화점, 영세한 구멍가게와 24시간 편의점, 다방과 카페, 대포집과 호프집이 그리고 일반주거지와 불량촌 등과 같이 상이한 시간대의 사회성(혹은 합리성)을 담는 활동과 기능들이 병존하고 있다.[9] 이러한 합리성의 혼합은 개인의 의식세계, 가정, 조직과 같은 단위 주체의 공간 속에서 존재한다.

② 도시적 인간·사회관계: 도시의 근대성은 인간·사회적 관계의 합리화와 근대화에 의해 보다 의미 있게 결정된다. 인구의 절대다수가 농촌에서 도시로 이주했던 지난 30여 년 간의 도시화는 그 자체로 전통적인 공동체에서 형성된 인간관계가 도시의 유기적 분업

---

8) 이를테면 도시화와 더불어 아파트란 규격화된 주거양식의 확산은 전통적인 생활양식을 근대적인 생활양식으로 변환케 하는 주요한 물리적 틀이 되었다.

9) 그 병존은 비동시의 동시화란 콜라주된 탈근대적 도시경관으로 해석된다.

과 삶의 양식에 걸맞은 합리적 인간관계로 재편되는 과정이었다.

근대 산업활동을 중심으로 하는 오늘날의 도시적 사회관계는 분업구조 내에서는 특화된 개별적 역할을 수행하지만 사회 전체를 통해 시장관계나 가격구조를 통해 유기적으로 통합되어 있는데 이 모든 사회적 관계의 유지는 합리화란 '모멘트'를 중심으로 하고 있다. 이것은 일상생활, 특히 재생산영역에서도 마찬가지여서, 이를테면 아파트 주거는 극도로 합리화된 도시생활의 규격과 형식을 보여주고 있다. 하지만 도시의 관계는 여전히 전통적인 요소를 많이 함축하고 있다. 지연, 학연, 혈연 등이 중심이 되는 전통적인 사회관계는 일차적 관계나 조직에서는 말할 필요도 없이, 심지어 공식조직 내에서도 조직형성과 운영의 보다 중요한 '사회적 관계의 기제'로 기능하고 있다. 이를테면 직장에서 임용·승진이 될 때, 정치지도자를 뽑을 때, 합리적인 기준보다 혈연이나 지연 같은 기준에 의해 결정되는 경우가 더 많다.

③ 도시의 이념: 도시는 그 자체로 발전과 근대화의 표상이자 이념으로 간주된다. 도시의 이와 같은 이념은 도시적 삶을 통해 구체적인 이익과 편익을 향유할 수 있는 조건이 있기 때문에 생긴 것이기도 하다. 하지만 이것은 이미지, 상징, 담론의 조작, 혹은 형성을 통해 생긴 것이기도 하다. 한국의 근대성은 텔리비전 문화의 보급과 엇비슷하게 맞물려 형성되어갔다.

근대의 다양한 기술·물질의 미학과 이념은 이와 같은 시각매체의 전국화·일상화에 의해 촉진되어갔으며 그것은 한국적 근대성을 시·공간적으로 압착시키는 데 엄청난 효과를 발휘하였다. 이를테면 도시 중산층들의 아파트 주거문화는 텔레비전 연속극에서 설정되는 배경과 내용으로 활용됨에 따라 전국적인 확산이 촉진되었다. 한편 대도시에는 정치, 자본, 문화의 핵심부문이 자리하고 있는데, 각 분야는 그들의 헤게모니를 유지하기 위해 다양한 도시적 이미지와 상징을 조작하고 이념화한다. 그 결과 도시의 이데올로기는 지배권력과 이데올로기를 공유하게 되었다. 도시 상징과 이데올로기의 이와 같은 권력성은 도시로 인적·물적 자원의 집중을 초래하면서, 타 지역에 대한 지배를 형성해내는 '공간 통제기제'가 되고 있다.

3) 정신분열증 근대성과 도시의 탈인간주의

'절묘한 결합'으로서 한국의 근대성은 무수한 이항대립을 내부화하고 있다. 공·사, 전통·근대, 근대·탈근대, 내부와 외부, 억압·해방, 남성·여성, 기호·기의, 주체·육체의 이항대립이 도시민의 의식, 사회적 관계, 활동 조직, 공간 모든 부문에 편재되어 있다. 이를테면 도시의 통상적인 가족은 농촌에서 전통적인 교육과 가치를 획득한 성원과 신세대의 자유분방함을 선호하는 성원들이 동시적으로 양립하고 있다. 이 양립은 개인의 인격체계 내에서도 존재한다. 전체로 본다면 도시는 근대성을 제도화하는 국가·제도·체제의 힘이 강하게 흐르면서도 일상의 미시적 삶에는 철저한 개인의 욕망과 전통적인 이해관계에 의해 움직이는 양극성을 보인다. 그래서 도시란 공간은 틀의 형식적 근대성과 내용의 비형식적 전근대성이 예리하게 양립되어 있다.

그것의 결과는 무엇보다 서구 도시가 가지고 있는 '공공영역과 공공공간'의 부재로 드러난다. 이 공공영역·공공공간은 개인과 제도, 사적인 것과 공적인 것, 시장과 정치란 근대사회 형성의 두 가지 대립적인 제도간의 대립을 무마하는 제3의 영역이자 공간이다. 전형적인 공공영역·공공공간은 담론의 장으로서 광장이나 공원을 들 수 있는데 우리의 도시에서 (형식적인) 도시계획적 노력에도 불구하고 서구적인 광장과 공원이 일상을 통해 형성되지 못하는 것은 우리의 도시적 삶에 이와 같은 공간을 필요로 하는 공공영역(특히 시민사회적 공공영역)이 결여되어 있기 때문이다. 주어진 공적 공간에서는 극단적인 두 가지 행위와 활동이 일어난다. 이를테면 하나는 극단적인 사적 행위로서, 음식을 해먹고, 노래를 부르는 행위가 그렇다. 또 하나는 그 공간을 제도적으로 장악하는 제도기관(치안담당 경찰, 관리담당자 등)의 활동이다. 도시공간 전체로 확대해보면, 우리는 근대의 형식적 공간 속에서 살면서도, 공공영역으로 흡수되지 않은 결과로, 철저히 개인화된(특히 먹고사는 문제를 중심으로 형성된 관계) 삶을 살아가는 모습을 보인다. 다시 말해 하버마스식 공적(담론)영역의 부재로 말미암아, 한편에서 도시공간은 만들어진 체제적 논리를 강력히 투영해내면서도, 다른 한편에서는 현실의 미시적 일상공간은 제도적 규정력으로 유리된 개별화된 논리와 이해관계에 의해 추동받는 삶을 보여주고 있다.

서구의 시민사회적 삶이 결여된 이와 같은 도시적 삶은 한 마디로 '만인에 의한 만인의 투쟁'이 보편화되는 삶이다. 이것은 개인의 육체 내에서도 관철된다. 즉 다양한 주체들, 이를테면 전통적 주체와 근대적 주체, 이드와 슈퍼에고, 감각적 주체와 의식적 주체, 파편화된 역할에 따른 주체들간에 갈등과 대립이 항상 발생한다. 이러한 개인 정체성의 분열은 가치판단, 의식, 행태, 사회관계에 그대로 투영되어 도시사회 전반이 전체로서 결합된 듯하면서 내부에서는 집단·조직·세대간 분열·갈등·억압·착취의 관행이 보편화된다. 이러한 이유 때문에 우리의 도시적 근대성을 '정신 분열적 근대성'이라 부를 수 있다. 정신 분열적 근대성은 일각에서 탈근대성의 징조들이 확산되는 가운데 더욱 심화되고 있다.

분열적인 삶의 보편율을 전체로 묶어내는 기제는 경제적 권력관계를 규정하는 자본, 상품, 시장의 논리다. 다시 말해 이질화되고 파편화된 도시적 근대성을 전체로 어우러내는 것은 철저한 화폐적 합리주의와 자본주의적 합리주의다. 이러한 상황에서 인간의 가치는 화폐화되고 양화되지 않을 수 없다. 그래서 성의 상품화, 가족관계의 상품화, 일상관계의 상품화, 조직관계의 상품화가 보편화되는 것은 필연적인 현상이 된다. 나아가 도시공간에서 인간보다 도구, 절차, 조직의 힘과 영향이 더 우월해지는 것도 이와 같은 상품화와 화폐화의 영향인 것이다. 이젠 환경조차도 돈과 도구의 논리에 의해 철저히 이용되고 재편되고 있다. 도시는 그래서 도구와 돈을 장악한 남성, 자본, 권력자의 논리가 더욱 강렬히 흐르는 공간으로 변모하고 있다. 이 모든 현상은 도시의 탈인간화를 의미한다.

5. 결론: '인간주의 도시론'을 위해

도시적 근대성에 대한 비판적 성찰은 근대성 전반에 대한 성찰을 가능케 해준다. 도시적 근대성이 직면한 근본적인 딜레마는 인간을 부차화하고 있는 점이다. 우리는 지금까지 도시에 관한 다양한 전망과 해석을 제시해왔다. 그리고 도시의 발전을 위해 다양한 노력을 기울여왔다. 그러나 그 어느 것도 도시에 사는 사람들의 인간적 실존의미가 보장되는 것과는 거리가 멀었다. 21세기란 새로운 시대가 가져올 변화에 수동적으로 빨려들기 전에 우리는 그와 같은 도시의 탈인간화를 보다 철저히 반추해볼 필요가 있다.

도시를 다시 인간들이 사는 공간으로 돌려놓아야 한다. 다시 말해 도시의 인간주의가 이론적·실천적으로 강구되어야 한다는 주장이다(Short, 1989).

인간주의 도시론을 강조한다고 해서 르네상스적 인본주의로 돌아가자는 뜻은 아니다. 인간주의 그 자체는 빈 개념이다. 근대성이 근대화의 과정을 통해 구현되고 드러났듯이 인간주의는 도시의 각 영역에서 인간적 중심가치가 확보될 때 비로소 구현될 수 있다. 따라서 도시의 인간주의적 요소는 도시의 물리적 구조에서, 도시의 생활영역에서, 도시의 정치에서, 도시의 변화 전반에서 구체적으로 확보되어야 한다. 인간주의 도시의 건설은 근대성 자체의 성격변화를 전제하지 않으면 안된다. 울리히 벡, 기든스 유의 성찰적 근대화는 이런 점에서 대안적 근대화론으로 고민할 가치가 있다고 본다.

■ 참고문헌

김비환. 1996, 「다문화주의 그리고 정치」, 성균관대학교 사회과학연구소 주최, '포스트모던 시대에 있어 문화 정치'에 관한 심포지엄 발표논문.

김성기. 1994, 「세기말의 모더니티」, 김성기 외 지음, 『모더니티란 무엇인가』, 민음사.

김정엽. 1996, 「현대성/탈현대성 개념에 내포된 시간성과 아포리아」, ≪공간≫ 제343권.

사럽, 마단 외 지음. 1992, 『데리다와 푸코, 그리고 포스트모더니즘』(임헌규 편역), 인간사랑.

푸코, 미셸. 1994, 「계몽이란 무엇인가?」(장은주 옮김), 김성기 외 지음, 『모더니티란 무엇인가』, 민음사.

박형준. 1992, 「앤서니 기든스의 구조화이론과 근대성」, ≪한국사회학≫ 제26집.

윤평중. 1992, 『포스트모더니즘의 철학과 포스트마르크스주의』, 서광사.

이성환. 1994, 「근대와 탈근대」, 김성기 외 지음, 『모더니티란 무엇인가』, 민음사.

임정택. 1994, 「계몽의 근대성」, 김성기 외 지음, 『모더니티란 무엇인
    가』, 민음사.
조명래. 1994a, 「서울의 정치경제학: 새로운 서울연구방법론을 위해」,
    한국공간환경연구회 편, 『서울연구』, 한울.
______. 1994b, 「서울의 새로운 도시성」, ≪문화과학≫ 제5권.
______. 1995a, 「포스트모던 도시론」, 한국공간학회 편, 『새로운 공간환
    경론의 모색』, 한울.
______. 1995b, 「대도시 발전의 딜레마와 전망: 서울의 근대성과 탈근
    대성 성찰을 중심으로」, 한국도시연구소 주최, '전환기 도시, 새로운
    방향의 모색'(개소기념 심포지엄) 발표논문.
______. 1996a, 「성찰적 자본주의와 성찰적 주체」, ≪경제와 사회≫,
    봄호.
______. 1996b, 「데이드 하비: 공간을 통해 본 탈근대성」, 민예총 아카
    데미 발표 논문(미출간).
______. 1996c, 「탈근대의 공간환경과 삶」, 성균관대학교 사회과학연구
    소 주최, '포스트모던 시대에 있어 문화정치'에 관한 심포지엄 발표
    논문.
버거, 피터. 1981, 『이단의 시대』(서광선 옮김), 문학과 지성사.
Back, U. 1992, *Risk Society: Towards a New Modernity*, London: Sage.
Beck, U., A. Giddens and S. Lash. 1994, *Reflexive Modernization*,
    Oxford: Polity Press.
Crook, S.(et. al.). 1992, *Postmodernization: Change in Advanced Society*,
    London: Sage.
Friedland, R. and D. Borden. 1994, "Nowhere: an Introduction to
    Space, Time and Modernity," in R. Friedland and D. Borden(eds.),
    Nowhere: Space, Time and Modernity, Berkeley: University of
    California Press.
Giddens, A. 1990, *The Consequences of Modernity*, Standford: Standford
    University Press.
Hall, S. 1992, "Introduction," in S. Hall and B. Geiben(eds.),
    Formations of Modernity, Oxford: the Open University.
Hamiliton, P. 1992, "The enlightenment and the birth of social

science," in S. Hall and B. Geiben(eds.), *Formations of Modernity*, Oxford: the Open University.

Harvey, D. 1989, *The Condition of Postmodernity*, Oxford: Blackwell.

Hilton, R. J. 1986, *Cities, Capitalism and Civilization*, London: Allen & Unwin.

Healey, P. et. al.(eds.). 1995, *Managing Cities: the New Urban Context*, New York: John Wiley & Sons.

Knox, P. L. 1993, "Capital, material culture and socio-spatial differentiation," in Paul L. Knox(ed.), *The Restless Urban Landscape*, New Jersey: Prentice Hall.

Kumar, K. 1995, "From Post-Industrial to Post-Modern Society," Oxford: Blackwell.

Lash, S. 1992, "Berlin's second modernity," in Paul L. Knox(ed.), *The Restless Urban Landscape*, New Jersey: Prentice Hall.

Lash, S. and J. Urry. 1994, *Economies of Sign and Space*, London: Sage.

Lyotard, J-F. 1989, "Answering questions: what is postmodernity?" in *The Postmodern Condition*, tr. by G. Bennington & B. Massumi, Minnesota: The University Minnosota Press.

______. 1991, *The Inhuman*, tr. by B. Bennington & R. Bowlby, Oxford: Polity Press.

McLennan, G. 1995, "After postmodernism - back to sociological theory," *Sociology*, vol.29, no.1.

Rabinow, P. 1994, "On the archaeology of late modernity," in R. Friedland and D. Borden(eds.), *Nowhere: Space, Time and Modernity*, Berkeley: University of California Press.

Saunders, P. 1983, *Social Theory and the Urban Question*, London: Unwin.

Short, J. 1989, *The Humane City*, Oxford: Bail Blackwell.

한국의 국가주의와 국가-시민사회의 관계 변화

손호철

1. 시민사회를 어떻게 보아야 하는가

오늘 이야기는 우리 사회를 바라보는 틀로서 국가-시민사회에 대해 언급하고, 다음으로 한국 사회에서 국가주의가 어떻게 우리 사회를 왜곡해왔고, 현재에 이르러서는 어떻게 변화해왔는지 알아보도록 하겠다.

먼저 왜 시민사회인가, 왜 시민사회라는 개념을 사용하는가에 대해 언급하고, 시민사회를 보는 기존 통념에 대한 나의 견해를 제시하고자 한다.[1] 1980년대 민주화, 분단이라는 조건하에서 우리 사회의 여러 가지 문제점, 우리 사회를 어떻게 볼 것인가에 대한 많은 논쟁들이 존재했다. 이런 논쟁들은 크게 보면, 한국 자본주의의 성격을 어떻게 볼 것인가라는 문제와 한국 국가의 성격이 무엇인가라는 두 가지 문제가 논쟁의 중심적인 축이었다.[2] 즉 한 사회를 바라

---

1) 이에 대한 자세한 것은 손호철(1997a)의 「국가-시민사회: 한국 정치의 대안인가?」 참조.

볼 때 토대의 성격은 어떠하고 국가성격은 어떠한가 하는 토대/국가 내지 토대/상부구조라는 문제의식이다. 물론 토대/상부구조 하면 마르크스주의를 연상하고 거부반응을 일으킬 수 있으나 반드시 그런 것은 아니다. 마르크스주의가 아니더라도 한국을 포함한 제3세계 일반에서 가장 중심적인 문제가 됐던 것은 경제발전·민주주의라는 경제와 정치의 발전에 관련된 문제로서 이는 결국 토대와 국가의 문제라고 할 수 있다. 김대중 정부 역시 집권 이후 2대 국정과제를 내세웠는데, 그것은 민주주의와 시장경제다. 이것도 결국 한국 경제의 성격, 즉 토대의 성격을 관치경제로부터 시장경제로 바꾸는 한편 국가성격을 권위주의로부터 민주주의로 바꾸겠다는 것으로 결국 토대/국가의 이론틀에서 한국 사회를 바라보는 것이다. 이처럼 보수세력, 진보세력을 막론하고 바로 1980년대에는 경제(혹은 토대)와 국가를 중심으로 한국 사회를 이해하는 것이 지배적인 시각이었다.

그런데 1990년대에 들어서면서 이런 지배적인 시각의 변화가 나타나기 시작했는데 새로운 시각의 대표적인 틀이 시민사회라는 개념이다. 시민사회 개념은 쉽게 개념화하기 어려운데, 한 마디로 말하자면 시민사회란 '잔여 범주', 즉 국가가 아닌 것으로 사용되고 있다. 1980년대 시민사회 개념을 사용하기 시작한 서구의 경우, 이 개념이 사용된 배경은 세 가지 때문인데 하나는 사회주의권의 몰락 때문이고, 다른 하나는 제2차 세계대전 이후 서구 복지국가체제가 레이건주의와 대처주의의 비판을 받고 해체되기 시작했기 때문이다. 이른바 복지국가와 소련 스탈린체제의 공통점은 국가주의, 즉 국가가 중심이 되어 문제를 해결하려고 했던 두 개의 국가주의적

---

2) 이에 대해서는 손호철(1997a)의 「한국국가성격논쟁」과 「한국국가와 자본주의적 발전」 참조.

프로젝트였다는 사실이다. 이 두 개의 축이 모두 실패하게 되자 국가라는 실체가 '해결사'가 아니라 '문제'로 변하게 된 것이다. 이것은 재미있는 역사의 순환인데, 우선 자본주의체제, 즉 복지국가의 위기를 살펴보자.

자본주의 사회에서 국가가 경제 문제의 해결에 전면적으로 나선 것은 그다지 먼 역사가 아닌데 역사적으로 1920년대가 한 축이었고, 1970~80년대가 다른 한 축이었다. 1920년대는 대공황, 세계대전, 파시즘이라는 세계사적 야만이 노골적으로 나타났던 시기다. 반면 1920년대 이전 시기를 자유주의라고 통칭하는데, 이는 아담 스미스의 주장대로 국가는 되도록 작을수록 좋은 것이라는 신념에 기반한 것이었다. 하지만 시장경제가 발전하게 되면 필연적으로 경쟁의 심화를 낳게 되고 또한 경쟁은 독점을 낳게 된다. 더불어 생산력이 엄청나게 발전한 조건하에서 이렇게 부가 소수에게 집중되는 현상이 일어나게 되자 1920년대 대공황이란 문제가 발생하게 된 것이다. 대공황을 해결한 것이 미국의 뉴딜정책인데, 뉴딜정책은 국가가 경제에 직접적으로 개입함으로써 공황 등의 문제를 해결하는 것으로서, 세계 자본주의의 위기를 해결한 것이 바로 그 당시에는 국가였다.

즉 시장경제의 파국을 국가가 해결사로 나서서 해결한 것이다. 그런데 이런 해결사로서 국가가 점차 비대해지면서 결국 1970년대 들어 문제가 되어버린 것이다.[3] 그러자 다시 해결책, 해결사로 등장한 것이 바로 시장이며 시장경제, 경제적 자유화로 대표되는 '신자유주의'이다. 따라서 21세기 세계의 미래상과 모순은 1920년대를 생각하면 된다. 어쨌든 1970년대 들어 복지국가의 실패가 문제되면

---

[3] 오페(Offe, 1984)는 이를 "위기관리자의 위기(the crisis of the crisis manager)"라고 표현한 바 있다.

서 새로이 해결사로 등장한 개념이 시민사회다.

또 다른 국가주의적 프로젝트의 실패라고 할 수 있는 소련-동구 사회주의도 마찬가지다. 이들은 국가주의적 스탈린주의에 의해 사회를 압살하면서 많은 문제를 야기했다. 뿐만 아니라 이들 현실사회주의들의 경우, 국가가 모든 것을 통제하는 것 같지만 취약한 형태의 다양한 저항의 진지, 즉 시민사회가 존재했고 이것이 민주화의 힘이 된 것이다. 다양한 형태의 비합법적인 형태의 시민 문건, 단체 그리고 포럼 등이 그 예라고 할 수 있다.

끝으로, 시민사회 등장의 마지막 배경은 제3세계의 민주화다. 한국을 포함해서 여타 제3세계 국가들은 1980년대를 즈음해서 대부분 민주화에 이르게 되었고, 이런 민주화는 시민사회의 성장에 기반한 것이라고 파악되었고, 그 결과 시민사회에 대한 관심이 나타나게 되었다.

1990년대의 화두인 시민사회는 과거의 중심적인 패러다임이던 국가-경제를 대치해서, 국가-시민사회라는 틀을 만들어내게 된다. 다시 말해서 국가-시민사회의 관계를 중심으로 사회를 파악하게 되었는데, 이론적으로 볼 때 이 시민사회 개념을 현대적으로 복원시킨 사상가는 이탈리아의 공산주의자이자 마르크스주의 이론가인 안토니오 그람시(Gramsci, 1971)이다. 그는 사회를 국가-시민사회-토대(경제)로 구분해서 파악했는데, 여기서 시민사회란 국가도, 경제도 아닌 영역을 의미한다. 나는 개인적으로 이러한 그람시의 틀이 적실성을 지닌다고 보는데, 왜냐하면 시민사회라는 개념을 통해 경제 내지 토대라는 문제가 해소될 수 없기 때문이다. 다시 말해 국내 학계에서도 대종을 이루고 있는 자유주의적 시각에서의 국가와 시민사회라는 이분법을 택할 경우 토대의 엄청난 규정력이 시민사회의 일부로 지나치게 폄하되고 상대화되게 된다.

구체적으로 그람시는 시민사회란 상부구조 내 두 층위 중 하나라고 언급하면서, 국가가 상부구조 중 공적인 영역을 지칭한다면 시민사회는 사적인 영역, 즉 "흔히 '사적'이라고 불리는 조직체들의 총체"(Gramsci, 1971: 12)를 지칭하는 것이라고 말했다. 다시 말해서 교회, 학교, 언론 등으로부터 다양한 자발적 결사체─종친회, 전경련, 참여연대 등─가 모두 시민사회라는 것이다. 바로 국가란 강제력으로 대표되는 영역이라면, 시민사회는 동의에 기반한 영역이며, 한 사회는 강제력으로만 운영되는 것이 아니라 시민사회 내 동의라는 정당화 기제가 필요하다는 것이다. 그람시가 보기에(Gramsci, 1971: 229-239) 러시아는 국가가 거의 모든 것을 결정하고 시민사회는 아주 미발전되었으며, 따라서 경찰의 물리력 등으로 대표되는 국가의 물리력을 무력화시키면 그 사회는 무력화시킬 수 있다고 보았고, 이를 '전면전'(혹은 기동전)이라고 불렀다.

반면 서구는 국가의 위에 더욱 강력한 시민사회가 존재했으며 따라서 국가를 무력화시켜도 체제는 무너지지 않는다. 바로 시민사회를 장악하지 않고서는 국가의 물리력을 무력화시켜도 소용이 없다는 것이다. 따라서 시민사회야말로 투쟁의 장이자 정치의 영역으로 상정되어야 한다고 그람시는 생각했다. 이런 투쟁을 그람시는 진지전이라고 칭했는데, 바로 민주노총, 민교협, 참여연대와 같은 시민사회 내 민주적인 진지를 만들어야 한다는 문제의식이다. 이른바 극우보수적인 기존 조직체에 대항해서 민주적인 진지들이 어떻게 시민사회 내 헤게모니를 장악하느냐가 그 사회의 발전 방향을 좌우한다는 것이다. 이 문제는 다시 자세히 논의하기로 하고 여기에서 우리가 주목할 것은 그람시가 지적한 러시아와 서구의 차이이다. 즉 시민사회라는 개념, 나아가 한 사회의 국가와 시민사회 간의 힘의 관계가 그 사회를 이해하는 데 매우 중요하다는 점이다.

하지만 기존 시민사회에 대한 잘못된 인식들도 존재하는데, 국가는 억압이고 시민사회는 민주주의라는 등식이 그것이다. 이런 틀에 근거해 한국 현대사를 해석한다면 다음과 같다.4) 일제 시기에는 일제의 물리력에 의해 시민사회는 저발전되고 국가가 과대성장해서 모든 것을 결정했다. 하지만 해방 이후 일제 국가기구가 무력화되자 전평, 전농 등 시민사회가 폭발하게 되고, 소설 『태백산맥』에 나오듯이 미군정과 일제가 물려준 물리력과 폭발한 시민사회는 맞서 싸우다 무력화된다. 그 이후 한국 사회의 기본적인 틀은 국가가 과대하게 성장, 강력해진 반면, 시민사회는 취약하게 된다. 하지만 시민사회는 무기력하기만 한 존재가 아니며 주기적으로 폭발했는데, 그것이 4·19였다. 하지만 5·16쿠데타에 의해 다시 시민사회는 수축되기에 이른다. 한편 그 이후 1980년 서울의 봄이나 1987년 6월 항쟁처럼 주기적인 시민사회의 도전이 나타나게 된다. 결국 국가가 강하고 시민사회가 취약한 것이 한국의 특징인데, 이런 강한 국가에 의한 국가 주도 산업화에 의해 한국은 경제성장을 이루었으며, 이런 산업화의 결과는 시민사회의 성장이었다. 바로 국가 주도형 산업화에 의한 시민사회의 성장이 국가의 몰락을 초래한 것이다. 이런 국가와 시민사회 간의 힘의 관계 변화로 인해 민주화가 이루어졌다는 주장이다.

하지만 이런 현대사 해석은 많은 문제가 있다. 물론 민주주의에 있어서 국가-시민사회의 관계는 매우 중요하다. 하지만 이는 반쪽 이해에 불과한데, 해방 정국에서 지주들의 예를 들어보자. 이들 지주는 분명 시민사회의 구성원임에도 불구하고, 국가에 대항해서 농민들과 연합, 투쟁하지는 않았다. 즉 저항의 대치점은 시민사회를

---

4) 이와 같은 이론적 경향에 대해서는 손호철(1997a)의 「국가-시민사회: 한국 정치의 대안인가?」 참조.

가로질러 국가와 지배세력의 연합 대 나머지 민중이라고 불리는 민중세력의 대립이다. 또한 1987년 6월 항쟁의 경우에도, 시민사회의 주요구성원의 일부, 구체적으로 전경련 등 자본가들, 재벌들은 말할 것도 없고 당시 어용 노조였던 한국노총은 전두환의 호헌성명을 지지했다. 이런 예에서 알 수 있듯이 시민사회는 하나의 통일된 행위자가 아니라 사회적 공간이며, 수구세력과 민주화세력 간의 투쟁 결과에 따라 그 성격이 변화할 수 있는 것이지, 그 자체가 민주적인 것은 아니다.

 다른 예로 시민사회 내 반국가적인 성격을 지닌 조직이자 파시스트 조직인 KKK나 극우 민병대가 성장하는 것이 민주주의가 성장하는 것이냐고 질문한다면 그렇지 않다. 따라서 시민사회의 민주적 잠재력은 강력하지만 앞서 언급한 시민사회에 대한 '신비화 경향' 역시 경계해야 한다. 다시 말해 시민사회는 단일한 행위자가 아니라 다양한 사회세력이 각축하는 하나의 사회적 공간이라는 사실을 명심해야 한다. 그리고 그 다양한 세력 중 민주적 힘이 강하면 시민사회가 민주주의의 진지가 되지만 정반대의 경우 파시즘의 보루가 될 수도 있다. 따라서 시민사회라는 틀을 통해 한 사회를, 민주주의 문제와 관련해 보려면, 한편으로는 국가와 시민사회 간의 힘의 관계를 보아야 하는 동시에, 시민사회 내 힘의 관계(혹은 분포)를 파악해야 한다. 단적인 예로, 최장집 선생 사건을 일으킨 조선일보도 시민사회인데, 이런 경우 시민사회가 국가보다 더 수구적이고 반동적인 것이다.

2. 한국 사회에서 국가주의: 그 뿌리와 변화

한국이 강한 국가에 의해 지배되어온 국가주의적 사회인 것은 사실이다. 이같은 국가주의의 뿌리로 먼저 들 수 있는 것은 식민지체제하의 국가주의적 유산이다. 함자 알라비(Alavi, 1972)라는 학자가 '과대성장국가론'이라는 이론을 통해 주장한 바 있듯이, 대부분의 식민지 국가의 경우 국가주의적 경향이 강력한데, 식민지 모국의 경제(토대)에 이식된 식민지 조선의 국가는 미발전된 토대에 비해 과대 성장될 수밖에 없었다. 그러나 이중에서도 특히 식민지 조선의 경우, 다른 식민주의에 비해 국가주의가 강했는데, 그 이유는 후발 산업국가인 일본의 식민지였기 때문이다. 영국과 같은 선진 자본주의 국가의 식민지였던 인도 등과 달리, 국가 주도의 산업화를 이룬 일본 제국주의하의 식민지였던 식민지 조선은 일제 시기 최대의 자본이었던 엄청난 규모의 조선총독부에 의해 지배된 것이다. 한 예로 베트남의 호지명은 인도와 베트남을 비교하면서, 인도에 비해 베트남은 국가가 과대성장되어서 민족해방운동을 전개하기 어렵다고 논했다. 그는 양국의 국가공무원이 차지하는 인구비율을 비교하면 베트남이 인도의 3배에 가깝다고 한다. 필자는 이 예를 보면서 베트남과 한국을 비교해보았는데, 한국은 베트남에 비해 그 수가 5배나 높았고, 그런 정도로 국가가 과대성장했었다.[5] 그런데 해방 공간에서 이런 국가를 해체시킬 수 있는 조건이 주어졌지만, 이는 분단이라는 조건 때문에 역으로 국가가 더욱 비대화되는 결과를 초래했다. 이런 조건에서 미국의 원조는 한국의 군이나 국가기구를 유지할 수 있게 한 중요 요인이었으며, 이는 상대적으로 자율

---

5) 손호철(1997a)의 「한국전쟁과 이데올로기지형」 참조.

적인 국가를 존재가능하게 했다.

다음으로 국가주의가 강화된 뿌리는 한국전쟁이었다. 전쟁을 통해 60만 대군이라는 국가의 비대화가 더욱 가속화되었던 것이다. 즉 일제에 의해, 그리고 미군정에 의해 과대성장되었던 국가장치, 특히 억압적 국가장치는 더욱 과대성장되는 바, 한국전쟁 전에 군 11만3천 명, 경찰 4만8천 명으로 약 16만 명에 달했던 억압적 국가기구는 한국전쟁 후 군 65만 명, 경찰 5만 명 총 70만 명으로 4배 이상 팽창하게 된다.[6] 그러나 한국전쟁의 영향은 이와 같은 국가기구의 팽창에 국한되는 것은 아니다. 한국전쟁의 결과로 형성된 반항구적인 분단체제와 준전시적 안보상황은 국방과 안보기능의 독점이라는 국가의 역할과 관련해 한국 국가의 사회적 지배력을 일상적으로 강화시켰다(Hintze, 1975).

마지막으로는 박정희 정권의 출범과 국가 주도형 산업화를 들 수 있다. 초기 미군정 점령시 미국의 주된 관심은 한반도의 공산화를 방지하는 것 이외에 한국이 이집트의 나세르 정권 등으로 대표되는 사회주의는 아니지만, 국영기업으로 대표되는 대부분의 경제를 국가가 통제, 운영하는 국가자본주의로 나가는 것을 방지하는 것이었다.[7] 이와 같은 개연성은 당시 한국이 '자본가 없는 자본주의'였다는 사실과 관련해 볼 때 매우 컸다. 해방 당시 공장 등 고정자산의 93%는 과거 일본인 소유였고, 일본인들이 본국으로 퇴각한 이후 이들 자산은 자본가가 부재한 국영 상태였고, 이를 방치해둘 경우 한국은 국가자본주의가 될 것이라는 것이 미군정의 인식이었다. 이의 해결책이 바로 최근 김대중 정권하에서 추진되는 민영화 논리와 유사한 '귀속재산처리'였다. 이승만 정권은 미국의 이와 같은 경제

---

6) 앞의 글 참조.
7) 이에 대해서는 Sonn(1987: 156) 참조.

정책을 답습했기 때문에 일제의 조선총독부에 의해 이식되었던 경제발전 전략으로서 국가주의는 이승만 시기에 매우 약화되었다. 이승만 정권은 자유주의적 경제정책과 귀속재산처리라는 민영화정책을 폈고 심지어 은행 등 금융기관까지 민영화했다.[8]

한편 1950년대 말에 이르러 미국의 제3세계 전략은 제3세계에 대한 발전주의로 변화하게 되는데, 미국이 더 이상 무제한적인 무상원조를 제3세계에 제공할 수도 없고, 동시에 노조 등으로 인한 선진국의 임금상승으로 인해 미국은 이들 제3세계에 대한 투자의 필요성을 인식하게 된다. 이승만이 미국에 의해 거부되었던 중요한 원인도 미국의 발전주의 전략에 저항했기 때문인데, 미국은 자신의 전략을 관철시키기 위해서는 한·일 국교 정상화를 통해 한국을 일본의 하청 산업구조로 만들려고 했다. 하지만 이승만은 발전이나 산업화보다는 원조에만 관심을 가졌기 때문에 더 이상 미국의 이해에 부합하지 않게 된 것이다.[9]

이후 들어선 박정희 정권은 미국의 세계전략에 부응하는 국가주도 산업화를 추진하게 된다. 이 과정에서 한국 사회에서 국가주의는 완성되는 국면을 맞이하게 된다. 경제개발 5개년 계획으로 상징되는 국가 주도의 경제발전전략에 대해서는 더 이상의 자세한 소개가 불필요할 것이다. 하지만 이런 민영화 조치를 다시 국유화로 돌려놓은 주체는 다름 아닌 5·16쿠데타 세력들이었고, 이들은 은행을 재국유화하여 이를 무기로 자원을 국가가 판단하는 전략적 산업에 지원하도록 강제했다.[10] 뿐만 아니라 국가의 억압성에 기반한 특히

---

8) 이와 같은 이 정권의 경제철학에 대해서는 손호철(1997a)의 「1950년대의 이데올로기」 참조.

9) 이에 대한 자세한 것은 Sonn(1987: 205) 참조

10) 손호철(1997a)의 「5·16쿠데타의 재조명」 참조

군사주의에 기초한 사회를 재주조하려고 했다. 단적인 예로 대학에 학도호국단을 만들어 국가가 전체 사회를 통제하려고 했다. 이런 맥락에서 유신체제는 단순한 권위주의가 아닌, 한국 정치 중 가장 전체주의에 가까운 체제였으며, 국가가 모든 것을 마음대로 하는 것이 아니라 시민사회를 완전하게 질식-통제하는 체제였다. 그 예로 반상회, 남자들의 머리 길이, 여자들의 스커트 길이에 대한 국가통제 등을 들 수 있다(손호철·조희연, 1999).

다만 국가와 재벌 간의 힘의 관계에서 볼 때 국가가 강하다는 사실- 단적인 예로 제5공화국 초기 국가의 재벌에 대한 규제, 제6공화국 시기 재벌과 국가 간의 대결 등- 이 일부에서 주장하듯이[11] 박정희 정권 당시 한국 사회의 지배계급이 국가 자체라는 의미는 아니라는 점이다. 다시 말해서 군부독재란 용어는 당시 한국 사회의 지배계급이 재벌이 아니라 군인이었던 것으로 오해하게 하는데, 군인이 당시 한국 사회의 통치집단이었다고 해서 이들이 한국 사회의 지배계급이라는 것은 아니다. 그렇다면 군사독재시절의 한국은 자본주의 사회가 아니었다는 이야기이기 때문이다.[12] 사실 국가를 장악해서 통치하는 국가통치자의 사회적 배경을 기준으로 국가의 지배계급을 이해한다면 레이건하 미국의 국가 지배계급은 자본가가 아니라 배우가 되게 된다. 미국은 자본주의 사회이고, 자본가들이 지배하는 사회지만, 자본가들이 정치를 하는 것은 아니다. 따라서 우리 사회의 국가주의를 국가 그 자체가 지배계급이었고, 재벌이 이에

---

11) 이와 같은 입장의 대표적인 예는 박광주(1987)가 있다.

12) 나아가 바로 군부독재라는 용어는 마치 군인이 통치를 했기 때문에 억압성이 강했다는 식으로, 역으로 말하자면 민간인이 통치를 했다면 억압적이지 않았을 것이라는 착각을 하게 할 수 있다. 박 정권의 억압성은 단지 군인이었기 때문이 아니라 종속적 후발산업화를 이루어내기 위해서는 전태일 열사의 분신 등에서 보여지는 민주주의를 억압하고, 자본축적의 논리를 최우선으로 삼았기 때문이다.

종속하는 것으로 파악하는 식으로 확대 해석하는 것은 주의해야 한다. 또한 국가와 재벌이 갈등관계에 있다고, 국가가 반재벌적인 것은 아니다. 오히려 국가는 재벌의 단기적 이익을 희생시키지만, 장기적인 이익을 보장해주는 일련의 과정으로 이해해야 한다(손호철, 1991). 단적인 예로, 박정희 시절 중화학공업화에 대해 많은 재벌들이 자본 회수 기간이 길고 경공업산업보다 이익이 남을 가능성도 취약하다는 이유로 이를 꺼렸는데, 정부가 반강제로 이를 하도록 했고 결과적으로는 재벌들에게 무수한 축적의 기회를 보장해준 셈이 되고 말았다.

이런 국가주의의 해체는 두 가지 축으로 나타났는데, 정치적 국가주의는 1987년 민주화를 통해, 경제적 국가주의는 IMF 이후 경제위기를 통해 해체중이다. 즉 정치적 국가주의가 민주화에 의해, 관치경제로 불리는 국가 주도형 경제가 IMF의 압력과 부분적으로 김대중 정권 자신의 신자유주의적 경제철학에 따라 시장경제로 해체되고 있는 것이다. 바로 개발독재의 두 축이던 경제·정치적 국가주의가 해체되는 것이 현재 상황이다.[13] 이제 이와 같은 국가주의의 전통 속에서 한국 사회의 국가와 시민사회 간의 관계 변화를 살펴보자.

3. 1987년 이후 국가와 시민사회의 관계 변화

위에서 지적했듯이 시민사회는 상호보완적인 두 가지 측면, 즉 국가와의 관계와 시민사회의 내부구성이라는 두 측면에서 접근될

---

13) 이에 대해서는 손호철(1999)의 「신자유시대의 한국정치」 참조.

수 있다. 우선 국가와의 관계에서 1980년대 이전 한국의 시민사회는 국가에 비해 '과소성장'되어 있었다. 다시 말해서 "국가가 모든 것이고 시민사회는 원시적이고 아교질"에 불과했다는 러시아에 대한 그람시의 분석14)은 한국에도 그대로 적용될 수 있다고 하겠다. 물론 이와 같은 시민사회, 정확히 표현해 시민사회의 민중부문이 주기적으로 국가와 지배세력의 억압에 반기를 들고 일어나 시민사회의 일시적 팽창을 가져다줌으로써 한국의 경우 '강한 국가'에 '강한 시민사회'가 병존한다는 주장을 낳기도 하지만 말이다(Koo, 1993). 뿐만 아니라 한국의 시민사회는 서구와 달리 자율적이지 못한 채 국가에 예속되어 있었고 연고주의 등 전근대적인 의식과 생활양식에 포섭되어 있었다(유팔무, 1993: 269-271).

그러나 이는 앞에서 지적했듯이 군사 정권들이 수행해온 산업화 전략에 따른 자본주의적 발전에 따라 변하기 시작하여, 한편으로는 계속 팽창하여 국가와의 역관계를 변화시키고, 다른 한편으로는 나름대로 자율성을 확대해왔다. 그리고 이는 1987년 6월항쟁으로 이어진 바 있다. 그러나 위의 이론 부분에서 지적한 바 있고 또 아래에서 지적하겠지만, 6월항쟁과 이에 따른 민주화는 단순히 산업화의 결과로 시민사회가 성장했기 때문이 아니라, 시민사회가 민주화 진영의 헤게모니로 재편되었기 때문이었다. 어쨌든 1990년대 들어서도 시민사회는 더욱더 팽창하고 계속 성장해오고 있다. 그러나 역으로 시민사회가 보수화함으로써 시민사회의 팽창에 상응하는 민주화의 전진이 이루어지지 못하고 있다. 오히려 시민사회의 팽창에도 불구하고 민주화의 정체 현상이 나타나고 있다.

국가-시민사회의 관계 변화 못지않게 중요한 것, 아니 그 이상으

---

14) Gramsci(1971: 238).

로 중요한 것은 시민사회 내부구성의 변화이다. 이같은 시민사회의 내부구성이라는 점에서 한국의 시민사회의 특징은 해방정국과 한국전쟁을 거치면서 시민사회의 진보적 세력들이 궤멸되고 이데올로기적으로 극우반공체제가 성립하면서 민주적 세력과 민중부문의 힘이 매우 취약했다는 점이다.

즉 국가에 비해 시민사회가 취약했을 뿐 아니라 그 내부의 힘의 관계가 수구반공세력의 우위하에 있었다. 그러나 이는 1970년대 이후, 특히 1980년대 들어 빠르게 변하게 된다. 민중부문은 박정희 정권 이후 추진해온 산업화전략에 따른 계층·계급적 분화에 의해 양적으로 성장하기 시작하여 1980년대 들어 괄목할 만한 성장을 거듭했다. 특히 이들은 민중배제적이고 친재벌적 산업화전략과 정치적 억압성에 따라 민주화의 진지로서 자리잡기 시작, 1980년 광주민중항쟁에 따른 진보운동의 복권 흐름과 결합하여 단순한 양적인 측면을 넘어서 질적으로도 급속히 성장하고 조직화되었다. 결국 이와 같은 민중부문의 성장은 시민사회의 힘의 관계를 역전시켜 민중운동이 시민사회의 헤게모니를 장악하게 했다. 그리고 이는 1987년 6월항쟁의 승리를 이끌어내게 한 핵심적 동력이다.

사실 많은 학자들은 한국 정치의 분석에 있어서 시민사회의 내부구성보다는 국가와 시민사회 간의 관계에 주목하여 한국 정치를 국가 대 시민사회의 대결로 그리는가 하면 1987년 6월항쟁과 민주화를 국가에 대한 시민사회의 반란으로 규정하고 있으나 이는 엄청난 사실왜곡이다.15) 왜냐하면 해방정국으로부터 1987년 6월항쟁, 그리고 현재에 이르기까지 한국 현대사에서 경제적 지배계급, 다시 말하자면 해방정국에서는 친일 지주, 그 이후에는 재벌은 시민사회

---

15) 이와 같은 이론적 오류들은 손호철(1999)의 「한국민주화를 읽는 네 가지 이론 비판」 참조.

의 한 부분임에도 불구하고 민주화의 고비마다 일관되게 국가의 편에 서서 민주화에 반대했기 때문이다. 1987년 6월항쟁 역시 국가에 대해 그동안 성장한 시민사회가 반란을 일으켜 국가를 굴복시킨 것이 아니라 재벌 등 시민사회의 수구세력들과 국가에 대항해 민주운동 등 시민사회의 민주세력이 들고일어나 승리한 것이다. 이처럼 한국 정치는 국가 대 시민사회의 대결이 아니라 국가와 경제적 지배계급의 연합, 다시 말해 '권력블록' 내지 '지배블록' 대 민중의 대결이었고, 민주화는 시민사회 자체의 성장에 기인하기보다는 시민사회 내의 민주화세력, 즉 민중부문의 성장, 그리고 이에 따른 시민사회 내의 힘의 관계의 역전에 기인한다. 따라서 시민사회의 내부 구성에 대한 분석은 한국 정치의 이해에서 매우 중요하다.

1987년 이후 시민사회의 내부구성 변화를 살펴보면 우선 들 수 있는 것이 민중운동의 성장이다. 민중운동은 1987년 6월항쟁 이후 1987년 7~8월 노동자 대파업 등을 거치면서 다양한 부문조직들을 공식적으로 갖추면서 더욱 성장했다. 특히 1990년대 들어 전통적으로 한국 민중운동을 주도해온 학생운동을 제치고 중심운동으로 자리잡기 시작한 노동운동은 정부의 탄압과 소련·동구의 몰락에 따른 사회적 보수화 분위기에도 불구하고 전노협에서 민주노총을 거치면서 자주적이고 민주적인 전국적인 노동조합으로 성장했고, 급기야 1997년 노동자총파업을 주도할 수 있게 되었다.

이와 관련 한 가지 짚고 넘어갈 것은 소련·동구 몰락 이후 한국 학계에서 유행했던 민중운동의 위기론이다. 소련·동구 몰락 이후 많은 학자들은 한국의 민중운동이 관념적 급진성으로 인해 사회주의권의 몰락으로 위기에 빠졌다고 주장했으나 이는 잘못이다. 왜냐하면 이는 급진적 지식인의 정치운동과 대중운동으로서의 민중운동을 혼동하고 소련·동구 몰락에 따른 급진적 지식인들의 집단전향과 급진적 정치조직의 와해로 상징되는 전자의 위기를 후자의 위기로 혼동한 것이기 때문이다. 그리고 전노협 등 대중운동으로서의 노동운동의 경우 '급진적'이었던 것이 아니라 '전투적'이었던 것이고 이는 정부의 공권력과 탄압 앞에서 비타협적인 투쟁방식으로 불가피했던 것이다.16) 나아가 위기론은 민주노총의 출범과 1997년의 총파업의 성공이 행동으로 반박해준 바 있다.17) 한 마디로 말해, 대중운동으로서의 한국 민중운동은 여러 어려움을 겪고 있고 부침이 있기는 했지만 1980년대 이후 꾸준히 성장해오고 있다고 볼 수 있다.

1987년 이후 나타나고 있는 시민사회 내부의 또 다른 변화는 시민사회의 분화, 정확히 표현해 '이중의 내부분화'이다. 그 중 첫번째 내부분화는 민주 대 반민주의 대결구도가 소멸함에 따른 '정치적' 분화이다. 1987년 이전의 한국 시민사회의 경우 민주 대 반민주라는 균열구조에 따라 재벌과 다양한 관제 내지 친정부적 조직 등을 중심으로 한 수구세력 대 민중부문을 중심으로 한 민주세력이라는 양분법적인 균열구조를 가지고 있었다고 할 수 있다. 그러나 1987년 민주화 이후, 특히 1987년 노동자 대파업과 민중운동의 급진화를 거치면서 시민사회의 민주화진영은 자유주의적 세력과 민중세력으로 분화되기 시작했다. 따라서 한국의 시민사회는 재벌을 중심으로 한 수구세력, 중간층을 중심으로 한 자유주의세력, 기층민중을 중심으로 한 민중세력 내지 진보세력으로 삼분되기 시작했다. 이에 대해서는 보다 구체적인 설명이 필요하다.

1987년 이전, 특히 1980년대에 한국에서는 자유주의 세력이 시민사회 내에 하나의 사회세력―다만 수구반동세력만이 존재했다―으로 존재하지 않았다. 물론 양김으로 대표되는 정치권의 보수야당세

---

16) 이에 대해서는 임영일(1998) 참조.
17) 이에 대해서는 손호철(1999)의 「한국노동운동의 때늦은 개화」 참조.

력은 자유주의자들이었다. 그러나 이들은 정치사회의 세력이었고 시민사회에 관한 한 자유주의세력이 의미 있는 사회세력으로 자리 잡지 못했다.[18] 예를 들어 한국 민주화과정에서 가장 중요한 동력이 된 학생운동의 경우 자유주의적 정파를 찾아보기 어렵다. 이는 다양한 1980년대의 사회운동들의 경우도 마찬가지다. 따라서 1987년 이후 자유주의자들이 다수 나타나 자유주의를 내걸고 활동하고 있는데 이는 바람직한 현상이지만, 역사적으로 보자면 이들 역시 대부분 사이비 자유주의자들이다.

단적인 예로 1990년대 들어 마광수, 장정일 등이 성적인 표현의 자유를 부르짖으며 자유주의의 투사인 양 행세하고 있는데, 이들은 왜 유신이나 제5공화국 시절 수많은 사람들이 사상의 자유 때문에 구속될 때 침묵했느냐는 말이다.[19] 1960~80년대 시민사회 내 진정한 자유주의 세력의 결여는 민중운동, 재야운동의 지도자나 활동가의 형태로 대치되었으며, 이들은 비록 소수이기는 하지만 민주화투쟁을 가장 철저하고 치열하게 전개함으로써 도덕적인 평가를 받고 헤게모니를 획득했다. 즉 자유주의자들의 부재중에 진보적 민중운동이 자유민주주의적 과제를 위해 싸운 것이 1980년대의 특징이다. 이와 유사한 예는 외국에서도 찾아볼 수 있다. 비근한 예로 프

---

18) 물론 1970년대의 경우 이와 같은 민중운동이 기본적으로 시민민주주의, 즉 자유주의적 세력이었고 이들이 1980년대 들어 급진화된 것이다. 따라서 엄밀히 말하자면 시민사회의 내부분화는 한 시기를 더 구분하여, 즉 1987년 이전을 두 시기로 나누어 ① 1953~80년: 수구세력 대 자유주의세력, ② 1980~87년: 수구세력 대 민중세력, ③ 1987년 이후~: 내부분화기(수구세력, 자유주의세력, 민중세력)으로 구분해야 한다. 그러나 여기에서는 1987년을 기점으로 그 이전과 이후의 비교에 초점을 맞추기 위해, 그리고 1970년대의 시민사회 내의 자유주의적 재야세력이 대부분 1980년대 들어 진보적 민중세력으로 변화한다는 점에서 1987년 이전을 1980년대를 중심으로 서술했다.

19) 이에 대해서는 손호철(1997b) 참조.

랑스의 경우, 나치즘하에서 자유주의자들은 비시 정권에 투항·협력한 반면, 나치즘에 대해 가장 격렬하게 맞서 투쟁한 집단은 공산주의자들이었다. 이른바 프랑스공산당이 생존할 수 있었던 가장 커다란 이유는 이러한 힘 때문이었다. 이런 맥락에서 민중운동에서 분화되어 나온 자유주의 세력을 상당 부분 조직화한 경실련 등 적지 않은 시민운동은 민주화운동의 대표적인 무임승차자들이라고 할 수 있다.

어쨌든 이와 같은 시민사회는 1987년 6월항쟁 이후, 특히 7~8월 노동자 대투쟁을 계기로 자유주의적 세력과 민중세력으로 분화되었다. 따라서 시민사회의 민주화운동 역시 과거의 민중운동의 일방적인 주도로부터 1990년 경실련의 출범을 계기로 하여 자유주의적인 시민운동의 출범과 성장으로 이어졌다. 다시 말해 민주화운동 역시 진보적인 민중운동과 자유주의적인 시민운동으로 분화되었다. 그리고 1990년대 초반 경실련을 중심으로 한 시민운동은 시민운동이 민중운동과 연대하기보다는 자본과 연대한 측면이 상당히 강하다. 다만 1990년대 중·후반기에 들어서 참여연대 등 진보적 시민운동이 출현하면서[20] 민중운동과의 연대가 부분적으로 복원되는 모습을 보이고 있다.

두번째 분화는 첫번째 분화와 무관한 것은 아니지만 차원이 다른 문제로서 민주 대 반민주의 구조가 깨지면서 과거의 단일한 균열을 중심으로 한 단일전선이 깨지고 갈등과 균열이 다양화, 다원화, 다층화되어가고 있다. 다시 말해서 그동안 민주 대 반민주의 대립구도 때문에 억압되었던 환경, 여성, 동성애 등 다양한 사회적 균열들이 폭발적으로 터져 나오면서 시민사회의 균열구조를 다층화하고

---

20) 이에 대해서는 조희연(1995: 298-336) 참조.

있다.[21] 시민운동만 하더라도 경실련, 참여연대와 같은 백화점식의 종합적인 시민운동만이 아니라 환경운동, 교육운동, 여성운동, 장애자운동, 동성애운동 등 전문화된 시민운동들이 빠르게 성장하고 있다. 바로 이전 시기 시민사회 내 운동은 다양한 운동세력이 하나의 전선을 가지고 만들어지는 국민운동본부 등과 같은 단일전선형 운동이었지만 이제는 각각의 운동의제에 따라 전선은 다층화되고 있다. 이 점에서 파워블록 대 민중이라는 이항대립적인 단일전선체는 자본주의의 발전에 따른 사회적 분화와 복잡화에 따라 깨지면서 '주체(subject)의 다원주의'(Mouffe, 1988)에 기초한 다차원적 운동이 생겨나게 되어 있다는 지적은 한국의 경우에도 적용되고 있다고 하겠다. 그러나 동시에 한국의 시민사회 내 운동이 미국식으로, 다시 말하자면 환경, 성 등 단일한 의제를 중심으로 한 '단일 의제정치(single issue politics)'로 바뀌었다고 볼 수는 없고, 민중생존권 쟁취·사회개혁·IMF반대 범국민운동본부 등의 전선체 중심의 운동에서 보듯이 아직도 이항대립적인 전선체적 대립은 계속되고 있다.

위에서 지적한 시민사회의 이중 분화 중 첫번째 분화와 관련된 것으로서 주목할 만한 또 다른 변화는 시민사회의 전반적인 보수화다. 이는 1987년 이후의 민주화, 소련·동구의 몰락에 따른 세계적인 보수화, 신자유주의적 지구화, 민주화운동진영의 분화 등에 따른 복합적인 결과로서, 1980년대의 시민사회가 진보적·민중적 헤게모니하의 '민중 주도적 시민사회'였다면 이제는 보수적·자유주의적 헤게모니하의 '자본 주도적 시민사회'로 변화하고 있다고 할 수 있다.[22] 언뜻 보기에 이와 같은 분석은 위에서 주장한 민중부문의 성장과 모순적으로 들리지만 그렇지 않다. 민중부문이 1990년대 들어

---

21) 이에 대해서는 김호기(1994: 48-51) 참조

22) 이와 같은 구별은 정대화(1998: 235-239) 참조

서도 계속 성장해온 것은 사실이다. 그러나 이같은 '절대적 성장'과 사회적 헤게모니 내지 지도력은 전혀 다른 차원의 문제로서, 민중적 헤게모니의 약화는 바로 이 사회적 헤게모니 차원에서의 문제이다.

위에서 지적했듯이 민주화 이전 그리고 1980년대의 경우, 한국의 자유주의적 세력이란 정치사회의 보수야당을 제외하곤 시민사회 수준에서는 거의 조직화되지도 않았고 민주화운동을 주도하지도 못했다. 따라서 민주화운동은 진보적 민중운동의 주도하에 진행될 수밖에 없었다. 1980년대의 민중운동은 1990년대의 민중운동에 비해 취약했지만 군사독재의 탄압에 맞서서 민주화라는 국민적 과제를 가장 헌신적으로 수행함으로써 그람시의 표현을 빌리자면, '국민-민중적(national-popular)'이 될 수 있었고 시민사회에 대해 헤게모니를 행사할 수 있었다.

그러나 1990년대 들어 한국의 민중운동은 1980년대에 비해 절대적인 면에서 크게 성장했음에도 불구하고 위에서 지적한 민주화, 사회주의권의 몰락에 따른 세계적인 보수화, 신자유주의적 지구화, 시민사회의 내부분화 등으로 사회적 영향력이 축소되었다. 게다가 야누스적인 중산층이 급진적 민중운동에 대한 위기의식에서 재벌과 자본의 헤게모니에 편입됨으로써 시민사회는 보수적 헤게모니하에 놓이게 되고, "패권적 부르주아와 야누스적인 중산층의 계급동맹의 장"(임영일, 1992: 189)으로 변질되었다고 볼 수 있다. 다만 경제위기와 김대중 정부의 신자유주의적 경제정책에 의해 기본적인 생존권이 위협을 받으면서 다시 진보적인 민중 헤게모니가 되살아나는 조짐, 즉 시민사회의 재급진화 경향이 나타나고 있다.

마지막으로 위에서 지적한 여러 문제들과 차원을 달리하는 문제이기는 하지만 짚고 넘어갈 필요가 있는 것은 그간의 질적·양적 성

장에도 불구하고 한국의 시민사회가 아직도 갖고 있는 '미성숙성'
이다. 더 구체적으로 말해, 한국의 시민사회는 아직도 엄밀한 의미
에서 근대적인 '시민사회'와 거리가 멀며 일종의 전근대적인 '신민
사회'와 근대적인 '시민사회'의 중간의 형태를 띤 사회라고 할 수
있다. 그 단적인 예로, 시민사회의 다수 구성원들은 시민사회의 다
른 일부 구성원들의 근대적인 시민권 행사가 자신들에게 불편을 주
거나 못마땅한 경우, 오히려 국가가 나서 이들을 억압해줄 것을 바
라는 것이 한국 시민사회의 현주소이다. 이같은 근대적인 시민권과
시민의식의 미성숙 이외에도, 한국의 시민사회는 가족, 학연, 지연
등 전근대적인 연고주의의 포로가 되어 있는 측면이 강하다. 위의
분석 중 국가와 시민사회의 힘 관계 변화, 시민사회의 내부분화와
내적 역관계 변화 등 핵심내용들을 도식화해서 정리하자면 <그림
1>과 같다.

<그림 1>

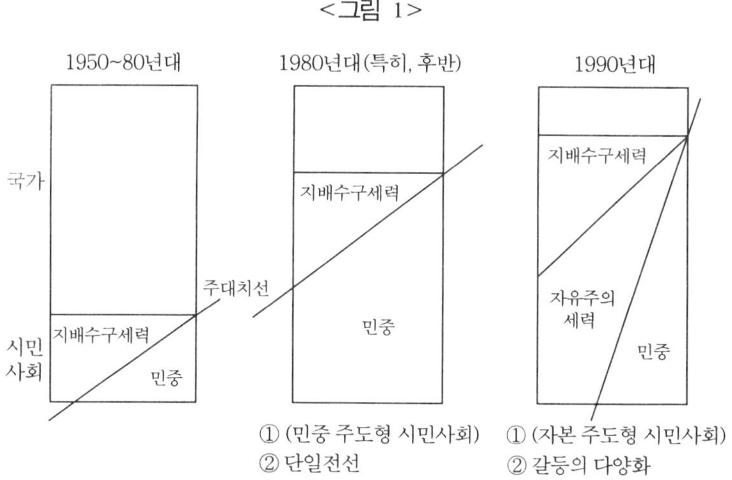

자료: 손호철(1999: 280).

한국 시민사회의 미래 역시 국가와 정치사회의 미래처럼 단정적으로 예측할 수 있는 문제가 아니다. 다만 몇 가지 지적한다면 한국의 시민사회는 양적·질적으로 계속 성장할 것이며, 그 속도에는 변이가 있겠지만 근대적 시민사회를 향해 전진할 것이라고 볼 수 있다. 또 시민사회의 다층화와 내부분화 역시 계속될 것이다. 문제는 두 가지다. 하나는 시민사회의 역관계로서 현재의 자본 주도의 보수적 시민사회가 계속될 것이냐, 아니면 민중 주도의 진보적 시민사회로 재역전될 것이냐 하는 문제다. 다른 하나는 근대적 시민권도 채 확보하지 못한 상태에서 탈근대적인 주체의 다원주의에 의해 시민사회의 전선체가 붕괴되고 서구식의 단일 의제정치로 나아갈 것인가이다. 결국 이는 앞으로 상당기간 동안 계속될 신자유주의가 가져올 사회적 양극화와 '야만'[23]에 민중부문이 어떻게 대응하느냐에 달려 있다고 하겠다.

이와 관련, 주목할 것은 위에서 지적한 IMF 경제위기에 따른 시민사회의 재급진화 흐름이다. 노동운동, 농민운동, 빈민운동 등 기층민중운동이 경제위기와 위기극복을 위한 김대중 정부의 신자유주의적 정책에 의해 다시 활성화되고 있고 중산층 역시 '20 대 80 사회'화로 양극화됨에 따라 민중진영에 다시 가담하고 있다.[24] 나아가 시민운동 역시 초기의 민중운동에 대한 적대적 태도에서 벗어나 민중운동과의 부분적 연대가 되살아나고 있다. 반면 재벌의 헤게모니는, 일시적인지는 모르지만, 경제위기에 대한 책임문제와 관련해 급속히 약화되었다. 지구화라는 흐름[25] 속에서 시민사회가 할 수

---

23) 신자유주의의 원조인 자유주의적 시장경제가 어떠한 결과를 낳았는가는 Polanyi(1944) 참조.

24) 이에 대해서는 손호철(1999)의 「김대중 정부와 IMF 개혁」 참조.

25) 이에 대해서는 윤소영(1998: 79-91) 참조.

있는 영역이 상당히 제한될 가능성이 많다는 사실이다. 그러나 문제는 그리 단순하지도 낙관적이지도 않다. 국가의 힘은 약해지지만, 토대의 힘은 더욱 강해지며, 이것이 세계화와 결합된다면 시민사회운동의 영향력은 제약될 수밖에 없다. 그 단적인 예가 민주노총 등이 생존권사수를 위해 파업을 벌이면 한국의 국제신용도가 하락하면서, 아니면 하락을 우려하는 보수언론의 이데올로기 공세에 노동자들은 시민사회에서 고립되고 있는 것이다. 즉 재벌의 헤게모니는 약화되고 있지만 이를 더욱 강력한 초국적 자본의 헤게모니가 대체하고 있다.

결국 21세기 민중운동과 시민운동, 그리고 시민사회의 핵심적 화두는 신자유주의적 지구화에 의해 강해지는 초국적 자본에 의한 지배 속에서 일국적 시민사회는 얼마나 강한 힘을 가질 수 있는가이다. 중요한 것은 자본조직과 민중운동조직 간의 조직격차(organizational gap)인데, 민중운동이나 시민운동이 기본적으로 일국적으로 조직화되어 있음에도 불구하고, 이제 자본조직은 국가적 차원을 넘어서 세계화되거나, 자본 탈출을 통해 자본축적이 용이한 지역으로 이전하게 된다. 바로 민중운동이나 시민운동이 따라가야 할 것도 이런 문제이다.

■ 참고문헌

김호기. 1994, 「권위주의 정권의 해체와 민주주의로의 이행」, 산업사회연구회, 『한국 사회의 변동』, 한울.
박광주. 1987, 「집정관적 신중상주의론」, 한국정치학회편, 『현대한국정치와 국가』, 법문사.
손호철. 1991, 「자본주의 국가와 토지공개념」, 『한국정치학의 새 구상』, 풀빛.

손호철. 1997a, 『현대한국정치: 이론과 역사』, 사회평론사.

______. 1997b, 「리영희와 마광수, 박노해와 장정일」, ≪라쁠룸≫ 가을
호.

______. 1999, 「신자유주의시대의 한국정치」, 『신자유주의시대의 한국
정치』, 푸른숲.

손호철·조희연. 1999. 10, 「박정희 정권과 한국민주주의: 억압과 국가
폭력의 일상화와 절망의 정치」, 부마항쟁 20주년 기념학술대회 발
표논문.

유팔무. 1993, 「한국의 시민사회론과 시민사회분석을 위한 개념틀의 모
색」, 경남대학교 극동문제연구소 편, 『한국정치·사회의 새흐름』, 나
남.

윤소영. 1998, 「보유: 신자유주의적 '금융세계화'와 신흥공업국의 위기
」, 『일반화된 마르크스주의와 역사적 자본주의 분석』, 공감.

임영일. 1992, 「한국의 산업화와 계급정치」, 한국정치학회·한국사회학
회 편, 『한국의 국가와 시민사회』, 한울, 1992.

______. 1998, 「대안적 계급정치체제의 모색과 자본, 노동」, 『한국의 노
동운동과 계급정치』, 경남대학교 출판부.

정대화. 1998, 「김대중 정부의 성격과 과제, 개혁·진보세력의 역할」,
≪경제와 사회≫ 제37호(봄호), 한울.

조희연. 1995, 「민중운동과 시민사회, 시민운동」, 김호기 외 편, 『시민
사회와 시민운동』, 한울.

Alavi, Hamza. 1972, "The State in Post-Colonial Societies," *New Left
Review*, no.74, July/August.

Gramsci, Antonio. 1971, *Selections the from Prison Notebooks*, NY:
International Publishers.

Hintze, Otto. 1975, *The Historical Essays of Otto Hintze*, New York:
Oxford Univ. Press.

Koo, Hagen. 1993, "Strong State and Contentious Society," in Hagen
Koo(ed.), *State and Society in Contemporary Korea*, Ithaca: Cornell
Univ. Press.

Mouffe, Chantel. 1988, "Hegemony and New Political Subject," in

Cary Nelson et al.(eds.), *Marxism and the Interpretation of Culture*, London: Macmillan, 1988.

Offe, Claus. 1984, *The Contradictions of the Welfare State*, Cambridge: MIT Press.

Polanyi, Karl. 1944, *The Great Transformation*, Boston: Beacon Press.

Sonn, Hochul. 1987, *Toward a Synthetic Approach of Third World Political Economy: The Case of South Korea*, Ph. D. Dissertation, Uinv. of Texas at Austin.

한국 자본주의 성장의 명암

신광영

1. 머리말

20세기 한국 자본주의는 세계적인 수준에서 형성되었던 열전체제, 냉전체제와 탈냉전체제를 차례로 거치면서 부침을 거듭해왔다. 열전체제는 흔히 제국주의체제로 알려진 서구 강대국에 의한 비서구 사회의 지배를 특징으로 하며, 서구 강대국들 사이의 전쟁이 빈발하여 19세기 초부터 제2차 세계대전까지 유지되었던 체제이었다. 일본 식민지로서 조선 사회가 겪었던 억압과 수탈은 바로 열전체제의 산물이었다. 열전체제에서 조선 경제는 일본 경제권에 편입되어 종속적 지위를 강요당했다.

해방 이후 한국은 냉전체제에 곧바로 편입되어 한국의 경제도 냉전체제의 한 축을 이루고 있었던 미국의 경제권에 편입되었다. 한국 경제가 미국의 경제원조와 미국으로의 수출을 통하여 성장하기 시작하면서, 냉전체제로 인한 혜택을 누리면서 1960년대 이후 급속한 경제성장을 경험하였다. 구체적으로 한국 경제의 성장은 1960년대부터 시작된 권위주의 국가가 추구한 산업화 정책의 결과이다. 1960년대 이래 지속된 한국의 산업화는 두 가지 특징을 가지고 있다. 하나는 시장 대신에 국가의 경제계획을 통하여 산업화가 추진되었다는 점이다. 국가 주도형 산업화라고 불리는 한국의 산업화로 주요 산업투자와 소비가 국가의 계획에서 이루어졌다는 점에서 시장에 의해서 움직이는 경제 부문과 계획에 의해서 움직이는 경제 부문으로 이루어진 이중경제체제가 형성되었다. 다른 하나는 수출 주도형 산업화라는 점이다. 수입대체 산업화 대신 적극적으로 상품 수출을 통하여 경제성장을 도모한 것은 한국뿐만 아니라 동아시아 신흥공업국들의 경우 공통적으로 관찰되는 특징이기도 하다. 국가 주도형 산업화의 성공 여부는 궁극적으로 수출 주도형 산업화의 성공 여부에 달려 있었다. 그러므로 수출은 지난 40년간 한국 성장의 원동력이었다.

소련과 동구권의 붕괴로 냉전체제가 해체되면서 한국 경제는 냉전체제의 혜택을 더 이상 유지하기 힘들게 되었다. 냉전체제 이후의 한국 경제는 세계화로 알려진 새로운 경제환경을 직면하고 있다. 개별 국가들이 경제적으로 개방성을 높이면서, 이들 사이에 보다 상호의존적인 경제체제가 형성되고 있다. 물론 상호의존성은 경제 수준이나 체제의 성격에 따라서 크게 다르게 나타나고 있다.

이 글은 비교정치경제학의 관점에서 20세기 한국 자본주의 발전과 위기를 분석하고자 한다. 20세기 한국의 경제와 사회 변화는 세계체제의 변화와 더불어 이루어졌다. 한국은 제3세계 국가들 가운데 가능 늦게 제국주의체제에 편입되었지만, 가장 일찍 냉전체제에 편입이 되면서 자본주의 발전이 이루어졌다. 그 결과 한국 사회에서 이루어진 변화는 한국 사회 내적인 요인들에 의해서가 아니라 외적인 요인들에 의한 변화가 지배적이었다. 조선이 일제의 식민지

지배를 받게 되면서 조선 사회는 산업화의 길을 걷기 시작하였다. 그러나 식민지 시대에 이루어진 산업화는 다른 제3세계 국가들과 비교했을 때 그다지 큰 비중은 아니었으며, 더구나 "식민지 근대화론"이 주장하는 것과는 반대로, 1960년대 이후에 이루어진 한국 경제의 성장에 직접적인 영향을 미치지 못하였다. 먼저 일제시대 한국 자본주의의 성격을 논의하고, 1950년대 원조 경제와 1960년대 이후 전개된 국가 주도형 산업화의 성공 이유와 1990년대 후반 한국 경제의 위기를 초래한 원인에 대해서 논의하기로 한다.

2. 일제하 한국 자본주의

일제하에서 발전된 식민지 경제는 한편으로는 봉건적인 지주-소작 관계의 심화와 자본주의적 산업화의 점진적 확대를 주된 특징으로 하는 주변부 자본주의 경제였다. 조선 사회의 생산양식인 봉건적인 생산체제를 주축으로 하고, 일제에 의해 도입되기 시작한 자본주의적 생산체가 덧붙여진 자본주의체제였다.

1) 봉건적 생산체제

일제의 식민지 지배 기간 동안 지주-소작 관계는 더욱 확대되었다(<표 1> 참조). 일본의 부족한 쌀 공급지로서의 역할이 강화되면서 조선에서 일제 기간 동안 오히려 지주제가 강화되고, 영세 소농이 몰락하고 소작농이 크게 증가하였다. 일제 36년 간 소작농의 비율이 꾸준히 증가하여 1913~1917년의 5년 간 소작농 비율의 평균이 38.8%이었으나, 1930~1943년 소작농 비율은 55.7%로 증가

<표 1> 농민의 소작농화 경향

(단위: 1천 호)

	자작농	자소작농	소작농	전체
1913~1917	21.7	38.8	39.5	2,554
1918~1922	20.4	39.0	40.0	2,602
1923~1927	20.2	35.1	44.7	2,712
1928~1933	18.3	31.5	50.2	2,712
1934~1937	19.2	25.6	55.2	2,858
1939~	19.0	25.3	55.7	2,841

자료: 조선은행조사부, 1948: I-338.

하였다. 해방 직후 소작농민(소작농민+자소작농민)까지 합치면 거의 84% 정도의 농민이 지주-소작 관계에 구속되었음을 알 수 있다.

전북 지역의 경우 소작농 비율은 75.9%에 달하였다. 더구나 전주, 김제, 정읍, 익산과 같은 평야지대의 경우 94% 이상의 농민들이 소작농인 경우도 있었다. 농업사회였던 조선 사회에서 지주-소작 관계 심화 문제는 식민지 근대화론에 의해서 다루어지지 않고 있는 부분이다. 소작농의 비율은 지역별로 큰 차이를 보여, 논농사가 중심인 남한에서 더욱 높게 나타났다. 1934~1936년 평균 소작률이 논농사를 주로 하는 전라북도 75.9%, 경기도 70.2%에 달하였던 반면, 밭농사를 주로 하는 함경남도 28.7%, 함경북도 17.4%에 불과하여 극단적인 차이를 보여주었다. 그 결과 일제시대에 남한에서 지주-소작 관계가 더욱 발전하였고, 이러한 점이 해방 직후 남한에서 토지를 매개로 한 농민봉기가 분출하게 되는 원인이 되었다.

2) 산업자본주의 부문

농업과는 달리 공업 부문의 변화는 괄목할 만한 것이었다. 식민지 근대화론이 주장하는 것처럼, 일제 지배 동안 이루어진 자본주의적 전환은 조선 사회 체제와 비교해볼 때, 부정할 수 없는 역사적 변화였다. 중요한 변화는 사적 소유와 시장관계의 확대가 아니라 산업자본주의의 도래였다. 자본주의가 공업 생산과 분리될 수 없기 때문에, 단순한 시장의 존재, 장인 생산과 임금 노동의 존재를 가지고 자본주의 성장을 논의할 수는 없다. 조선 말에 시장 경제가 활성화되기 시작했으나, 일제시대에 들어서서 비로소 근대적인 공업 생산체제가 발전하였다. 그 결과 일제기간 동안 순상품 생산에서 제조업이 차지하는 비중이 크게 변했다.

제조업이 순상품 생산에서 차지하는 비중은 1910년 3.3%, 1914년 2.4%, 1929년 12%, 1940년 22%로 크게 증가하였다. 만약 다른 부문의 제조업까지 포함시키면, 이러한 비율은 40%에 달하였다. 이러한 이유에서 "일본 제국주의를 용서하지 않고도, 일본 식민지 지배 40년이 남북한 양측에 뒤이은 산업발전의 토대를 남겨 놓았다"는 점을 인정할 수 있다.

특히 광업과 공업 분야의 변화는 괄목할 만한 것이었다. 비록 전체 경제에서 2차산업에 종사하는 노동력의 비중이 매우 낮았지만, 제조업과 광업 부문의 사업체들은 거의 대부분이 일제 지배를 통하여 형성되었다. 산업별 인구 구성에서 광공업 종사자의 비율도 1917년 1.8%에서 1925년 2.9%, 1930년 6.1%, 1940년 6.9%로 크게 증가하여, 근대적인 자본주의 산업 부문 종사자의 비율이 일제시대에 어느 정도 증가하였음을 알 수 있다. 1942년 조선의 산업구성을 보면 약 70%가 1차산업에 종사하였으며, 약 7%가 광업과 공업에 종사하였다. 노동자수를 중심으로 하여 보면, 1909년 4,491명에 불과하였던 노동자수가 1938년에는 18만2,771명으로 확대되었고, 1944년 조선총독부 조사에서 파악된 노동자수는 약 30만 명에 달하였다. 핵심 산업의 노동자수 급증은 1930년대 들어서 급속히 이루어져, 1933년부터 1938년까지 5년 사이에 3배 정도 늘었다.

일제시대의 사업체 소유는 일본인들에게 집중되었다. 자본금 1백만 원 이상의 기업 가운데 일본인이 소유한 자본금의 비율은 94%였던 반면, 조선인 자본가가 소유한 자본금의 비율은 6%에 불과하였다. 전체 공업부문에서 일본 자본이 차지하는 부분은 평균 94%이고, 조선인 소유의 비율은 6%였다. 그리고 화학기구공업, 요업, 가스전기공업에서 일본인 소유의 비율은 100%였고, 금속공업에서도 98%에 달하였다. 방직, 인쇄업, 기계 등에서만 일본인 소유의 비율은 90% 미만이었다. 생산액을 보면, 1944년 현재 일본인의 총생산액의 비율이 83%를 차지하였다. 이러한 통계들은 일제시대 조선인 자본가의 규모가 매우 적었을 뿐만 아니라, 전체 조선 경제에서 조선인들이 소유한 자본의 비중이 대단히 적었음을 보여준다.

일제시대 자본가들은 '정치적 자본가(political entrepreneur)'였다. 식민지 정부와 밀접한 관계를 맺으면서 자본축적을 도모하였기 때문이다. "식민지 시대는 축적된 자본을 유산으로 남기지 않았고, 슘페터가 말하는 기업가 정신을 낳지도 않았으며, 오늘날까지 중요한 다른 무엇을 남겼다. 그것은 정치권력과 협조하는 것이 기업의 생존과 확장에 필수적인 것이라는 점을 강제로 배운 한국 기업가들을 남겼다."

3) 주변부 자본주의 사회구성체

일제시대 특히 1930년대부터 공업 부문의 확대가 이루어졌으나, 공업 부문이 전체 경제에서 차지하는 비중은 그다지 크지 못했다. 일제시대 근대적인 자본가 계급이 형성되고, 제조업 종사자의 비율이 점차 커지기는 했으나, 압도적으로 해방 직후 남한 경제는 봉건

<표 2> 국민 총생산의 산업별 구성비 국제 비교(1950년)

국가	1차산업	2차산업	3차산업
필리핀	39.6	18.9	41.5
태국	42.2	17.7	40.5
미얀마	42.2	16.0	41.8
대만	33.1	24.6	42.3
인도	48.1	16.6	35.3
케냐	42.7	14.4	42.9
한국(1953)	44.8	12.5	45.7
한국(1960)	37.9	18.4	43.7

자료: 백영훈, 46쪽.

적인 농업생산체제가 지배적인 주변부 자본주의 사회였다. 내적으로는 봉건적 생산양식이 지배적이었다는 점에서 봉건적 사회였으나, 외적으로 중심부 자본주의 경제인 일본 경제체제에 의해서 지배되었다는 점에서 자본주의 동학에 의해서 움직여지는 주변부 자본주의 사회였다.

농업 사회로서의 성격은 지주-소작 관계가 크게 약화된 이후에도 계속 유지되었다. <표 2>에서 알 수 있듯이, 한국 전쟁 직후인 1953년 남한은 결코 아시아 다른 나라들과 비교해서 공업이 상대적으로 발전된 나라가 아니었다. 필리핀, 태국, 미얀마, 인도, 아프리카의 케냐 등지에서 전체 국민 경제에서 공업 부문이 차지하는 비중을 고려한다면, 한국에서 공업의 비중이 오히려 더 낮았음을 알 수 있다. 한국전쟁으로 인한 피해를 고려할지라도 이러한 결론은 크게 달라지지 않는다. 한국전쟁의 피해가 회복된 1960년 한국의 산업별 구성비를 보더라도 큰 차이를 보이지 않기 때문이다. 1960년에 이르러서도 국민 총생산의 산업별 구성비는 아시아 여러 나라들과 유의미한 차이를 보이지 않았다.

1960년대 2차산업에 종사하는 노동력의 비율이 1950년의 필리핀이나 태국과 큰 차이를 보이지 않았다. 이러한 사실은 식민지시

<표 3> 경제활동 참가자의 산업별 분포(1950년)

국가	1차산업	2차산업	3차산업
방글라데시	77	7	16
중국[a]	77	7	16
인도	72	10	18
인도네시아[b]	75	8	17
필리핀	71	9	20
한국	73	3	24
대만[c]	57	16	15
태국	82	3	15
아시아 평균	73	8	19
아르헨티나	25	31	44
브라질	60	18	22
칠레	36	30	34
콜롬비아	57	18	25
멕시코	61	17	22
페루	58	22	28
남미 평균	50	22	28
개발도상국 평균	63	13	23

주: a-1952년 자료, b-1960년 자료, c-1951년 자료
자료: Maddison, 1989, *The World Economy in the 29th Century*, Paris: OECD,
　　　p.135.

대 공업화가 이루어졌으나, 일부 학자들이 주장하는 것과는 달리
공업화의 정도가 다른 나라와 큰 차이를 보이지 않았다. 그러므로
식민지 시대에 이루어진 공업화를 중심으로 한국에서 이루어진 경
제성장과 다른 동남아시아 국가들 사이의 경제 침체를 설명할 수는
없다.

　일제하에서 이루어진 공업화에도 불구하고 해방 직후 남한의 경
제구조는 농업사회의 성격을 크게 벗어나지 못했다는 점은 부문별
경제활동 참가자의 분포에서도 더욱 분명하게 나타난다. <표
3>에서 알 수 있듯이, 1950년 한국의 경우 2차산업 종사자의 비율
은 3%에 불과하여 방글라데시 7%, 인도 10%, 필리핀 9% 등과 비
교하여도 아시아에서 낮은 수준이었다. 아시아 평균 2차산업 종사

자 비율인 8%에도 훨씬 못 미치는 낮은 수준이었다. 일제시대에 이루어진 자본주의적 산업화는 부정할 수 없는 사실이지만, 산업화의 정도는 매우 낮은 수준이라는 점도 또한 부정할 수 없다.

3. 미군정기와 한국 전쟁 시기의 경제체제

미군정기 남한 경제는 일제가 남기고 간 자본주의적 산업 부문(주로 귀속재산), 봉건적 생산 부문(토착경제 부문) 이외에 식민지 정부를 대체한 미국에 의한 원조 경제 부문으로 구성되었다. 자본주의적 산업 부문은 식민지 기간 동안 발달한 공업과 광업 등의 근대적인 생산을 대표하고 있는 부문이었고, 봉건적 생산 부문은 농업에서 발달한 지주-소작 관계를 대표로 하는 전근대적 부문이었다. 미국의 등장과 미국 원조 경제 부문의 확대는 해방과 한국전쟁 이후 냉전체제의 강화와 더불어 이루어졌다. 미국의 역할은 단순히 경제 원조에 그치지 않고, 일제시대 지배적인 생산체제로 기능하고 있었던 봉건적 생산 부문의 해체와 자본주의적 생산 부문의 본격적인 발달을 촉진시켰다는 점에서 주변부 자본주의 사회구성체의 성격을 본질적으로 변화시켰다.

1) 자본주의적 산업 부문

대부분의 산업 시설은 미군정청에 의해서 접수되었고, 이는 귀속재산으로 분류되었다. 귀속재산은 남한의 총재산의 80%에 해당하는 큰 규모였다. 1948년 말 전체 기업체에서 귀속기업체의 비중은 21.6%, 종업원수는 59.9%에 달하였으며, 특히 종업원 30명 이상의 큰 기업체의 80%가 귀속 기업체였다. 그러나 미군정청에 의해서 접수된 주요 생산시설이 경제에 기여한 바는 크지 못했다. 북한으로부터의 전기 공급 중단, 원자재와 기술자 부족, 정치적 혼란 등으로 생산활동이 용이하지 못했고, 소비시장의 동요로 시장이 활성화되지 못했다. 더욱이 남북한의 산업 분포가 매우 달라서 남북분단으로 인한 산업 불균형은 더욱 심화되었다.

자본주의적 부문에서 큰 변화는 전쟁기간 동안 진행된 귀속재산의 불하였다. 1950년대 한국 자본가 형성에 핵심적인 역할을 담당한 귀속재산 불하는 기술혁신과 시장경쟁을 주축으로 하는 자본주의 기업가가 아니라 정부의 특혜와 부정을 통하여 자본축적을 도모하는 정실 자본주의(crony capitalism)를 만들었다. 한국의 자본가 계급 형성에서 귀속재산의 불하는 대단히 핵심적인 요인이 되었고, 이를 계기로 자본가와 관료의 유착이 본격적으로 이루어지게 되었다.

2) 봉건적 생산체제의 소멸

미군정이 물려받은 것은 근대적인 자본주의 부문뿐만 아니라 한국 경제에서 가장 큰 부분을 차지하고 있었던 봉건적인 농업 부문이었다. 그러므로 미군정에 의한 농업 부문의 개혁은 경제적으로 또한 정치적으로 중요한 의미를 지녔다. 경제적으로는 대다수 농민들이 겪고 있는 빈곤 문제의 해결과 농업 생산량의 증대가 절실하게 요구되었기 때문에 빈곤의 해결이 필요했다. 정치적으로는 영세 농민들의 불만이 커지고 농민 투쟁이 강화되면서, '토지 문제'의 해결이 정치적 안정을 가져올 수 있는 미군정의 과제가 되었다. 미군정은 농민들의 투쟁이 격화되면서, 농촌의 불평등을 해소하고 농민들을 좌익운동으로부터 격리시키기 위하여 농지개혁을 단행하였다. 그러나 한국 지주들의 저항으로 1948년에 이르러서야 신한공사 소유 귀속농지의 분배만을 완수하였다.

단독 정부 수립 이후 농지개혁법이 통과되기 이전 지주들이 소작농지를 매매하면서 또한 1949년 6월 농지개혁법 통과 이후 이루어진 농지 개혁을 통하여 전통적인 지주 계급의 해체가 이루어졌다. 지주세력의 지속적인 정치적 저항(한민당의 후신인 민국당)으로 농지개혁의 효과가 초기 의도와는 달리 크게 퇴색되었으나, 지주계급의 정당인 한민당과 대립관계에 있었던 이승만은 미국의 지원하에 농지개혁을 강행하였다.

농지개혁으로 소작농의 비율이 크게 줄어들어서, 1945년 50.2%에서 1949년 21.2%, 1951년 3.9%로 급격하게 줄어들었다. 국가의 농지개혁을 통하여 조선시대부터 유지되었던 봉건적인 지주-소작 관계가 1951년 말에 이르러 거의 사라지게 되었지만 경제적으로 단기적으로 농지개혁이 농업 생산량을 높이는 데 기여하지 못했기 때문에 그 성과는 적었다. 경작 면적이 너무 작았고, 계속해서 지주가 농사에 필요한 도구와 장비를 공급했었기 때문이었다. 그러나 정치적으로 또한 심리적으로 농촌의 불안정을 줄여 장기적으로 농촌의 정치적·사회적 발전의 장애를 제거하였다는 점에서 농지개혁은 큰 의미를 지녔다.

농지개혁은 지주계급을 산업자본가로 전환시키는 데 실패하였다. 실패의 주된 이유는 지가상환액의 대부분이 산업자본으로 전환될 만큼 큰 규모가 아니었고, 대부분이 소비자금으로 전환되어 인플레를 유발시켰기 때문이었다. 또한 소작농의 규모가 크게 줄었으나, 경작농지 규모가 크게 줄어들어 소농화 현상이 나타났다. 그 결과 영세 농민들의 빈곤 문제가 완화되지 않았다. 일제시대에 강화된 봉건적인 농업생산체제가 해체되었지만, 농민 문제는 결코 해결되지 못했던 것이다.

3) 한국전쟁으로 인한 산업시설 파괴 실태

3년 동안 지속된 한국전쟁 기간 가운데 남한 내 산업시설이 가장 많이 파괴된 시기는 1950년 7월부터 1951년 1월 사이였다. 산업시설의 피해는 전체 피해액 6,834억 원 가운데 55%를 차지하는 3,822억 원에 이르렀다. 이와 관련하여 전기시설 피해액과 광업부문 피해를 합치면, 전체 피해액의 98%에 이르러, 한국전쟁을 통하여 산업시설의 거의 대부분이 피해를 입었다. 특히 귀속재산의 피해상황이 커서 귀속재산 기업체 3,169개 가운데 70%인 2,207개가 파괴되었다.

한국전쟁이 남한 경제에 미친 영향은 세 가지이다. 첫번째 한국전쟁을 계기로 일제시대에 발전된 봉건적인 생산체제의 해체가 이루어진 점이다. 농민들의 불만을 해소하기 위한 농지개혁이 전쟁 기간 동안 지주들의 저항이 크게 약화된 상태에서 완료될 수 있었다. 전쟁으로 인하여 지주들의 조직적 저항이 이루질 수 없었다.

둘째, 한국전쟁으로 인한 산업생산시설의 파괴는 일제시대에 이루어진 공업화 기반이 크게 위축되었음을 의미한다. 아시아의 다른 국가들과 비교해서 남한의 공업화 수준이 매우 낮았다는 점을 고려한다면, 남한에서 70% 정도의 기업체가 전쟁으로 인하여 피해를 입었다는 사실은 "식민지 경제의 물적 유산의 파괴"라는 의미를 지닌다.

셋째, 산업시설의 파괴는 열전체제인 제국주의 시대에 이루어진 공업화가 냉전체제의 틀 속에서 다른 방식으로 다시 산업화가 이루어질 수 있는 조건을 만들었다. 여기에서 중요한 점은 한국 경제에 영향을 미쳤던 경제 주체가 일본으로부터 미국으로 바뀌었다는 사실이다. 이것은 일본의 경제권 내에서 이루어졌던 공업화가 이제 미국 경제권 내에서 다시 이루어지는 거시적인 경제 환경의 변화를 의미한다.

4. 전후 한국 자본주의

냉전체제에 편입되면서 한국 경제는 미국의 대외정책에 의해서 직접적으로 영향을 받기 시작했다. 미국은 냉전체제하에서 경제 동맹과 외교 동맹을 대외정책에 통합시켰다. 경제적인 차원에서 무역과 군사적인 차원에서 안보를 연계시켜 동맹국을 냉전체제에 강하게 편입시키기 위하여 대외정책이 중요한 정책수단이었다. 그 결과 한국 정부의 경제 정책은 미국의 결정에 의해서 영향을 받았고, 경제체제는 미국의 대규모 원조와 특혜 관세에 의존하는 의존적인 경제체제가 형성되었다. 물론 이러한 경제적 의존성은 한국과 대만과 같은 동아시아 국가들의 경제성장에 긍정적으로 작용하였고, 한국전쟁 이후의 한국 경제는 전쟁 이전과 질적으로 다른 자본주의체제를 갖추기 시작하였다.

한국은 전쟁으로 파괴된 생산 시설과 경제체제의 파괴로 인하여 경제성장에 필요한 자본 투자를 확보할 수 없었기 때문에, 한국에서 이루어진 새로운 자본 투자는 오직 외국원조에 의존하여 이루어졌다. 1953년부터 1961년 사이에 총투자율은 12.4%였고, 이중에서 해외원조에 기초한 해외저축이 차지하는 비율은 7.92%에 달하여 총투자의 64% 정도가 외국원조에 의존하였다. 해외원조는 생활

<표 4> 수출 통계표와 원조의 GNP 구성비

(단위: 1천 달러, %)

	수출	원조	원조의 GNP 구성비
1952	27,733	160,535	-
1953	39,585	191,806	14.3
1954	24,246	149,401	10.5
1955	17,966	232,787	16.8
1956	24,595	319,897	22.4
1957	22,202	374,025	22.9
1958	16,451	311,020	16.9
1959	19,162	204,219	11.2

자료: 한국무역협회, 『무역연감』, 1959년.

필수품을 생산하기 위한 면방직과 모방직 공업에 가장 많이 투자되었고, 농업 생산량을 높이기 위한 비료공업과 전후 복구를 위한 시멘트 공업에도 투자되었다.

미국의 원조가 1950년대 한국 경제에 미친 영향에 대한 평가는 쟁점으로 남아 있다. 물론 일부 학자들인 주장하는 것처럼, 원조만에 의해서 자본축적이 이루어진 것은 아니었다. 자체 자본 조달도 1950년대 36%에 달하였고, 특히 화학공업이나 화학섬유공업 부문에서 국내 자본 조달의 비율은 60%에 달하였다. 그러므로 1950년대 한국 경제가 완전하게 원조에 의존한 것은 아니다.

그러나 보다 중요한 점은 한국이 제3세계 여러 다른 나라와는 달리 대만과 함께 대규모 군사원조와 경제원조를 통해서 경제 복구가 이루어지고 더 나아가 특혜 관세를 통하여 미국 시장에 진출할 수 있는 조건을 확보할 수 있었다는 사실이다. 커밍스(Bruce Cumings)의 주장대로, 한국과 대만은 각각 81억3천 달러와 56억 달러의 미국원조를 받았고, 이것은 1인당 600달러(한국), 526달러(대만)에 해당하는 대규모 원조였다. 1955년 한국의 1인당 국민소득이 79달러였다는 사실을 고려한다면, 미국으로부터의 원조는 대단히 큰 규모

였음을 알 수 있다.

1953년부터 1957년까지 연평균 경제성장률은 5% 정도로 유지되었다. 이 시기 경제성장은 1960년대와는 달리 수출에 의해서 이루어진 것은 아니었다. 수출이 GNP에서 차지하는 비중은 극도로 낮아서 1955년 1.7%에 불과하였다. 1950년대 한국의 수출 부문은 대단히 적은 규모였고, 또한 확대되지도 않았다. 수출상품은 주로 가공하지 않고 추출한 산물로서 광물이 주종을 이루었고 그 다음이 농산물이었다. 1950년대 수출 총액의 75.1%가 비제조업 상품이었고, 광물 수출이 전체 수출에서 53%를 차지하였다. 1950년대 후반 광물의 수출이 크게 줄어들었지만, 계속해서 광물은 해외 수출에서 가장 큰 규모를 차지한 품목이었다. 1950년대 후반 광물 수출 격감의 주된 이유는 국제시장에서 수출 광물이었던 텅스텐 가격이 하락하면서 전체 수출량이 줄어들었기 때문이었다. 1950년대와는 달리 1960년대에는 제조업 수출이 급격히 증가했다. 또한 1960년대 초반 수출 총액도 매년 약 90% 증가 추세를 보여 폭발적으로 수출이 증가했음을 알 수 있다.

1950년대 한국 자본주의 성격과 관련하여 보다 중요한 변화는 수출 대상국의 변화이다. 1950년대 수출 대상국이 주로 일본이었던 반면, 1960년대 주된 수출 대상국은 미국이었다. 1960년대 들어서 한국 경제에서 미국 시장의 영향력이 일본 시장보다 더 큰 비중을 차지하기 시작했다. 일본으로의 수출량이 1960년대 초반 2배 정도 늘어났지만, 미국으로의 수출량은 무려 12배 늘어나면서, 한국의 수출 상대국으로서 일본의 지위가 급격히 하락하였다. 이러한 변화는 1950년대 이후에 한국이 과거 동아시아 제국주의체제의 중심국이었던 일본의 경제권이 아니라, 냉전체제의 중심국인 미국의 경제권에 실질적으로 편입되었음을 의미했다. 또한 이러한 변화는 미국이 직접적인 군사적 원조와 경제적 원조뿐만 아니라 시장을 허용함으로써 장기적으로 동아시아에서 이루어지고 있는 자본주의와 사회주의 간의 체제경쟁에 대응했음을 반영하는 것이었다.

1950년대 한국 자본주의 변화는 이전과는 질적으로 다른 체제로 변화를 보였지만, 산업화가 본격적으로 이루어진 것은 아니었다. 한국전쟁으로 인한 피해를 완전하게 복구하기까지 오랜 기간이 소요되었고, 공업화의 내용도 크게 변화지 않았다. 1950년대 한국 자본주의는 농업 자본주의였다. 섬유, 의류, 신발, 가죽 등의 소비재 공업과 비료와 같은 농업에 필요한 화학공업이 발전하여 산업화가 약간 진전되었으나 그 규모는 크지 않았다. 전체 경제활동인구 가운데 임금노동을 통하여 생계를 유지하는 피고용자의 비율도 크게 늘어나지 않았다. 1950년대 임금취득자의 비율 변화를 살펴보면, 1957년 12.4%(99만2천 명), 1958년 11.4%(99만7천 명), 1959년 11.1%(97만2천 명), 1960년 11.6%(98만9천 명)으로 매우 낮은 수준이었다. 이러한 비율이 1970년 38.9%(378만6천 명), 1980년 47.3%(648만5천 명)에 달하였다는 사실을 고려하면, 1950년대 임노동 관계는 매우 제한적인 형태로 존재했음을 알 수 있다. 광공업 종사자수의 변화를 살펴보면, 1957년 20만2천 명, 1958년 31만7천 명, 1959년 34만4천 명, 1960년 30만3천 명으로 2차산업 피고용자의 비율은 더욱 낮았음을 알 수 있다. 산업구조와 고용구조를 중심으로 본다면, 전체적으로 1950년대 한국의 경제체제는 농업에 기반을 둔 주변부 농업 자본주의 사회였다.

현존하는 대다수의 자본가들은 해방 이후 새롭게 형성된 자본가들이었다. 이들 자본가들은 주로 소비재 경공업 중심의 자본가들로서 노동집약적인 방식으로 자본축적을 한 소자본가들이었다. 그러나 대자본가들은 전쟁복구와 귀속재산의 불하 등의 정치적 과정을

통하여 자본을 축적하는 '정치적 자본가'도 등장하였다. 이들 자본
가들의 축적 방식은 전형적인 '지대 추구형' 자본축적 방식을 보여
주었다. 일본 제국주의체제의 소멸과 냉전체제의 형성이라는 국제
정치적 전환기에 형성된 독특한 경제적 환경이 지대 추구형 자본가
들의 형성을 촉진시켰던 것이다. 이들 자본가들은 일제시대에 형성
된 자본가들도 있으나, 대부분이 해방 이후에 형성되었으며 또한
해방 이전과 이후 자본 축적 방식이 전혀 달랐다는 점에서도 일제
시대 한국 자본가와 해방 이후 한국 자본가는 연속성을 보이지 않
았다.

5. 한국의 경제성장

1960년대 등장한 군사정권은 흔히 발전국가라 표현되었다. 발전
국가 모형은 일본의 정책결정 과정에서 국가의 역할을 설명하기 위
하여 정치학자 샬머스 존슨(Charlmers Johnson)이 제시한 것이었다.
서구의 국가와는 달리 일본 국가는 사기업들의 기업활동을 조정하
고 통제하는 경제개입을 통하여 경제성장을 도모하였다. 한국의 국
가도 경제계획을 통하여 경제성장을 추구하였다는 점에서 발전국가
적 속성을 지니고 있었다. 한국에서 국가 개입은 서구의 케인스식
경제 개입보다는 동구의 스탈린식 경제 개입에 더 가까웠다. 그 이
유는 국가가 경제계획자일 뿐만 아니라 기업가로서의 역할을 했기
때문이었다. 케인스식 경제 개입이 거시적인 차원에서 유효수요 관
리에 초점을 맞추고 있는 반면, 동구의 스탈린식 경제 개입은 부문
과 기업에 특수한 개입이었다. 그러므로 케인스식 경제 개입은 시장
기능에 의존하지만, 스탈린식 경제 개입은 국가 관료의 계획에 의존

하였다. 경제학자 암스덴(Alice Amsden)이 정확하게 지적한 것처럼, 한국 민간 기업들의 의사결정에서 '시장의 수요(market demand)'가 아니라 '국가의 명령(state command)'이 크게 작용했다.

동아시아의 발전국가들은 돈의 흐름을 통제하여 사기업의 투자를 관리해왔다. 국가가 경제를 관리하기 위하여 시도한 것 가운데 가장 중요한 것은 은행의 국유화이었다. 국가 소유의 은행은 수입을 줄이고 투자를 늘이기 위한 정책을 추진하는 데 있어서 전략적인 도구가 되었고, 이러한 정책의 목표는 인플레 억제, 투자 조정 그리고 국내외 호화 사치품의 소비 억제를 목적으로 한 것이었다.

더욱이 국가는 국가 계획에 따라서 사기업들에게 선택적으로 특혜 대출을 해주는 방식으로 사기업들의 경제활동을 통제할 수 있다. 국가는 공공 금융기관과 자원의 독점으로 국가가 계획경제를 추진하는 데 가장 강력한 수단을 보유하게 되었다. 국가는 저축을 장려하기 위하여 이자율을 높이고 전략 산업부문에 투자를 확대하기 위하여 전국적인 저축운동을 주도하기도 하였다.

한국의 경제성장 전략은 수출 주도형 산업화이었다. 수출을 촉진하기 위하여 권위주의 정권은 보호관세, 수입통제, 복합환율제도, 수출 목표 설정 등의 정책을 실시하면서 동시에 수출 기업에 특혜 금융을 제공하였다. 결과적으로 동아시아에서 '이중무역체제'가 등장하였다. 하나는 수출 산업을 위한 자유무역체제였고 다른 하나는 수입을 억제하기 위한 보호무역체제였다.

이러한 환경 속에서 매우 독특한 성격을 지닌 기업이 형성되었다. 한국 대기업의 특성을 이해하기 위해 헝가리의 경제학자 야노스 코르나이(Janos Kornai)가 제시한 연성예산제약형 기업(soft budget constrained firm)과 경성예산제약형 기업(hard budget constrained firm) 개념을 이해할 필요가 있다. 원래 이 개념들은 동유럽의 경제를 설명하기 위하여 도입되었던 개념들이지만, 동아시아 기업조직을 설명하는 데도 매우 유용하다. 그는 기업들이 사회주의 경제와 자본주의 경제에서 각기 다른 제약을 경험한다고 주장한다. 순수한 자본주의 경제에서 기업들은 경성예산제약을 경험하게 된다. 즉 "가격이 외생적으로 결정되고" "세금이 엄격하고" "국가로부터 금융 지원이 없고" "외부로부터의 투자가 없는" 경우에 기업은 활용할 수 있는 예산이 엄격하게 제한된다. 기업의 생존은 투입 비용과 산출의 판매에 달려 있다. 그리고 기업의 성장은 전적으로 내부적인 축적과 기술혁신에 달려 있다. 이와는 반대로 순수한 사회주의 경제에서 기업은 연성예산제약을 경험한다. 사회주의 기업들은 "내부적으로 결정된 가격" "느슨한 세금제도" "자유로운 국가 금융 지원" "느슨한 신용제도" "외부로부터의 재정 투자가 있는" 경우에 활용할 수 있는 예산에 대한 제약이 느슨해진다. 이때 기업의 생존은 시장가격에 달려 있는 것이 아니라 정치적 결정이나 정책 입안자와의 협상에 달려 있게 된다.

한국의 대기업은 느슨한 크레디트, 느슨한 조세, 국내시장에서의 가격 설정자(price maker) 위치 등으로 인하여 연성예산제약형 기업으로 분류될 수 있다. 첫째, 한국이나 대만의 전략 기업들은 자기 자본보다는 차입 자본에 더 의존하고 있다. 1980년대 한국의 제조업체들의 부채비율은 대만 제조업체의 2배, 미국 제조업체의 3배 정도에 달했다. 전체적으로 대만 기업에서 차입 자본의 비율은 미국 기업에 비해서 2배 이상으로 높았고, 한국 기업의 경우 미국 기업에 비해서 4배 정도 더 높았다.

둘째, 전략 기업들은 세무 관료들의 판단에 따라서 면세나 감세 혜택을 받을 수 있었다. 국가와 기업 간의 온정주의적 관계가 형성되면서 느슨한 세금제도가 만들어졌다. 만일 기업이 국가의 정책을 적극적으로 따르거나 정치인들에게 정치자금을 잘 제공하면, 그 기업은 세금을 면제받거나 세무조사를 피할 수 있었다. 그리하여 많은 기업들이 정상적인 세금 납부 대신에 탈세를 선택하는 경우가 많았다.

탈세의 방법 가운데 하나가 은행의 가명이나 차명 계좌를 이용하여 거래하는 것으로서 많은 재벌 기업들이 세금을 피하기 위하여 가차명 은행계좌를 사용해왔다. 느슨한 세금제도가 기업들의 재정 운영을 유연하게 만들었다.

셋째, 한국의 전략 기업들은 국내시장에서 가격수취자(price taker)가 아니라 가격설정자(price maker)였다. 소비자 물가를 정부가 관리하였지만, 국내시장에서의 가격과 국제시장에서의 가격이 현격한 차이를 보였다. 정부는 수출 기업들이 국제시장에서의 낮은 이윤을 국내시장에서의 높은 가격으로 보상받을 수 있도록 '가격 왜곡'을 인정하였다. 보호관세제도가 독점기업들이 국내시장에서 독점적 지위를 유지할 수 있도록 하였다.

한국 경제를 이해하기 위한 또 하나의 특성은 '비대칭적 경제 네트워크'의 형성이다. 일본과의 기술 종속성과 미국과의 무역 종속성이 그것이다. '비대칭적 경제 네트워크'의 핵심적인 요소는 외국 기술, 저임금 노동과 미국 소비시장의 삼각형 결합이었다. 한국과 대만의 생산기술의 주요 원천은 일본이었다. 생산기술이 발달하지 못했기 때문에 대만과 한국은 수입대체화를 촉진시킬 수 있는 국내 기술을 발전시키는 데 역점을 두었다. 그러나 수년 내에 일본과 미국의 선진 기술을 따라잡는 것이 불가능했다.

한국과 대만이 수입대체화 산업화에서 수출주도형 산업화로 산업화 전략을 바꾸면서 한국과 대만은 일본으로부터 자본재를 수입하여 기술적인 제약을 극복하고자 하였다. 1960년대 중반 이후 양

국가가 수출지향성 산업화를 시작하는 시기부터 일본은 한국과 대만에 가장 많이 수출하는 국가가 되었다. 1960년대와 1970년대 한국과 대만의 수입 가운데 35% 이상이 일본으로부터의 수입이었다. 그리고 이 중에서 80% 이상이 소비재와 중간재를 생산하기 위한 자본재이었다. 이러한 만성적인 기술 의존이 만성적인 양국의 대일본 무역적자의 원인이었다.

그러나 기술이전 과정은 동아시아 지역에서 생산기술 수준이 동질화되었다는 것을 의미하는 것은 아니었다. 한국과 대만의 제조업은 낮은 R&D 지출로 인하여 외국기술을 국산화시킬 수 있는 능력이 부족하였다. 대신에 주문자 생산방식(Original Equipment Manufacturing, OEM)이 가전제품, 의류, 철강 등 주요 산업 부문의 수출품 생산에 지배적인 방식이었다. 이들 산업 부문에서 80% 이상이 OEM에 의한 생산이었다. OEM 생산의 장점은 OEM 생산자가 최종 소비재 생산 방법을 배울 수 있게 한다는 점과 국제경쟁을 간접적으로 경험하게 한다는 점이다.

더욱이 생산자가 마케팅 지역의 정보와 능력이 없는 경우에도 OEM 생산은 효율적으로 미국과 유럽의 시장에 진출할 수 있는 방법이라는 점이다. 그럼에도 불구하고 생산기술의 위계 구조가 기술과 마케팅에 근거한 경제적 종속을 지속시키는 데 기여하였다.

삼각관계의 또 다른 요소인 미국에의 무역 종속은 1980년대 말까지 동아시아 경제에 대단히 유리하였다. 동아시아 경제의 성장은 미국과의 무역을 고려하지 않고는 설명될 수 없다. 동아시아 생산과 미국 시장의 결합이 어떻게 동아시아 국가들이 수출지향형 산업화를 통해서 성공할 수 있었는가를 밝혀주는 열쇠이다. 대만의 경우 총수출에서 미국 수출이 차지하는 비중이 거의 40% 정도였으며, 한국의 경우는 약 34%였다. 비록 중국 시장이 개방되면서 미국

시장의 비중이 줄어들기 시작하였지만, 미국 시장은 한국과 대만의 고도 성장에 가장 중요한 역할을 담당하였다.

국내외 시장 조건은 소비자들의 선호와 가격 구조에 따라 나라별로 크게 다르다. 이것은 노동시장분절에 대비하여 상품시장분절이라고 부를 수 있다. 상품시장은 운영 원리에 따라서 크게 두 가지 상품시장으로 구별될 수 있다. 첫번째 시장 유형은 소비자들의 선호가 세분화되어 있지 않은 가격경쟁시장(price competition market)이다. 가격경쟁시장에서는 가격 탄력성이 높아서 개별 소비자들의 전체 소비 수요가 상품의 가격에 따라서 급격하게 바뀐다. 가격경쟁시장의 진입 비용은 저임금, 대량생산, 더 효율적인 생산기술의 사용 등 다양한 방법으로 생산비용을 줄일 수 있기 때문에 매우 낮다. 이 시장의 상품은 주기가 대단히 짧은 편이다. 1980년대 중반부터 한국과 대만의 임금이 높아지면서 한국과 대만의 상품이 점차적으로 가격경쟁시장에서 경쟁력을 잃기 시작했다.

두번째 시장 유형은 소비자 선호가 대단히 세련되어 있고 또한 가격 탄력성이 심하지 않은 품질경쟁시장이다. 품질경쟁시장의 진입 비용은 대단히 크다. 왜냐하면 품질경쟁시장은 높은 생산기술과 품질관리를 요구하기 때문이다. 그리하여 규모의 경제나 저임금에 기초한 저가 생산이 품질경쟁시장에서 경쟁력을 보장해주지 못한다.

발전된 기술력과 손기술이 이 시장에서 몫을 늘리는 유일한 방법이다. 품질경쟁시장에 진입하기 위해서는 대규모 R&D 투자와 조직 유연성을 높여서 지속적인 상품개발과 생산공정의 혁신이 필요하다. 포스트포드주의 생산체제가 품질경쟁시장에서 시장을 확대하는 새로운 생산방식을 대표하는 좋은 예가 될 수 있다.

한국은 미국의 상품 시장에 크게 의존해왔다. 동아시아 신흥공업

국가들은 저임금, 빌린 기술과 규모의 경제에 의존하여 미국의 가격경쟁시장에 성공적으로 진입할 수 있었다. 그 결과 다른 산업국들에 비해서 생산성이 낮았지만 지속적인 경제성장을 보여줄 수 있었다. 많은 연구자들이 밝혔듯이, 동아시아 국가들의 경제적 성과는 높은 생산성 때문이 아니라 주로 규모의 경제 때문이었다.

1973년부터 1981년 사이 한국의 총요소생산성(Total Factor Productivity) 성장은 마이너스였다. 1970년대와 1980년대 한국과 대만은 남미의 국가들보다 더 낮은 생산성을 보였다. 경제학자 매디슨(Angus Maddison)에 의하면, 한국과 대만의 생산성은 1973년 칠레와 아르헨티나의 약 50% 수준이었고, 1987년에 이르러서야 80% 내지 90% 수준에 이르렀다.

한국과 대만의 성공적인 경제성장은 부분적으로 미국의 가격경쟁시장을 이용하였기 때문에 가능하였다. 국내시장이 협소한 빈곤국에서 경제성장은 더 큰 시장으로의 수출을 통하여서만 가능했다. 그러나 더 큰 시장으로의 수출이 자동적으로 수출지향적 전략의 성공을 보장하는 것은 아니다. 수출에 기반을 둔 자본축적은 수출된 상품이 유효한 수요와 맞아떨어졌을 때만 가능하다. 한국과 대만의 수출지향적 산업화는 이들 국가의 기업들이 저임금과 낮은 가격을 이용하여 미국 시장을 공략하였기 때문에 가능하였다. 일본이 그랬듯이, 한국과 대만의 일부 제품들도 미국의 제품과 유럽의 제품들을 대체하면서 품질경쟁시장으로 진입하는 데 성공하였다. 지난 30여 년 간 미국 시장에 의존한 수출이 냉전이 끝나는 1980년대 후반부터 아시아 신흥공업국들과 미국 사이의 무역갈등의 원인이 되고 있다.

한국의 경제성장은 제2차 세계대전 이후 경제적 동학과 지정학의 독특한 결합을 드러내고 있다. 미국은 제2차 세계대전 이후 공산권을 에워싸기 위하여 일본뿐만 아니라 한국을 지원하였다. 한국과 대만에서 초기 산업화가 이루어지는 동안 안보동맹에 근거한 미국의 원조는 인기가 없었던 정권을 강화시키고 경제성장의 토대를 만드는 데 큰 기여를 하였다. 경제원조와 군사원조는 1950년대와 1960년대 낮은 저축률로 인한 투자자본 형성의 어려움을 극복하는 데 도움을 주었다. 더욱이 제2차 세계대전 이후 아시아 지역에서의 두 차례의 전쟁이었던 한국전쟁과 베트남전쟁이 두 가지 점에서 이 지역 경제를 활성화시키는 데 공헌하였다. 하나는 송금이었고 다른 하나는 전쟁으로 인한 수출증가였다. 그러나 가장 중요하고 지속적인 냉전 효과는 한국과 대만에게 미국 시장을 개방한 것이었다.

미국은 냉전기간 동안 경제동맹과 안보동맹을 결합시켰다. 무역-안보의 연계는 다른 나라들을 제2차 세계대전 이후에 형성된 미국 안보 틀 속에 유지하려는 것을 목적으로 하고 있었다. 동아시아 경제와 관련하여, 이러한 동맹의 가장 중요한 효과는 동아시아 신흥공업국들이 미국 시장에 접근할 수 있도록 시장을 개방하는 것이었다.

제3세계 국가들이 국제경제에 통합되는 방식은 지정학적인 요소와 전지구적 생산체제 내에서의 위치에 의해서 결정된다. 미국의 헤게모니하에서 한국은 일반호혜체계(General System of Preference, GSP)하에서 특별관세 혜택을 누리면서 미국 시장에 상품을 수출할 수 있도록 허용되었다. 아시아에서 군사적인 긴장이 고조되면서 미국은 아시아 국가들과의 정치적·경제적 협력을 강하게 필요로 했다. 미국과 동아시아 국가 간의 정치적·군사적 동맹으로 인하여 한국은 미국에 의해서 보장된 유리한 여건 속에서 미국 시장으로 진입할 수 있었다.

한국과 대만은 의류, 섬유, 신발, 여행용품 등의 노동집약적 상품들을 미국의 가격경쟁시장에 수출하였다. 이러한 시장에서의 경쟁력은 주로 저임금 비용에서 유래하였다. 한국과 대만의 기업들은 가격경쟁시장에서 시장을 더 확대하기 위하여 저임금을 최대한도로 활용하였다. 그리하여 미국은 1945년 이후 한국의 가장 큰 무역국이 되었다. 1980년대 말 한국은 미국의 7번째 무역 상대국이 되었다. 미국은 1950년대와 1960년대 일본에게 했던 식으로 한국과 대만에게 2차산업 생산품을 미국에 수출하는 것을 후원하였다.

이미 앞에서 논의하였던 것처럼, 미국 시장의 특수성이 1960년대와 1970년대 동아시아로부터 미국 시장으로 낮은 가격과 낮은 질의 상품이 성공적으로 수출되는 데 기여하였다. 미국 시장은 동아시아 신흥공업국들이 무역 흑자를 확대하는데 아주 긴요했다. 한국과 대만은 일본과의 무역적자를 미국과의 무역흑자를 통하여 보상할 수 있었다.

현재 미국의 무역적자는 주로 일본, 한국과 대만을 포함한 동아시아 국가들과의 무역에서 나타나고 있다. 1988년 미국의 대 동아시아 신흥공업국 무역 적자는 310억 달러에 달하여 무역적자 문제를 해결하기 위하여 공격적인 일방적 무역주의(unilateralism)를 불러일으켰다. 1988년 이전까지 한국과 대만 기업들은 분절된 미국 시장의 틈새를 효과적으로 활용하였다. 물론 미국 시장의 선택은 이윤을 극대화하기 위한 경제적 선택이었다. 그러나 이러한 선택은 냉전체제로 인하여 한국과 대만 기업들에게 주어진 제약하에서 이루어졌다. 이 제약은 매우 강력한 제약으로 한국과 대만 기업들의 행위 선택의 폭과 내용을 결정지었다. 이러한 제약 그 자체가 무역을 통한 경제성장을 자동적으로 낳는 것은 아니다. 그러므로 제약은 그야말로 결과 그 자체를 설명하는 것은 아니다. 그러나 제약을 고려하지 않은 선택에 관한 논의는 마치 선택이 무조건적으로 이루어진 것으로 인식하게 한다.

6. 탈냉전과 한국 경제의 위기

한국 경제의 위기는 냉전체제가 종결되면서 가시화되기 시작했다. 한국 경제의 지속적인 성장을 가능케 했던 거시적인 조건들이 바뀌기 시작하면서, 국가 주도, 재벌 중심, 수출 주도형 산업화가 위기를 맞게 되었던 것이다. 미국은 1982년부터 한국에게 부여하였던 특혜관세제도인 GSP를 철폐하려는 움직임을 나타내기 시작하여 1989년 미국 의회에서 한국에게 주어졌던 GSP는 철폐되었다. 미국 시장을 주된 수출시장으로 하여 이루어진 한국 기업들에게 이러한 조치는 매우 심각한 것이었다. 냉전체제가 해체되면서 미국은 한국에게 특권을 제공할 이유를 찾지 못하였던 것이다.

그러나 탈냉전은 한국 기업들에게 불리한 것만은 아니었다. 동구권 시장이 개방되고, 중국과의 수교가 이루어지면서, 한국 기업들은 점차 어려워지는 미국 시장 대신에 동구과 중국 시장을 대상으로 수출을 확대할 수 있었다. 제6공화국 시기에 이루어진 소련을 포함한 동구권과의 국교정상화가 경제적인 차원에서 위기에 빠질 수도 있었던 한국 기업들에게 숨을 돌릴 수 있는 기회를 제공한 셈이다. 그러나 정경유착, 연성예산제약형 기업으로서의 재벌체제 등 한국 경제의 고질적인 문제들이 해결되지 않은 상태에서 위기를 모면할 수 있었기 때문에, 한국 경제의 위기는 지연되었던 것이다.

문민정부가 들어서면서 경제개혁 과제가 시도되었다. 이러한 시도들은 본질적으로 연성예산제약형 기업을 경성예산제약형 기업으로 바꾸기 위한 것이다. 김영삼 정부 초기에 이루어진 금융실명제,

상호지급보증 금지, 정경유착 근절 등을 위한 개혁은 바로 한국 경제의 문제들을 개혁하기 위한 기본적인 내용들이었다. 그러나 이러한 시도는 재벌기업들의 반발로 무산되었다. 재벌기업들은 신규투자를 회피하면서 정부의 정책에 저항했다. 결국 문민정부의 개혁은 수포로 돌아가고, 한국 경제의 체질 개선은 또다시 연기되었다.

 1997년 12월에 시작한 외환위기는 개혁되지 않은 한국 경제의 고질병으로 인한 것이었다. 왜 1997년 12월이었는가 하는 문제는 단순히 한국 경제의 여러 가지 구조적인 문제로 설명될 수 없는 부분이다. 건강이 약화된 사람이 날씨가 추워지면 쉽게 감기에 걸리듯이, 날씨가 추워지는 거시적인 변화가 일어났기 때문이다. 이러한 변화는 세계화라는 이미 탈냉전과 더불어 가속화된 하나로 통합되고 있는 세계경제체제의 형성 과정이다. 세계화를 통하여 국가간 자본의 이동이 더 용이해지고 활발하게 이루어졌다. 또한 한 국가의 경제위기가 다른 국가의 경제위기로 이어지는 연쇄효과가 더욱 커졌다.

 구체적으로 1997년 12월 외환위기를 촉발시킨 직접적인 계기는 국가 정책의 비일관성이었다. 정부가 시장 논리를 강조하면서 한보철강과 기아자동차와 같은 재벌 기업들의 자금 위기에 방관자적인 자세를 취하기 시작하면서부터 한국 기업에 투자한 투자자들이 자금을 철수하기 시작하였다. 외환위기는 국내에 유통되는 달러가 부족한 상태가 되면서 원-달러 가격이 폭등하였고, 외국 금융기관이나 국가로부터 빌려온 돈을 갚을 수 없는 상태가 되었기 때문에 IMF 구제금융을 통해서 국가 도산을 피할 수 있었다.

 한국 경제의 개혁 과제는 지난 개발독재 시대에 형성된 제도와 관행을 타파하고 새로운 제도와 관행을 만드는 것이다. 개혁 과제의 성공적인 완수 여부가 한국 경제의 미래를 말해줄 것이다. 개혁은 이에 저항하는 다양한 기득권 집단을 전제로 하고 있고, 또한 정당들이 개입하면서 재벌들의 특권적 이해가 개혁에 걸림돌로 작용하고 있다. 개혁은 현재 세대를 위한 것뿐만 아니라 미래 세대를 위한 것이라는 점에서 역사적인 과업이다.

남북정상회담의 성과와 향후 과제

이종석

1. 남북정상회담의 의의

2000년 6월 13~15일에 열렸던 남북정상회담은 분단 반세기의 역사에 일대 획을 긋는 중대한 의미를 지닌다. 남북의 지도자는 이번 회담을 통해서 현재의 양자 관계를 규정하는 적대적 대결상태를 종식하고 평화공존의 새로운 패러다임으로 전환하기로 사실상 합의하였다. 물론 이 합의가 실천되어 한반도 평화와 통일의 길로 나아가기까지는 적지 않은 굴곡이 있을 것으로 보인다. 그러나 오늘의 남북관계 변화가 탈냉전, 사회주의권 붕괴, 남북간 역량 격차 심화라는 구조적인 환경에 직접 영향을 받으며 이루어지고 있기 때문에 장기적 관점에서 그 역진(逆進)은 불가능하다고 본다. 다만 단기적으로 남북간에 적절한 완충기제가 만들어지기 전까지는 군사분계선 상에서의 우발적 충돌이 발생할 가능성이 남아 있으며, 다원적 사회현상을 반영한 국내 언론보도가 유일적 문화와 사고에 젖어 있는

---

* 이 글은 ≪정세와 정책≫(2000. 7.)에 실린 것이다.

북한을 자극할 가능성도 상존한다. 또한 정상회담 성과의 본질을 왜곡하거나 부차적인 시행착오를 부각시키려는 일부 분위기도 극복해야 할 장벽이다.

남북정상회담이 지니는 또 다른 중요한 의미는 북한이 '평화와 개방'을 향해 변화하는 모습을 보였다는 점이다. 이번에 김정일 국방위원장은 그동안 세계로 나올 준비를 계획적으로 해왔음을 보여주었다. 한때 그는 참모들에게 "내게 변화를 바라지 말라"고 했지만 실은 변화한 현실에 적응하기 위해서 변화를 모색해왔다. 1999년부터 북한은 내부의 심각한 자원제약 상황을 타개하고 외교적 고립을 극복하기 위해서 대외관계 개선에 적극 나섰으며, 특히 미국과 중국을 양대 외교축으로 발전시키는 전략을 구사하기 시작했다. 같은 맥락에서 대남전략도 기존의 혁명전략적 측면을 약화시키고, 자기 체제의 유지발전을 목표로 한 생존전략적 차원으로 전환하기 시작했다. 즉 남북 공산화 모델에서 공존형 모델로 전환했다. 바로 이러한 전환을 극적으로 보여준 것이 이번 정상회담이었던 것이다.

2. 남북정상회담의 성과

남과 북이 평화를 정착시키고 통일의 기반을 마련하기 위해서 반드시 합의해야 할 내용이 많다. 정치·군사적으로는 긴장완화의 실현과 평화체제로의 경로, 그리고 통일의 길에 대해서 합의해야 하는 것이다. 그리고 사회·경제적으로는 광범한 교류와 협력을 실현하고 이산가족 재회 등 인도주의적 문제를 해결하며, 당국간 대화 통로를 상설화해야 한다.

이러한 절대기준에서 보면 정상회담은 긴장완화와 평화체제 확립과 관련한 명시적인 합의를 공동선언에 명기하지 못했다는 점에서 절반의 성공이라고 평가될 수도 있다. 그러나 현실의 조건을 무시한 이런 절대적 평가는 의미가 없다. 어느 회담이건 간에 그것을 평가하기 위해서는 애초의 목표와 비교해보아야 하는 것이다. 이 점에서 남북정상회담은 매우 성공적이었다고 평가된다. 애초에 적대적인 남북관계를 감안할 때, 만남 자체를 소중히 생각해야 한다는 조언이 주류를 이루었으며, 정부 역시 공동성명 발표, 대화기구의 상설화, 이산가족 문제의 해결 합의, 경제협력 합의 정도를 기본 목표로 잡았던 것으로 보인다. 그러나 양 정상의 합의는 공동성명을 뛰어넘어 공동선언으로 나타났으며 나머지 기본 목표도 모두 달성되었다. 그 밖에도 몇 가지 중요한 성과를 더 거두었는데 다음의 세 가지로 특징화하여 설명할 수 있다.

① 역사상 처음으로 남북한 지도부가 서로 인간적 신뢰구조를 쌓으려는 구체적인 노력을 보였다. 2박 3일간의 짧은 일정 속에서 남북 지도자들은 다양한 행사를 통해서 격의 없는 접촉을 했으며, 김정일 국방위원장의 지시에 따라 북한의 국방지도자들이 김대중 대통령에게 존경의 예의를 표시하기도 했다. 이러한 양측 지도부 간의 인간적 신뢰 구축 노력은 남북간에 긴장을 완화하고 향후 협력관계를 구축하는 데 중요한 밑거름이 될 것으로 전망된다.

② 남북의 최고지도자가 얼굴을 맞대고 남북간에 거론될 수 있는 문제들을 거의 모두 논의했다는 점에서도 큰 의미가 있다. 김대중 대통령과 김정일 국방위원장은 이산가족이나 경제협력 같은 쉽고 시급한 문제만이 아니라 핵·미사일·주한미군·국가보안법 문제 등 예민한 현안과 통일방안 같은 거시적 사안까지 거의 빠짐 없이 서로의 입장을 개진했다. 양측 정상은 공식·비공식적으로 11시간의

만남을 가졌는데, 이를 통해서 상대방의 사고와 의지를 어느 정도 이해할 수 있게 되었다.

적대적인 쌍방이 화해 협력으로 전환하는 데 필요한 중요 요소가 역지사지(易地思之)의 지혜다. 그러나 이 역지사지는 상대방의 입장을 정확히 이해하지 않으면 불가능하다. 바로 이 점에서 양측 지도자들이 직접 만나 상대방의 입장을 파악함으로써 상생의 길을 걸을 수 있는 기본 토대를 마련했다고 할 수 있다.

③ 마지막은 남북공동선언문으로 나타난 합의가 지닌 의미다. 가장 높은 수준의 합의를 의미하는 '선언'을 최고지도자간에 채택했다는 것은 이 합의의 의미를 강화시키고 실현 가능성을 높이는 것이다. 전반적으로 공동선언문은 간략한 문장으로 구성되어 있지만, 그 내용은 자못 풍부하다. 그리고 양측은 선언내용을 실천하기 위한 당국간 대화기구를 조속히 설치하기로 합의함으로써 말을 아끼는 대신에 실천에 무게를 두는 새로운 모습을 보였다. 김정일 국방위원장의 서울 방문이 확인된 것도 대화의 정례화와 함께 합의 내용의 신뢰성을 높여주는 대목이다.

3. '6·15 공동선언' 분석

'6·15 공동선언'은 가히 '평양선언'이라고 부를 만큼 의미 있는 내용들을 담고 있다. 먼저 공동선언 제1항, 제2항은 한반도 평화와 통일문제를 명기하였다. 먼저 제1항은 통일을 실현해나가는 원칙을 선언하였으며 제2항은 통일의 초기 경로에 대한 합의 내용을 담았다. 공동선언 제3항, 제4항은 이산가족 재회 등 인도주의적 문제 해결과 경제협력 등 제반 교류협력 문제를 다루었다. 마지막 제5항에

서는 이상의 합의내용들을 이행하기 위한 당국간 대화 개최를 규정
하였다. 그리고 이 공동선언의 실천성을 한층 높이기 위해서 김정
일 국방위원장의 서울 답방을 명기하였다.

이상의 내용을 담은 '6·15 공동선언'이 지닌 특징을 살펴보면 다
음과 같다.

1) 개념상 인식 공유

7·4 남북공동성명 및 남북기본합의서와 비교해볼 때, 공동선언
에는 명기된 개념들 대부분에 대해서 양측 정상이 인식의 공유를
이루었다. 즉 인식 공유가 어느 정도 이루어진 용어들이 선언문에
담겨 있다.

남북에서 사용하고 있는 모든 정치적 개념은 전략적 목표를 담고
있다. 따라서 같은 용어라 하더라도 서로 다른 문제의식과 방법을
내포하게 마련이다. 그러다 보니 과거에는 공동성명이나 합의문이
채택되어도 구체적인 실천과정에서 단 한 발짝도 진전시키기 어려
웠다. 그러나 이번에는 달랐다. 가장 예민하게 대립해온 개념인 '자
주'조차도 북한이 주한미군 문제에 대해서 신축적인 자세를 보임으
로써 남북 양측이 개념 공유에 상당히 근접한 것으로 알려졌다. 특
정 용어에 대한 개념 인식이 서로 근접했다는 것은 합의의 실천 가
능성을 그만큼 높이는 것으로서 매우 고무적인 일이라 할 수 있다.

2) 통일방안의 공통성 인정

통일방안은 그동안 서로 한치의 양보도 없이 상대방을 제압하기
위한 수단으로 상대가 받아들일 수 없는 안을 경쟁적으로 내놓는

측면이 있었다. 그러나 6·15 공동선언에서는 통일의 초보적 단계에 대해서 인식의 공유를 도출해냈다. 그리고 그 공유는 북한이 자신의 연방제안을 수정함으로써 가능해졌다. 이는 북한이 그동안 한 번도 공식적으로 사용한 적 없는 "낮은 단계의 연방 제안"이 자신의 안임을 확인한 데서 분명히 알 수 있다. 이는 북한이 현실의 변화를 수용하여 기존 고려민주연방제를 수정한 것으로 볼 수 있으며, 그 결과 6공화국 이래 남측의 통일 구상의 핵심이 되어온 연합제안(案)에 근접하게 된 것으로 해석할 수 있다.

그럼에도 불구하고 양측은 낮은 단계의 통일조차도 신중하게 시간을 두고 접근해야 한다고 보고 "이 방향에서 통일을 지향시켜" 나간다는 식으로 문제를 장기적으로 풀어가기로 하였다.

3) 평화문제에 관한 합의

평화문제와 관련하여 양 정상은 많은 논의를 하고 상당 부분에서 인식의 공유를 이루어냈지만 공동선언에 명기된 것은 원칙과 방향 정도에 그쳤다. 많은 부분이 생략된 것이다.

생략은 서로 의견 개진에 그친 사안과 인식의 공유가 있었어도 국제 역학관계나 북한의 내부 사정이 고려되어야 할 경우에 이루어진 것으로 보인다. 남측이 진지하게 설명한 핵·미사일 문제가 전자라면 북측의 인식 변화가 확인된 주한미군문제 등이 후자로 보인다. 요컨대 공동선언에서 평화·통일 관련 조항은 명기된 것보다 더 많은 논의가 이루어졌으며, 비록 공개적 합의에는 이르지 못했지만 여러 쟁점에서 의견 접근이 있었던 것으로 관측된다. 이는 앞으로 정상회담이 횟수를 거듭하여 이루어지면 평화분야에서도 보다 구체적인 합의내용이 나올 가능성이 높다는 것을 시사하는 것이다.

4) 당면 정책과제의 실천사항 명기

정부는 그동안 한반도 평화정착을 위한 당면 정책과제로서 이산
가족문제의 해결과 남북한 경제협력, 사회문화 교류, 당국간 대화
상설화 등을 추진해왔다. 그런데 바로 이 과제들이 남북공동선언
제3항, 제4항, 제5항으로 명시되어 실현단계로 접어들었다.

정부가 가장 역점을 두었던 이산가족 재회 문제는 제3항에 안착
하였다. 8·15 이전 방문단 교환이라는, 공동선언 중 가장 구체적인
내용을 담은 것이다. 또한 양 정상은 이 합의를 넘어서 면회소 설치
에 대해서도 일정하게 의견 접근을 이룬 것으로 알려졌다.

공동선언 중에서 경제협력 관련 사항은 짧은 문구에 가장 많은
내용을 함축하고 있다. 양 정상은 경제협력을 통해서 민족경제를
균형적으로 발전시키기로 했다고 간략하게 적시했으나 그 속에는
경협 활성화를 위한 법적·제도적 장치의 보완, 철도연결·전력지원·
임진강 수방 대책 등 단기적 협력사업, 경의선 복선화 및 공단건설
등 장기적인 사회간접시설 투자 문제 등이 풍성하게 실천 내용으로
함축되어 있다고 할 수 있다.

공동선언 제4항은 경제협력뿐만 아니라 "서로의 신뢰"를 다져나
가기 위해서 사회·문화·체육·보건·환경 등 제반 분야에서의 교류
와 협력을 활성화시키기로 하였다. 이는 앞으로 다차원에서 광범한
남북교류가 진행될 것임을 예고하는 것이다. 한편 제5항은 양 정상
이 합의한 사항들을 "조속히 실천에 옮기기 위하여" 당국간 대화기
구를 설치하기로 했다는 내용이다. 이 대화기구들은 앞으로 선언내
용에 대한 치장보다는 실천에 치중하겠다는 의지를 담아낼 것으로
기대된다.

4. 향후 과제

오늘날 남북정상회담의 파장은 남북관계를 넘어서 동북아 국제 질서에도 큰 영향을 미치고 있다. 정상회담은 적대와 반목의 남북 관계를 화해와 협력의 물결로 바꾸어놓았으며, 배제와 진압의 문화가 활개를 치던 한반도에 상생과 공영의 열정을 싹트게 하고 있다. 남북 정상의 포용은 한반도 냉전 종식과 동북아 신질서 형성에 남북한이 불원간 주도력으로 나서리라는 예고를 하고 있다. 남북정상회담은 이렇듯 전환기적 의미를 가지고 있으며, 그만큼 기존 관성에 젖어 있는 관련 당사자들에게 새로운 사고와 자세를 요구하고 있다. 그렇다면 우리는 앞으로 어떻게 해야 할까.

첫째, 공동선언의 실천을 위한 후속조치를 철저하게 추진해나갈 필요가 있다. 합의한 내용의 실천을 위한 분야별 실무협의기구를 빠른 시일 안에 구성하는 것이 중요하다. 이 실무기구는 의제별·실무별 실무기구와 이를 총괄조정하며 이후 정상회담 문제를 논의해나가는 장관급 상설위원회가 이원적으로 설치되는 것이 바람직하다. 이렇게 대화기구가 유기성을 지닌 이원적 구조를 갖게 되면 상층의 정상회담과 연결되어 정상회담(정례화) → 포괄적 대화기구(장관급) → 부문별 대화기구의 체계를 갖게 된다. 이러한 체계는 남북화해·협력의 효율성을 높일 수 있는 가장 유기적이며 계획적인 모델이라고 할 수 있다. 특히 이 체계는 뒤에 남북국회회담과 연결성을 갖게 되면 장기적으로 남북연합으로의 발전도 가능한 연속 모델적 성격을 지닌다.

한편 실무협의기구의 구성은 적십자사에 책임이 맡겨진 이산가족문제 외에 경제·사회문화·군사분야 등은 당국자로 대표단을 구성해서 본격적인 협상에 진입하는 것이 바람직하다. 그러나 합의까지 장시간이 소요될 것으로 보이는 통일방안 분야는 남북의 전문가들로 연구협의체를 구성하여 접근하는 것이 옳다고 본다. 왜냐하면 이 회의체가 정부주도로 만들어질 경우 사안의 중대성과 예민성 때문에 당국이 지는 부담이 클 수 있기 때문이다. 따라서 이 문제는 전문가 수준에서 충분한 논의를 통해서 공통방안을 도출하여 양 당국에 제출하고 이 과정에서 정부가 여론수렴을 통해 국민적 지지를 확인해가는 것이 현실적이다.

둘째, 남과 북은 모처럼 마련된 화해의 물결에 역류하는 우발적 분쟁사태가 일어나지 않도록 각별히 유의해야 한다. 남북간의 합의는 아직 자그마한 사건에도 깨지기 쉬운 유리그릇과도 같다. 따라서 휴전선과 해상불가침 경계선에서 발생할 수 있는 분쟁을 방지하고 위기를 관리하기 위해서, 양측은 빠른 시일 내에 군사직통전화를 개설하고 최소한의 군사적 신뢰구축에 나서야 한다. 아울러 국내적으로도 불필요하게 북한을 자극하는 일이 발생하지 않도록 국민적 공감대를 형성해나가는 데도 관심을 기울여야 한다.

셋째, 국제협력에 큰 관심을 기울여야 한다. 한반도 문제는 기본적으로 국제적 성격과 민족 내부적 성격이 결합되어 있는 사안이다. 따라서 문제해결의 기본 당사자는 남북이 되어야 하나, 분단의 원인을 제공하고 정전체제를 유지해온 또 다른 주체인 주변 강대국들과의 유기적 협력이 필수적이다.

특히 대미관계가 중요한데 미국의 입장에서 이번 정상회담의 실현은 근본적으로 클린턴 정부의 대북 대화노선의 정당성을 입증시켜준 호재라고 할 수 있다. 더욱이 남북정상회담을 통해서 북한의 대미관계 개선의지가 확인되었는 바 이는 북한이 미사일문제에 대해서 신축적인 태도를 보이리라는 것을 시사한다.

그러나 다른 한편 미국이 우려할 만한 요인이 없는 것도 아니다.

정상회담을 계기로 북한의 미국에 대한 미사일 위협이 상당히 약화되면서 미국 일각에서 추진해온 국가미사일방어체제(NMD) 구축문제가 논란에 싸여 있다. 이는 수백 억 달러가 소요되는 NMD 사업에 큰 관심을 갖고 있는 군산복합체(軍産複合體)의 이해에 배치되는 것이다. 뿐만 아니라 한반도 문제 해결과정에서 남북 주도력이 강화되는 것이 자칫 미국에게 그들의 영향력 약화로 비칠 수 있다. 그동안 남북대화의 단절과 함께 북미협상이 한반도 문제 해결의 열쇠처럼 인식되던 시절이 장기화되면서 마치 미국이 한반도 문제 해결의 주재자인 양 비쳐진 것이 사실이다. 그런데 정상회담은 남북한의 정세주도력을 복원시킴으로써 과대했던 미국의 영향력을 정상화시켰다. 바로 이 점을 미국은 우려할 수 있다. 여기서 우리는 미국이 주도하는 페리 프로세스와 정상회담으로 상징되는 민족 내부적 프로세스가 대체관계가 아닌 보완관계에 있음을 미국에게 잘 설득해야 한다.

넷째, 우리 사회 내부의 준비도 있어야 한다. 먼저 정상회담의 합의사항 실천을 위한 국민적 동의 기반을 확충시켜야 한다. 무엇보다도 우리 사회를 중추적으로 이끌고 있는 정치·사회 세력들 중 어느 누구도 남북관계의 개선과 평화정착으로의 진전을 의미하는 정상회담의 성과가 적어도 정치적·사회적으로 자신에게 손해가 되지 않는다는 확신을 가질 수 있는 우리 내부의 신뢰와 동의 체계의 형성이 시급하다. 이와 관련해서 '남남대화'로 표현되는 사회 내부의 공존문화를 형성하는 데 힘을 쏟아야 한다. 이는 배제와 진압의 논리가 혁파되고 공존의 논리가 존중받는 문화를 만들어감으로써 가능해질 것이다.

한편 우리의 의식과 문화, 제도 속에 스며 있는 냉전문화를 청산하는 데도 관심을 기울여야 한다. 우리가 상상했던 김정일 국방위원장의 모습과 눈앞에 나타난 그의 모습의 차이 때문이 커다란 혼란을 느꼈다면, 그것은 김정일 위원장의 변화 때문이기도 하지만 우리가 그만큼 그를 잘못 보고 있었다는 뜻도 된다. 즉 상대방의 변화를 요구해온 우리가 정작 그 변화를 느끼지 못할 만큼 변화하지 않은 것이다.

이제 우리도 남북 평화공존의 시대를 열기 위해서 변화할 필요가 있다. 이를 위해서 국내 냉전구조 유지의 기제였던 국가보안법 등 제반 법적 장치를 손질해야 한다. 통일교육도 북한을 '적대적 형제'로 보는 이중적 현실 인식 아래 북한에 대한 적대감을 해소하고 형제애를 증진해가는 노력을 담을 새로운 체계가 필요하다. 그리고 새로운 통일교육을 실시하기 위해서는 그에 합당한 충분한 예산이 배정되어야 한다. 결국 남북정상회담은 한반도 평화와 통일에 일대 전기로 작용할 것으로 보인다. 그러나 엄밀히 말해서 그것은 새로운 시대를 여는 디딤돌을 마련한 것에 불과하다. 민족화해의 분위기와 합의를 소중히 발전시키고 지켜나가는 노력이 수반되어야만 비로소 우리는 평화로 나갈 수 있다고 본다. 따라서 이제 우리는 정상회담을 통해서 비로소 민족화해와 통일을 향한 진정한 출발점에 서게 된 것이다.

엮은이
참여연대 참여사회아카데미
참여사회아카데미(원장 임헌영)는 참여연대의 시민교육기관이며 프로그램이기도 하다.
1996년 9월 개설했으며 시민들의 민주·권리의식 고취를 위한 다양한 강좌를 개발, 보급,
운영하고 있다.

글쓴이들
강만길   고려대학교 명예교수
김만흠   서울대학교 사회과학연구원
서중석   성균관대학교 사학과 교수
손호철   서강대학교 정치외교학과 교수
신광영   중앙대학교 사회학과 교수
이종석   세종연구소 연구위원
임대식   역사비평 주간
장세훈   국회도서관 입법정보연구관
정해구   성공회대학교 사회과학부 교수
조명래   단국대학교 사회과학부 교수
(가나다순)

참여연대 시민강좌 **2**
20세기 한국을 돌아보며

ⓒ 참여연대 참여사회아카데미, 2001

엮은이 | 참여연대 참여사회아카데미
펴낸이 | 김종수
펴낸곳 | 도서출판 한울

편집 | 최혜란

초판 1쇄 발행 | 2001년 2월 10일
초판 2쇄 발행 | 2002년 5월 20일

주소 | 120-180 서울시 서대문구 창천동 503-24 휴암빌딩 3층
전화 | 편집 336-6183(대표) 영업 326-0095(대표)
팩스 | 333-7543
전자우편 | newhanul@nuri.net
등록 | 1980년 3월 13일, 제14-19호

Printed in Korea.
ISBN 89-460-2829-7 03300

* 가격은 겉표지에 표시되어 있습니다.